Wilhelm Sandermann

Die Kulturgeschichte des Papiers

Margit Osterloh, geboren 1943 in Brandenburg/Havel, studierte Wirtschaftsingenieurwesen in Berlin und Erlangen, forschte in Canberra und Budapest und lehrte in Lüneburg, Wien und Zürich, wo sie seit 1991 Professorin für Betriebswirtschaftslehre ist. Seit 2005 ist sie Mitglied des Deutschen Wissenschaftsrates. Sie ist Ehrendoktorin der Leuphana Universität Lüneburg.

Ulrich Schollwöck, geboren 1967 in München, ist Professor für theoretische Physik an der Ludwig-Maximilians-Universität München. Nach dem Studium in München, Oxford und Paris lehrte er in München, Wuppertal, Innsbruck, Nizza und Aachen. Er hat zahlreiche Auszeichnungen erhalten, war Gründungsmitglied der Jungen Akademie und ist 2009/2010 Fellow am Wissenschaftskolleg zu Berlin.

Rudolf Stichweh, geboren 1951 in Lemgo, studierte Soziologie und Philosophie in Berlin und Bielefeld. Er forschte in Köln, Paris und Frankfurt am Main und lehrte in Bielefeld, Paris und Wien. Seit 2003 ist er Professor für Soziologische Theorie und Allgemeine Soziologie an der Universität Luzern, wo er seit 2006 als Rektor amtiert. 2005/2006 war er Fellow am Wissenschaftskolleg zu Berlin.

Der Herausgeber:

Jürgen Kaube, geboren 1962 in Worms. Studium der Wirtschaftswissenschaften, Philosophie, Germanistik und Kunstgeschichte. Danach Assistenz am Lehrstuhl für Allgemeine Soziologie der Universität Bielefeld. Seit 1999 Redakteur im Feuilleton der »Frankfurter Allgemeinen Zeitung«, zuständig für Bildungs- und Wissenschaftspolitik, und seit 2008 Leiter des Ressorts »Geisteswissenschaften«. Lehrbeauftragter für Soziologie der Universität Luzern und Mitglied des Hochschulrates der Westfälischen Wilhelms-Universität Münster.

Wilhelm Sandermann

Die Kulturgeschichte des Papiers

Mit 70 Abbildungen, 16 Farbtafeln
und 25 Tabellen

Springer-Verlag
Berlin Heidelberg New York
London Paris Tokyo

Prof. Dr. phil., emer. Wilhelm Sandermann
Im Messmersgrund 28, D-7630 Lahr-Reichenbach

ISBN 3-540-18612-3 Springer-Verlag Berlin Heidelberg New York
ISBN 0-387-18612-3 Springer-Verlag New York Berlin Heidelberg

CIP-Titelaufnahme der Deutschen Bibliothek. Sandermann, Wilhelm: Die Kulturgeschichte des Papiers/Wilhelm Sandermann. - Berlin; Heidelberg; New York; London; Paris; Tokyo: Springer, 1988
ISBN 3-540-18612-3 (Berlin . . .) brosch.
ISBN 0-387-18612-3 (New York . . .) brosch.

Gesamtherstellung: Appl, Wemding. 2152/3140-543210 -
Gedruckt auf säurefreiem Papier

Vorwort

Edison, das große amerikanische Genie, hielt Papier für eine der größten Erfindungen. In der Tat nimmt dieses Material unter allen Errungenschaften der Menschheit eine Sonderstellung ein.

Als Schriftträger füllt es in Form von Büchern riesige Bibliotheken und gibt Kunde vom Leben und Dichten vieler Generationen und Zeiten. Als Zeitung bringt uns das Papier in kurzer Zeit Nachrichten über das Geschehen in aller Welt. Als Verpackungsmaterial, Büro- und Hygienepapier ist es aus unserer modernen Zeit nicht mehr fortzudenken. Mit einem Pro-Kopfverbrauch von 185 kg/Jahr in der Bundesrepublik Deutschland liegt Papier vor Kunststoff, Textilien und anderen Verbrauchsgütern weit an der Spitze. Zudem ist Papier gegenüber anderen Materialien ein umweltfreundliches Produkt. Zum großen Teil geht es im Recyclingverfahren als wichtigster Rohstoff der Papierindustrie wieder in die Fabrik zurück.

Die Kulturgeschichte des Papiers ist ungemein interessant. Da dieses Material jedoch viele Vorstufen als Schriftträger hat, ist es erforderlich, auch diese in einer Kulturgeschichte des Papiers zu berücksichtigen. Einen zeitlichen Überblick über die verschiedenen Schriftträger gibt die folgende Abbildung.

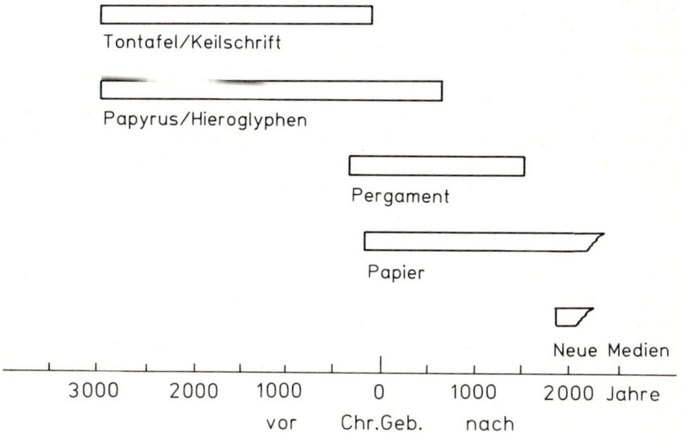

Die ältesten bekannten Informationen des Menschen sind Ritzzeichnungen auf Knochen und Steinen sowie über 12000 Jahre alte Felsmalereien, wie die von Altamira und Lascaux. Über Jahrtausende hinweg diente Stein auch als dauerhaftes Material zur Überlieferung wichtiger Gesetze und anderer Informationen, die heute eine Fundgrube für Geschichtsforscher und Archäologen sind. Der erste bedeutende Schriftträger war die Tontafel Sumers. In gebranntem Zustande haben diese Tafeln die Zeiten überdauert und künden noch heute in Keilschrift vom Kulturleben der frühen Völker des Vorderen Orients. Der zweite wichtige Schriftträger, der Papyrus Ägyptens, kam ebenfalls um etwa 3000 v. Chr. auf und fand noch unter Griechen, Römern und Arabern Verwendung. Papyri waren, wie Pergament und Papier, vergängliches Material, das nur unter besonders günstigen Umständen, wie im trocknen Sand Ägyptens, erhalten blieb. Der dritte wichtige Schriftträger war das in China entdeckte Papier. Dort gab es eine wahre Papierkultur, Papierfabriken mit über tausend Arbeitern und Enzyklopädien mit Tausenden von Bänden. Mit den Arabern gelangte das Papier nach Westen bis in die maurischen Provinzen Spaniens. Nach der Eroberung Mexikos erfuhr Europa mit Staunen, daß es auch in den mittelamerikanischen Hochkulturen Papier, Bücher und Bibliotheken gab. Langsam, oft mit Hilfe von *Entwicklungshelfern,* kamen die Länder nördlich der Alpen in den Genuß der neuen Technologie. Rohstoff des Papiers waren die Lumpen. Als mit der Renaissance, der Buchdruckkunst, der Reformation und später mit der französischen Revolution der Papierbedarf drastisch anstieg, wurde der Rohstoffmangel bedrückend. Erst mit der Verwendung von Holz als Rohstoff konnte der Papiermangel gemeistert werden.

Im vorliegenden Werk wird die vorindustrielle Zeit und die der heutigen Papiergroßindustrie mit ihrer atemberaubenden Technik, der riesigen Papierproduktion, der Entstehung großer Konzerne, Strukturänderungen, Rohstoffversorgung und der Umweltprobleme geschildert. Auch wird kurz auf die Chemie und Struktur des Holzes als wichtigstem Rohstoff der Papierindustrie eingegangen, weil diese Kenntnis für das Verständnis der technischen Vorgänge erforderlich ist. Da heute die Neuen Medien als Konkurrenz oder als Ergänzung der Printmedien von großer und zugleich ungewisser Bedeutung sind, wurde auch auf die Problematik Neue Medien - Printmedien eingegangen.

Das vorliegende Werk ist eine stark erweiterte Fassung der Publikation *Der lange Weg zum Papier* [W. Sandermann: Naturwissenschaftliche Rundschau *40,* 339-352 (1987)]. Es soll eine leichtverständliche Einführung in die Kulturgeschichte und Technik des Papiers und seiner Vorstufen sein und richtet sich an Leser mit Interesse an Technik, Geschichte und Archäologie.

Bei der Abfassung des Werkes kam mir meine frühere Tätigkeit in der Industrie, meine Lehrtätigkeit an der Universität und meine Beratertätigkeit in Lateinamerika, Ägypten, den Himalayaländern, Thailand, der Volksrepublik China und anderen Ländern zugute. Das Bildmaterial stammt zum großen Teil aus den von mir verfaßten Lehrbüchern. Bei den Farbtafeln konnte ich Dia-Material von meinen Forschungsreisen verwerten.

Einige neuere Abbildungen verdanke ich Firmen, Museen und Bibliotheken, denen mein Dank für diese Hilfe gilt. Besonderer Dank gebührt Herrn Direktor Hans Lenz, Mexiko; Herrn Prof. Pan Jixing, Academia Sinica, Beijing; Herrn Dr. Hassan Ragab, Direktor des Papyrus-Instituts, Kairo und Herrn Prof. Dr. R. Patt, Hamburg. Meinem Enkel Steffen Sandermann danke ich für die Korrektur des Manuskriptes.

Lahr, September 1988 Wilhelm Sandermann

Inhaltsverzeichnis

Felsbilder - die ältesten Dokumente der Menschheit

Im Jahre 1868 fand auf dem Gebiet des Gutsbesitzers Marcelino de Sautuola in der Nähe der nordspanischen Stadt Santander eine ungewöhnliche Fuchsjagd statt. Als Meister Reineke vor dem Jagdhund in seinen Bau flüchtete, folgte ihm der Hund, blieb aber in der engen Röhre stecken. Beim Versuch, das Tier zu befreien, räumte der Jäger einige Felsbrocken beiseite. Zu seiner Überraschung legte er damit den Eingang zu einer 275 Meter langen Höhle frei, die sich bis unter den Bauernhof *Altamira* erstreckte. Der Jäger teilte den Fund Don Marcelino mit, einem begeisterten Amateuer-Archäologen. Dieser fand am Boden der Höhle Handwerkszeug und Knochen eiszeitlicher Tiere, wie Mammut, Höhlenbären, Pferde, Ure und dergleichen. Marcelino setzte in den folgenden Jahren seine Forschungen fort. Dabei nahm er oft seine Tochter Maria mit. Eines Tages - es war im Sommer 1879 - kroch die 12jährige Maria durch einen niedrigen Eingang in eine Seitenhöhle. Kurz darauf rief sie ihrem Vater erregt zu, die niedrige Höhlendecke sei mit lauter Tierbildern bedeckt. Don Marcelino erkannte sofort, daß es sich bei den wunderbaren, mehrfarbigen Bildern von Mammut, Pferd, Hirsch, wildem Eber und Bison um Tiere handelte, die zum großen Teil seit über 10000 Jahren ausgestorben waren. Die oft lebensgroßen Darstellungen in Rot-, Gelb-, Braun- und Schwarztönen sind hervorragende Meisterwerke.

Doch als Marcelino die Fachwelt von dem sensationellen Fund unterrichtete, erntete er nichts als Spott. Man hielt es für undenkbar, daß es unter den gewiß rauhen Eiszeitjägern begnadete Künstler gegeben habe, die so etwas zustande gebracht haben könnten. Vor allem der Papst der französischen Höhlenforscher, Emile Cartailhac, wandte sich mit voller Autorität gegen die *dreiste Fälschung* Don Marcelinos.

Um die Jahrhundertwende entdeckte der erst 24jährige Abbé Henri Breuil ebenfalls eiszeitliche Malereien. Seine Publikation wurde zwar von vielen Spezialisten ebenfalls abgelehnt, doch stimmte sie einige Forscher nachdenklich. Breuil gelang es, den erbitterten Vertreter der *Fälschungstheorie,* Emile Cartailhac, 1910 zu einem gemeinsamen Besuch der Höhle von Altamira zu überreden. Das Ergebnis war ungewöhnlich: unter dem Eindruck der Formenfülle und der Vollkommenheit der Höhlenbilder rückte Cartailhac von seinem Irrtum ab. Aus dem Saulus war ein Paulus geworden. In einer folgenden Publikation schrieb er: „Altamira ist die größte und interessanteste

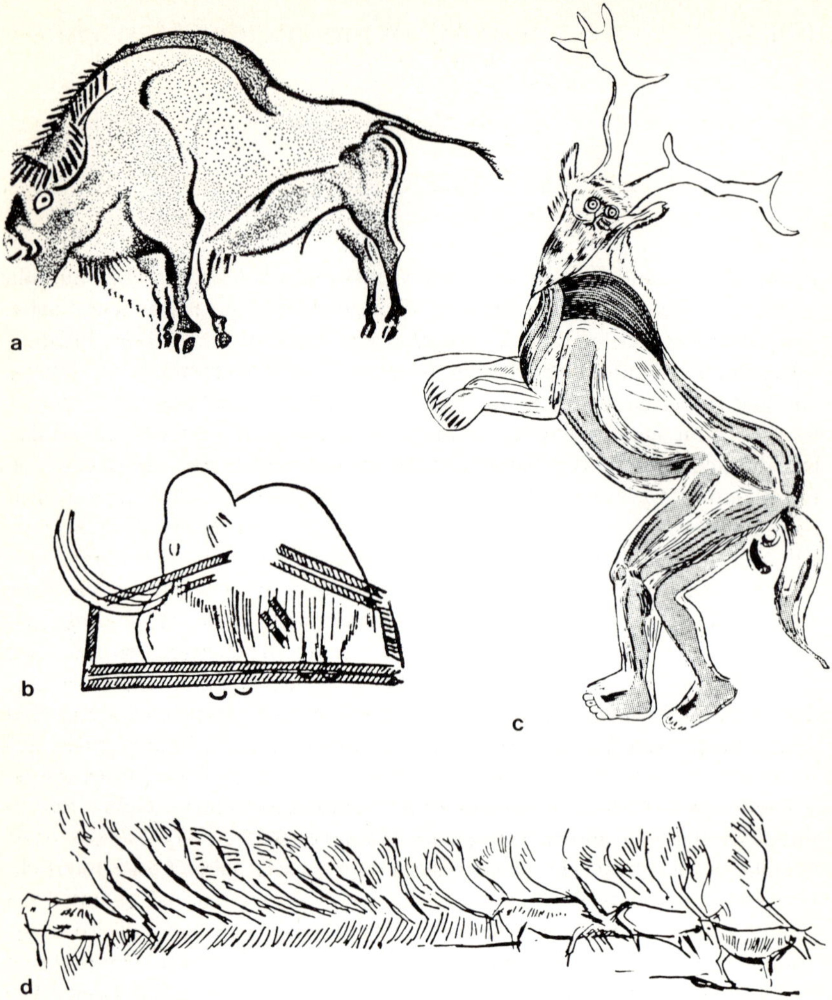

Abb. 1a–d. Die Künstler der Steinzeit schufen hervorragende Werke: *a* Wisent von Altamira; *b* Schwerkraftfalle mit Mammut aus der Höhle von Font-de-Gaume, Jungsteinzeit; *c* Jagdzauber; *d* weidende Rene, Gravour auf Elfenbein aus der Dordogne, frühes Magdalenien

Höhle von allen. Wir leben in einer neuen Welt." Einer weiteren Publikation gab er den Untertitel *Mea culpa dun sceptique* (Schuldbekenntnis eines Skeptikers). Damit war das Eis gebrochen. Doch Marcelino erlebte seine Rehabilitierung nicht mehr. Er war bereits 1888 gestorben.

Bald wurden in aller Welt weitere Höhlen mit Malereien, Graffiti und Skulpturen entdeckt. Heute soll es in Nordspanien, in den Pyrenäen und in der Dordogne über 10000 registrierte altsteinzeitliche Kunstwerke geben. Von diesen ist die Bildhöhle von Altamira die *Sixtinische Kapelle der vorgeschichtlichen Kunst*. Ihr folgt an Bedeutung die *Superhöhle* von Lascaux in der Dordogne. Bei ihrer Entdeckung (1949) spielte - wie bei der Höhle von Altamira - ebenfalls ein Hund eine Rolle. Als der 18jährige Marcel Ravidat mit seinem Hund einen Spaziergang unternahm, stießen beide auf ein tiefes Loch, das ein entwurzelter Baum verursacht hatte. Ravidat erweiterte danach mit drei Freunden die Öffnung und stieß auf eine Höhle. Es handelte sich um eine riesige eiszeitliche Bildergalerie, in der, wie in Altamira, Bisons, Wildpferde, Hirsche und anderes Wild dargestellt waren. Die Forschung datierte diesen Fund auf etwa 13000 v.Chr. Diese Datierung wurde mittels der Radiocarbon-Methode an einem Holzkohlestück aus der Höhle durchgeführt und ergab ein Alter von 15516 Jahren. Die Kunstwerke stammen demnach von dem Crô-Magnon-Menschen, einem Vorfahren des heutigen Europäers.

Wie die frühen Künstler vorgingen, ergibt sich aus vielen Höhlenfunden (Abb. 1). Da man viele der Malereien in Form kleiner eingravierter Skizzen auf handtellergroßen Steinen fand, nimmt man an, daß die Motive zunächst in Skizzen vorgeplant wurden. Die Farben wurden mit Tierfett angerührt und mit Pinseln aufgebracht oder mit Hilfe hohler Knochen versprüht. Man fand auch noch Reibschalen, in denen die Farbmineralien gepulvert und mit Fett verrieben wurden. Das benötigte Licht lieferten steinerne Lampen, die Fett als Brennstoff enthielten. Wegen der hohen Fertigkeit der Künstler schließen einige Forscher nicht aus, daß es bereits Malerschulen gab.

Die eiszeitlichen Wandmalereien von Altamira und Lascaux sind von einer derartigen Reife und Schönheit, daß moderne Künstler, wie Picasso, Klee, Kandinski und Miro, nachhaltig davon beeinflußt wurden. Über den Sinn dieser Höhlenmalerei gibt es keine einheitliche Meinung. Wie andere Forscher ist Földes-Papp der Meinung, daß die eiszeitliche Höhlenmalerei und spätere Felszeichnungen magischen Zwecken dienten. Der Mensch jener Zeit war vielen Gefahren ausgesetzt. Gegen den Hunger war er auf regelmäßige Beute angewiesen. In diesem Zusammenhang war die Totenmagie von Bedeutung. Sie sollte den Jäger vor der Rache des erlegten Wildes und vor Angriffen gefährlicher Raubtiere schützen. So bot die Magie Schutz vor vielerlei Gefahren. Ein Forscher hat daher den Sinn der eiszeitlichen Kunst als „Aufschrei des Menschen gegen die Willkür der erbarmungslosen Natur" gedeutet.

Sind auf eiszeitlichen Bildern einmal Menschen dargestellt, was sehr selten der Fall ist, so dürfte es sich um Magier, Zauberer oder Priester handeln. Daß Zauberer eine große Rolle spielten, zeigt die Felszeichnung des *Zauberers von Trois-Frères* aus dem Spät-Magdalénien (14000-12000 v.Chr.) (Abb. 1c). Dieses Mischwesen hat einen menschlichen Körper, trägt das Geweih und die Ohren eines Hirsches und den Rumpf und den Schweif eines Pferdes sowie tierische Pfoten und Tatzen. Die Zeichnung an der Decke einer Höhle beherrscht den Innenraum, der wohl kultischen Tänzen diente.

Die meisten der Höhlenbilder waren wohl Bitten und Gebete, also *Wunschlisten* an Götter und Geister. Daß oft Jagdmagie im Spiel ist, zeigen einige Malereien von Lascaux. Auf einem Deckenbild werden Rentiere und ein Pferd mit einem magischen Fallgrubenzeichen gebannt. Mit diesem Bild ist die Beschwörung verbunden: möglichst viel Wild möge auf diese Weise gefangen werden. Nach Beobachtungen des Afrikaforschers Leo Frobenius spielt die Tötungsmagie in moderner Zeit bei den noch steinzeitlich lebenden Pygmäen eine große Rolle. Am Vorabend der Jagd zeichnen sie Tierfiguren in den Boden und treiben danach mancherlei Zeremonien. Es gibt allerdings auch Forscher, die die Ansicht vom magischen Zweck der Felsbilder ablehnen und annehmen, die steinzeitlichen Künstler hätten die herrlichen Werke aus ästhetischen Gründen, also aus reiner Freude, geschaffen. Für diese Ansicht gibt es jedoch keine hinreichenden Gründe.

Die naturnahe Darstellung der Malereien und Zeichnungen ging mit der Zeit mehr und mehr in eine stilisierte und vereinfachte über. Diese Entwicklung ist sehr deutlich an der Elfenbeingravour einer weidenden Rentierherde aus dem Frühen Magdalénien erkennbar (Abb. 1d). Vor allem zeigt sich diese Entwicklung an Felszeichnungen, die in mehreren Zeitstufen hintereinander entstanden. So werden in der ältesten Stufe der Sahara-Zeichnungen (10000-8000 v.Chr.) wildlebende Tiere, wie Löwen, Elefanten, Giraffen, Panther und Strauße naturhaft dargestellt. In der nächsten Periode (6000-4000 v.Chr.) handelt es sich bei den Objekten zusätzlich um bereits gezähmte Tiere. Die Periode 4000-2000 v.Chr. ist von Viehzüchtern geprägt. Die Bilder von Rinderherden und Jagdwild sind jetzt bereits stark stilisiert. Das gilt auch für die in der folgenden Zeit auftretenden Bilder von Pferden und Streitwagen. Diese Entwicklung zu vereinfachten Darstellungen findet sich auch bei Felszeichnungen in Europa und anderen Erdteilen. Beispielhaft sind die Felsornamente von Mont Bego in Südfrankreich (2000-600 v.Chr.), Capo di Ponte in Italien (2000 v.Chr.-Chr.Geb.), die skandinavischen Motive (1600-500 v.Chr.) und bei einigen der 300 Fundstellen in Nordamerika, z.B. in Santa Barbara.

Die Felsbilder von Mont Bego stammen aus der Frühen Bronzezeit (2000-1500 v.Chr.). Es handelt sich um das *größte Bilderbuch der Alpen*. Der Erforscher dieses Vorkommens, Abbé Hirigoyen, hat bisher über 40000 Zeichnungen katalogisiert. Bei den Künstlern handelte es sich um Viehzüchter und Hirten, deren stark stilisierte Zeichnungen von Rindern, Menschen, Pflügen und Waffen bereits als Bilderschrift bezeichnet wurden.

Ähnliche Motive finden sich bei den 20000 Zeichnungen auf 600 Felsen in Capo di Ponte bei Brescia.

Auf den etwas jüngeren Felsbildern Skandinaviens aus der Zeit 1600-500 v.Chr. sind Haustiere, Schiffe, Rinder, Götter, Wagen und Personen mit Bogen und Luren dargestellt. Unter den Göttern dominiert Thor mit dem Hammer.

Neuerdings hat die Darstellung von Symbolen - den einfachen Zeichen als Sinnträgern - das besondere Interesse einiger Forscher geweckt. Mit diesem Problem der Bedeutung urgeschichtlicher Elementarzeichen als einer Art Schrift und eines Mediums der Kommunikation hat sich besonders der Forscher Hans Biedermann befaßt. Er postuliert, daß die in vielen Felszeichnungen vorkommenden Elementarzeichen Gedächtnisstützen waren. Nur dadurch konnte kompliziertes Wissensgut gespeichert und wieder nutzbar gemacht werden. Natürlich ist es schwierig, sich in die Denkweise der archaischen Kulturen zu versetzen und deren *Sinnschriften* zu deuten. Dennoch versucht Biedermann, hinter das Geheimnis einiger Symbole - der *Urschrift* - zu kommen. So deuten *Wellenkreis* oder *Ringwellen-Symbol* auf die Wiedergeburt aus dem Wasser hin. Breite U-förmige Zeichen, nicht selten mit vertikalen Strichen, sind wohl als Symbole für Boote oder Schiffe, genauer: als Totenschiffe zu deuten. Kreise mit Strahlen galten als Symbol der Sonne und ein Kammstrichzeichen wurde als Symbol für „Regen aus der Wolke" gedeutet. Die Tendenz zur Abstraktion bewirkte, daß der Kopf des Menschen schlicht durch einen Querstrich, durch Hörner, ein Dreieck oder durch ein Kreissymbol gekennzeichnet wurde. Es besteht wohl kein Zweifel, daß wir es bei den Felszeichen mit dem Beginn der Schrift und der schriftlichen Kommunikation zu tun haben.

Tontafel und Keilschrift

Die älteste Hochkultur war die der Sumerer im Zweistromland. Dieses Volk kannte bereits früh eine Bilderschrift. Schriftträger waren Tontafeln, in die die Merkzeichen für die Forderungen der Tempel, Verträge und Grundbuchrechte mit einem Griffel eingedrückt wurden. Die älteste Buchungstafel dieser Art wurde in der Schicht Uruk IV (3300 v. Chr.) gefunden (Abb. 2). Für die Tempel, denen die Landwirtschaft sowie Fischerei, Viehwirtschaft, Handel und Wasserwirtschaft unterstanden, waren derartige Bildschriften von großem Wert. Solche tönernen Bilddokumente und die zu gleicher Zeit aufkommenden Rollsiegel waren auch Verschlußsicherungen für die Vorräte verschiedenster Art.

Die Anfänge dieser Buchstabenschrift liegen viel weiter zurück, als die Auffindung der Tontäfelchen vermuten läßt. So finden sich vereinfachende Symbole für Himmel, Erde, Wasser und Vieh schon auf Töpferwaren aus dem fünften vorchristlichen Jahrtausend in Mesopotamien. Diese Zeichen wurden anfangs auf den Keramiken in senkrechter Folge angebracht. Erst später führte man sie als geometrische Stilisierung waagerecht um die Gefäße herum. Es besteht demnach kein Zweifel, daß bei der Entwicklung der Keilschrift und der Tontafel die Technik der Töpfer Sumers Pate stand.

Abb. 2. Frühe sumerische Bilderschrift (3300 v. Chr.)

Die ursprüngliche Bilderschrift auf Tontafeln war zunächst ausreichend. Erhielt der Bürger eine Steueraufforderung mit den Zeichen für Rind, Hafer oder Milch in Verbindung mit einer Mengenangabe, so wußte er, was er dem König oder dem Tempel zu liefern hatte. In dem ältesten Beleg, einem Kalksteintäfelchen aus Kisch (3300 v. Chr.), sind Zahlenzeichen sowie die Umrisse von Kopf, Fuß, Hand und einem Dreschhammer eingezeichnet. Ganz allgemein standen am Anfang dieser Bilderschrift vereinfachte Abbildungen lebender und toter Dinge, die für den Sumerer von Bedeutung waren. Als Darstellungen kehren immer wieder: Schafe und Kühe, Ackerbaugeräte, die Fassade eines Tempels, ein Kuhstall, Nahrungsmittel, Eß- und Trinkgeräte sowie menschliche Gliedmaßen, wie Kopf und Fuß.

Die Bilderschrift ist für viele Zwecke so vorteilhaft, daß wir sie noch heute verwenden. So sagt ein Totenkopf mit gekreuzten Knochen: *Vorsicht! Gift!*. Auch unsere Verkehrszeichen beruhen auf dieser einprägsamen Bilderschrift, wie die Schilder für Vorfahrt, Parkverbot, Fußgängerübergang, Gegenverkehr und dergleichen. Die sumerische Bilderschrift erwies sich als hinreichend flexibel, auch komplizierte Zusammenhänge und Namen verständlich zu machen. So bedeutet das Zeichen für Mund mit einem Stück Brot darin *Essen* oder das Zeichen für Wasser *Trinken*. Stier, Fisch und Vogel werden durch deren Kopf wiedergegeben. Das Schamdreieck war das Zeichen für *Frau*. Standen neben diesem Zeichen drei Hügel *(= Gebirge),* so hieß das *Sklavin*. Dieser Zusammenhang wird verständlich, wenn man bedenkt, daß die meisten Sklaven aus den Gebirgsvölkern kamen.

Wegen der Notwendigkeit, zusammengesetzte Bildzeichen zu verwenden, wuchs die Zahl der Zeichen gewaltig. So finden sich schon früh für das Wort UDO (= Schaf) etwa 31 verschiedene Zeichen. Sie bezeichnen Schafe verschiedener Rasse und Zubereitung für die Opfer. In der Dokumentation von Erech wurden 2000 verschiedene Bildzeichen gefunden. Trotz dieser großen Zahl konnte diese Schreibweise nur recht unvollkommen den Sinn der Worte in Sätzen wiedergeben, selbst als die Zahl auf 500 Zeichen verringert wurde.

Einen großen Fortschritt bedeutete der Übergang von der Bild- zur Schriftsprache. Für diese um 2800 v. Chr. eingeführte Neuerung eignete sich die einsilbige sumerische Sprache besonders. Ab jetzt wurden Bilder in Worte umgewandelt. Diese Änderung ermöglichte es, auch Eigennamen zu schreiben, z. B. „Kuraka“, der sich in der bisherigen Bilderschrift nicht ausdrücken ließ. Man fügte ihn aus den Zeichen für die Laute *kur* (= Gebirge), *a* (= Wasser) und *ka* (= Mund) zusammen. Nur noch die Laute zählten, nicht die ursprünglichen Begriffe Gebirge, Wasser und Mund. Damit man diese Begriffe auch wirklich unbeachtet ließ, stand vor dem zusammengesetzten Namen ein Warnzeichen, das besagte: „Vorsicht! Was jetzt kommt, heißt nicht *Gebirge, Wasser* oder *Mund,* sondern ist ein Personenname.“ Solche besonderen *Verkehrszeichen der Schrift* gab es beispielsweise vor den Namen

Abb. 3. Beschriften einer Tontafel mit Griffel

für *Frau, König, Gott, Stadt, Länder* und *Metalle*. Dadurch wurde eine mögliche Mehrdeutigkeit wesentlich eingeschränkt.

Dem Übergang von der Schrift zur Silbenschrift folgte bald eine andere Reform. Ursprünglich begann man mit der Schrift in der oberen rechten Ecke der Schriftunterlage und schrieb von oben nach unten. Daher schaute die Vorderseite der Figuren stets nach rechts. Dann jedoch machten die Schriftzeichen eine Drehung um 90° durch. Das wirkte sich in der Weise aus, daß nunmehr die Bildzeichen auf dem Nacken lagen und von oben rechts waagerecht nach links geschrieben wurden. Es mag sein, daß man diese Änderung der Schreibrichtung vornahm, um das früher oft mögliche Verschmieren der schon früher eingeritzten Bilder durch die Hand zu vermeiden.

Der Übergang zur Tontafel als Schriftträger und zum dreieckig zugespitzten Stück Rohr als Griffel führte schließlich zur Keilschrift. Die Kreise und Kurven der früheren Bilder wurden nun durch eine Reihe gerader Striche ersetzt. Die neuen Schriftbilder hatten kaum noch etwas mit den ursprünglichen Zeichen gemein. Bald war das Bild völlig durch neue Zeichen in Keilschrift ersetzt. Nur vier verschiedene Keilzeichen wurden verwandt: senkrechte, waagerechte, schräge sowie ein besonderes, das mit der Spitze des Stiftes geformt wurde und das Aussehen einer Pfeilspitze hatte (Abb. 3).

Die Tontafel war ein billiger Schriftträger. Man entnahm den weichen Lehm einem Bewässerungskanal, trocknete ihn in einem schattigen Ort vor und formte und glättete ihn zu einem flachen Kuchen vom gewünschten Format, meist in der Größe 5:3 cm. Für längere Texte wählte man das Format 11:10,5 cm. Mittelassyrische Tafeln für Gesetzestexte hatten mit 32 × 21 × 3 cm annähernd ein DIN A4-Format. Ihre Vorder- und Rückseiten waren in je vier Kolumnen eingeteilt und hatten so Platz für 828 Zeilen. Für Verträge und wichtige Dokumente wurden größere Tafeln verwendet. So hat der Vertrag zwischen dem Assyrerkönig Asarhaddon und dem Mederfürsten Ramataja ein Format von 45,8 × 30 cm. Außer Tafeln wurden für längere Texte tönerne Prismen, Zylinder und Tönnchen verwandt. So wurde in den Trümmern Ninives ein 38 cm hoher, sechsseitiger Prismenzylinder gefunden, der die Belagerung Jerusalems durch Sanherib schildert. Solche Prismen mit sechs, acht, zehn und mehr Seitenflächen dienten für Bau- und Weihinschriften sowie für die meist prahlerischen Tatenberichte der Herrscher. Bei Bauten wurden die Baudokumente oft an allen vier Ecken der Gebäude eingemauert. Sie stellen für die Forschung eine wichtige Informationsquelle dar. Bauten aus luftgetrockneten Ziegeln enthielten in regelmäßigen Abständen eingemauerte, gebrannte Tonnägel oder Pilze mit Texten. Wurden zum Bau gebrannte Ziegeln benutzt, so enthielt jeder eine Stempelinschrift.

Alle wichtigen Geschäfte wurden auf Tontafeln fixiert und von den Partnern durch Rollsiegel-Abdrücke bekräftigt. Bei ungebrannten Tafeln bestand jedoch die Möglichkeit der Textfälschung, da man den Text durch Anfeuchten *ausradieren* und ändern konnte. Daher wurden wichtige Verträge gebrannt. In besonderen Fällen wurde das Dokument in einen „Umschlag“ aus Ton verschlossen, auf dem der gleiche Text angegeben war und der ebenfalls gebrannt wurde.

Die Keilschrift wurde um 2900 v. Chr. in den Tempeln Sumers zunächst nur für Wirtschaftsberichte benutzt. Nach 2500 v. Chr. fand sie für Königs-Inschriften und nach 2000 v. Chr. auch für literarische Texte Verwendung. Wegen ihrer Vorteile wurden Tontafel und Keilschrift von den Babyloniern, Elamiten, Assyrern, den Hethitern und später von den Altpersern übernommen. Um 1400 v. Chr. war die Keilschrift die internationale Verkehrsschrift. Später blieb sie auf Babylon beschränkt, wo sie noch 50 n. Chr. in Astrologieschulen gelehrt wurde.

Die Grundlage zur Entzifferung der Keilschrift legte 1902 der Göttinger Gymnasiallehrer Georg Friedrich Grotefend. Er fand auf Inschriften in Persepolis die Namen der Herrscher Darius und Xerxes sowie das Wort für *König*. Den nächsten Schritt unternahm der Engländer Rawlinson. Er befaßte sich von 1835–1847 mit der Entzifferung der Felsinschrift des Darius I. in 60 m Höhe im Felsmassiv Behistun. Diese Inschrift ist nahezu unzugänglich angebracht und in Altpersisch, Elamisch und Babylonisch abgefaßt. Unter unsäglichen Schwierigkeiten kopierte der Forscher die Inschrift und entzifferte sie. Danach bereitete die Entzifferung weiterer

Abb. 4. Teil des Gilgamesch-Epos in Keilschrift

Keilschrifttexte keine Schwierigkeiten mehr. Nach vielen erfolgreichen Ausgrabungen konnten fast eine Million Tontafeln gefunden werden, die heute schon zum größten Teil entziffert sind. Viele ruhen gewiß noch in der Erde.

Die bei früheren Ausgrabungen gefundenen Tontafeln wurden meist von den Ausgräbern in ihre Heimatländer entführt. Der größte Teil befindet sich daher in den großen Museen in aller Welt. Heute ist die Mitnahme von Tontafeln untersagt. Beim Auffinden verfährt man im allgemeinen wie folgt: Die ungebrannten Tontafeln werden zunächst mit dem Pinsel gereinigt, in flachen Schalen mit einer Sandschicht bedeckt und langsam und sorgfältig im Brennofen gehärtet. Nach zweitägigem Abkühlen werden die Tafeln durch ein Sandstrahlgebläse von Sand und anderen Verunreinigungen befreit. Danach wird ein Latexabdruck gefertigt, von dem eine beliebige Zahl von Gipsabdrucken hergestellt werden kann.

Bis heute wurden etwa 300 000 Tontafeln des ehemaligen Sumer gefunden. Davon behandeln 95% wirtschaftliche Themen. Diese sind für Informationen über die Kulturgeschichte Sumers weitgehend uninteressant. Der Großteil der meist ungebrannten Tafeln wurde in Nippur gefunden, das im 3. Jahrtausend das geistige Zentrum Sumers war. Die Forschung entzifferte medizinische, mathematische und astrologische Texte, aber auch Epen, Mythen, Gebete, kultische Hinweise und Liebesgedichte. Selbst Wörterbücher, Literaturkataloge und Grammatiken wurden gefunden. Der wertvollste Fund war das Gilgamesch-Epos (Abb. 4). Diese Dichtung ist eine der ältesten und schönsten Leistungen auf diesem Gebiet. In dem Epos werden die mythischen Wanderungen und Abenteuer des Helden Gilgamesch, des Königs von Uruk, beschrieben. Als erstes und größtes Epos des Altertums und Orients rangiert es noch vor dem griechischen Nationalepos, der Ilias. In Sumer gab es zunächst fünf Gilgamesch-Sagen, die durch einen großen Dichter zu einem einzigen, erhabenen Epos vereinigt wurden. Es behandelt die Suche nach dem ewigen Leben. Doch die Antwort ist recht pessimistisch: Alle Mühe ist vergebens.

Viele der sumerischen Texte, vor allem das Gilgamesch-Epos, wurden von den Babyloniern, den Assyrern und selbst von den Hethitern übernommen. Man fand sie auch in deren Tontafel-Bibliotheken. Oft wurden Keilschrifttexte in steinerne Statuen eingemeißelt (Abb. 5).

Die wichtigsten Tontafelfunde wurden im ehemaligen Assyrien gemacht. Schon Tiglatpilesar I (1113-1074 v. Chr.) hatte in seiner Hauptstadt Assur eine Sammlung errichtet. Doch die größte Bibliothek war die des Königs Assurbanipal (669-630 v. Chr.). Archäologen waren erstaunt, daß dieser grausame assyrische Herrscher eine starke Bindung zur ethisch hochstehenden sumerischen und babylonischen Kultur hatte. Vielleicht erklärt sie sich daraus, daß er einst als Priesterschüler in dieser geistigen Welt gelebt hatte. Für Psychologen wäre es vielleicht interessant, über Ähnlichkeiten im Charakter der beiden ehemaligen Priesterschüler und späteren grausamen Diktatoren Stalin und Assurbanipal nachzudenken. Hinweise für ein solches Studium könnten ihnen gewiß einige Tontafel-Texte geben.

Nachdem Assurbanipal zur Macht gekommen war, plünderte er die Bibliotheken und Archive Mesopotamiens und gliederte die Schätze seiner eigenen großen Bibliothek in Ninive ein. Dort grub der Engländer Layard von 1845 bis 1847 die eine Hälfte und der Assyrologe Rassam 1853 die andere Hälfte der Keilschriftensammlung aus. Die zumeist in England befindlichen Tafeln und Fragmente sollen von 10 000 Tafeln stammen. Doch ernsthafte Schätzungen gehen davon aus, daß die Bibliothek Assurbanipals etwa 5000 Tafeln enthielt und sich vornehmlich auf die jüngere babylonische Literatur bezog. Wie

Abb. 5. Sitzbild des Königs Gudea von Lagasch mit Inschrift

schon in Sumer behandelten die Texte Epen, Mythen, Fabeln, Sprichwörter, kultische Texte, Gebete, Rituale, Gesetzestexte, historische Angelegenheiten und vieles mehr. Auch hatte das Gilgamesch-Epos über Babylonien den Weg nach Ninive gefunden.

Wie im Falle Ninive sorgte auch die Entzifferung der Keilschriften der Priesterbibliothek von Nippur für Überraschungen. So entdeckte man in der sumerischen Fassung der Sintflutsage den ältesten Noah und in dem sumerischen *leidenden Gerechten* den ältesten Hiob. Auch die Gesetzgeber Hammurabi und Moses haben einen Vorläufer. Es ist Urnammus, der Gründer der 3. Dynastie von Ur, der 2045 v. Chr. starb. Im Gegensatz zum Vergeltungsrecht Hammurabis beruht seine Gesetzgebung auf dem Wiedergutmachungsprinzip.

Die Wahl der Tontafel als Schriftträger ist ein einmaliger Glücksfall für die Geschichte der Menschheit. Im Gegensatz zu anderen Schriftträgern, Leder, Pergament, Holz, Rinde, Papyrus und Papier, ist das nichtbrennbare und biologisch nicht angreifbare anorganische Material praktisch unvergänglich. Die Keilschrifttexte machen uns mit der Geschichte und dem Leben des Vorderen Orients über viele Jahrtausende bekannt. Ohne sie wüßten wir nichts oder nur sehr wenig über die ersten Großreiche und Zivilisationen, auf die sich unsere heutige Kultur stützt. Die späteren organischen Schriftträger sind vergänglich. Das ist auch der Grund, weshalb wir nicht den Briefwechsel von Alexander d. Gr. (356-323 v. Chr.), von Augustinus und Theoderich d. Gr., wohl aber den von Hammurabi (1728-1686 v. Chr.), Echnaton (1370-1352 v. Chr.) und Suppiluliumas (1380-1345 v. Chr.) besitzen.

Etwa eine Million Tontafeln wurden bisher gefunden und viele ruhen noch in der Erde. Von den 20 000 Tafeln der Metropole Mari ist nur ein Teil entziffert. Ähnlich steht es mit Funden aus anderen Bibliotheken. Was werden einst die Tontafeln von Akkad erzählen, der glänzendsten Metropole Mesopotamiens und Hauptstadt Sargons, deren Ruinen bis heute noch nicht aufgefunden wurden? Wird es eine Überraschung geben wie bei der Entdeckung Eblas (1968), der völlig vergessenen Stadt, in deren Archiven die italienischen Archäologen 15 000 Tontafeln fanden (Abb. 6)? Ohne diese Keilschriftfunde hätte man wohl nie erfahren, daß die Bewohner eines verschollenen Reiches mit dieser Hauptstadt enge Verbindungen zu den Hebräern hatten. Darauf weisen viele Namen auf den Keilschrifttafeln hin, wie *E-sa-um* (= Esau), *Sa-u-lum* (= Saul), *Da-u-dum* (= David) und israelische Städtenamen, wie Sodom.

Die Hethiter, die um 2000 v. Chr. in Kleinasien siedelten, benutzten anfangs eine eigene Bildersprache (Abb. 7), gingen aber später auch zur Keilschrift über. Die Tontafeln in den langgestreckten Archiven ihrer Hauptstadt Hattusa berichten über Schlachten, Friedensverträge, Wirtschaft, Recht, Religion, Pferdezucht und andere Dinge des Alltags. Doch um 1200 n. Chr.

Abb. 6. Das Tontafelarchiv von Ebla

hörte mit der völligen Zerstörung der Stadt jede Information an die Nachwelt auf. Über das Ende der Hethiter wissen wir also so gut wie nichts. Nur dem Umstand, daß durch den Brand der Stadt die Tontafeln gebrannt, also gehärtet wurden, verdanken wir den Erhalt des Tontafelarchivs. Dank der Brandkatastrophe sind wir also über die Kultur und die Geschichte dieses indogermanischen Volkes zur Zeit seiner Blüte unterrichtet.

Die Völker Vorderasiens schrieben nicht nur auf Ton. Wie in anderen Kulturen, benutzte man auch Holz, Elfenbein, Rinde, Papyrus und andere Materialien als Beschreibstoff. Wichtige Texte, wie Gesetze, meißelte man in Stein. Bei den immer wiederkehrenden Bränden von Büchereien wären demnach die organischen Schriftträger verbrannt und die Tontafeln gehärtet übrig geblieben.

Die Texte der Keilschrifttafeln bestechen durch ihre Frische und Natürlichkeit. Es scheint daher angebracht, in einer Abhandlung über Tontafeln und Keilschrift einige der Jahrtausende alten Texte zum Leben zu erwecken.

Hammurabi, König von Babylon, ließ auf seine Gesetzesstele einmeißeln:

„Der König, der unter den Stadtkönigen hervorragt, bin ich. Meine Worte sind wohlüberlegt, meine Weisheit hat nicht ihresgleichen. Auf Befehl des Shamash (Sonnengott) des großen Herrn von Himmel und Erde, soll Gerechtigkeit im Lande aufgehen . . ."

Abb. 7. Steintafel mit hethitischen Hieroglyphen aus der Stadt Karkemisch

In gleicher Klarheit, wie die Tontafeln vom Gerechtigkeitssinn großer und weiser Könige Sumers und Babylons berichten, verkünden sie Botschaften von einmaliger Brutalität und Prahlerei assyrischer Könige. So ließ Assurnasirpal II (883–859 v.Chr.) seine Grausamkeiten in Keilschrift verewigen:

„Ich schlachtete meine Feinde – und mit ihrem Blut färbte ich die Berge so rot wie Wolle! Ich schlug ihren Kriegern die Köpfe ab und schichtete sie als Turm vor ihrer Stadt auf. Ich verbrannte ihre jungen Männer und Mädchen im Feuer der Scheiterhaufen."

Sein Bericht über die Bestrafung einer meuternden Stadt liest sich wie folgt:

„Ich baute vor ihrem Stadttor eine Säule und ließ alle Anführer der Rebellen köpfen. Dann bedeckte ich die Säule mit ihrer Haut; einige Männer

> mauerte ich in die Säule ein und andere spießte ich auf Pfähle oben auf der Säule auf."

Assyrische Könige schätzten Grausamkeit und Größenwahn als Herrschertugenden. In dieser Hinsicht lag Assarhaddon weit an der Spitze. Er mordete sich den Weg zum Thron frei und ließ für die Nachwelt folgendes Urteil über sich selbst in Keilschrift einmeißeln:

> „Ich bin mächtig, ich bin allmächtig, ich bin ein Held, ich bin gigantisch, ich bin kolossal!"

Assurbanipal, der Gründer der Bibliothek von Ninive, der den Sprung vom Priesterschüler zum König machte, war ebenfalls ungemein grausam. Doch war er auch stolz auf seine Schreibkunst. Über sich selbst schreibt er:

> „... Nabu, der Schreiber von allem, hat mir die Erlernung seines Wissens zum Geschenk gemacht. ... ich löse komplizierteste Multiplikations- und Divisionsaufgaben, die sich nicht durchschauen lassen ... Aller Meister hohen Beruf verstehe ich."

Anders sehen die Tontafelberichte einfacher Bürger aus. So schreibt der Kaufmann Nanni 1700 v. Chr. an seinen Geschäftspartner Ea-nasir, der ihm schlechtes Kupfer geliefert hatte:

> „Merke Dir, daß ich von jetzt an kein Kupfer mehr von dir annehmen werde, das nicht von einwandfreier Beschaffenheit ist. Ich werde hinfort die Barren persönlich hier auf meinem Hof auswählen und ich werde von meinem Rückgaberecht Gebrauch machen, weil du mich mit Verachtung behandelt hast."

Auf einer Keilschrifttafel findet sich der älteste bekannte Bericht über Bestechung. Er handelt von einem Schüler, der oftmals in der Schule Schläge bekam, da er faulenzte und häufig schwänzte. Dieser Taugenichts überredete seinen Vater, den Lehrer zu einem kostbaren Mahl einzuladen. So geschah es, und der Vater schenkte dem Lehrer darüber hinaus noch kostbare Kleider. Über die Wirkung dieser Bestechung berichtet die Keilschrift in den Worten des Lehrers an den Jungen: „Du hast das Schulpensum sehr wohl absolviert. Du bist in allem ein Mann von Bildung!" In einem anderen Text kommt der Schreiber zu der zeitlosen Einsicht: „Schaust du hin, so sind die Menschen insgesamt blöde!"

Nach diesen Textproben dürfte kein Zweifel bestehen, daß uns die Tontafel eine 5000 Jahre alte Kultur bewahrt und erschlossen hat. Ob wohl unsere eigene Welt auf Grund unserer Informationsträger noch im Jahre 7000 n. Chr. erkannt und beurteilt werden kann?

Papyrus und Hieroglyphen

Der bekannteste Schriftträger Ägyptens war der Papyrus. Dieser Beschreibstoff wurde aus der Papyrusstaude (Cyperus papyrus) gewonnen, die in ganz Ägypten, besonders im Nildelta, in flachen Gewässern vorkam (Abb. 8). Der dreieckige Stengel von einigen Zentimetern Dicke erreicht eine Höhe von drei bis vier Metern. Bei der Aufbereitung wurde er in Stücke von etwa 40 cm Länge geschnitten und durch Entfernung des Bastes das helle Mark freigelegt. Dieses wurde in etwa zehn dünne Lamellen aufgespalten, die auf glatter Unterlage nebeneinander gelegt und dann kreuzweise mit einer gleichen Schicht bedeckt wurden (Abb. 9). Danach wurde das Material mit einem Schlegel so lange geklopft, bis die Teile sperrholzartig fest verbunden waren. Dabei wirkte der Saft der frischen Stengel als hervorragendes Bindemittel. Nach dem Trocknen wurde die Oberfläche mit einer Muschel oder einem Glättstein geschliffen. Durch Zusammenkleben mehrerer Blätter erhielt man eine lange Papyrusbahn, die aufgerollt und zugeschnürt wurde. Nach Plinius sind 20 Blätter einer Rolle das Normalmaß. Der längste aufgefundene Papyrus ist 42,5 cm breit und 40,5 m lang. Eine solche Länge ist recht ungewöhnlich. So mißt der längste medizinische Papyrus (Papyrus Ebers) 20 m. Für die Breite gab es in den verschiedenen Dynastien Standardmaße. So waren Papyri in der 18. und 19. Dynastie 36 und 18 cm breit, in der 20. Dynastie hingegen 42 und 21 cm.

Die Technik der Papyrusherstellung reicht weit zurück, etwa bis zum Jahre 3000 v. Chr. Die Stengel der Staude fanden schon früh Verwendung zu mancherlei anderen Zwecken, wie Kleidern, Matten, Kästen, Sandalen, Mumien

Abb. 8. Papyrusernte zur Zeit Thutmosis III. (ca. 1475 v. Chr.)

Abb. 9. Papyrus machender Ägypter

hüllen und für Boote. Die aus dem faserigen Bast hergestellten Seile und Leinen müssen eine beachtliche Festigkeit besessen haben; denn Xerxes, der Perserkönig, verstärkte im Krieg gegen Griechenland beim Bau der Schiffsbrücke über den Bosporus die ohnehin schon sehr dicken Hanfseile mit Papyrusleinen. Die Herkunft der Bezeichnung *Papyrus* ist dunkel. Doch besagt in der koptischen Sprache der verwandte Begriff *papurro* soviel wie *das dem König Gehörige* oder *das Königliche.* Die Herstellung des Papyrus war demnach ein Monopol des Königs. Vor allem trifft das seit der Eroberung Ägyptens (332 v. Chr.) durch Alexander d. Gr. zu. Zu jener Zeit nahm der Bedarf an Papyrus im gesamten Mittelmeergebiet gewaltig zu. Der auftretende Rohstoffmangel wurde von den Ptolemäer-Königen rücksichtslos durch hohe Besteuerung ausgenutzt. Die Monopolverwaltung vergab den Verkauf distriktweise an konzessionierte Händler. Als die staatlichen Bestimmungen durch nichtberechtigte Hersteller umgangen wurden, die den Papyrus gegen syrische Schmuggelware eintauschten, griffen die Behörden streng durch. Harte Dekrete verpflichteten die Verwaltungen, ihren Bedarf nur bei staatlichen Konzessionären einzudecken. Schließlich erließen die Ptolemäer ein totales Exportverbot. Noch über ein Jahrtausend zuvor hatte Ägypten große Mengen Papayrus nach Syrien ausgeführt, wo der neue Beschreibstoff mehr und mehr die Tontafel verdrängte. Umschlaghafen war die bedeutende altsyrische Stadt Byblos. Wahrscheinlich bezahlte das holzarme Ägypten mit Papyrus die aus dem Libanon kommenden Zedernstämme. So heißt es in einem Bericht des Fürsten von Byblos, daß er für gelieferte Zedern von

Ägypten 500 Rollen Papyrus - das entspricht 2000 Quadratmeter Beschreibfläche - erhielt. Byblos exportierte seinerseits den ägyptischen Papyrus in andere Länder des Mittelmeergebietes, besonders nach Griechenland. Von Byblos, dem bedeutenden Zentrum des Papyrushandels, leitete sich später das Wort *Bibel* ab.

Nach der Eroberung Ägyptens durch die Römer wurde die Besteuerung von Papyrus eher noch härter, als unter den Ptolemäern. Besonders traf das unter Tiberius zu. Plinius d. Ä. hinterließ uns nach einer Ägyptenreise einen ausführlichen Bericht über die Papyrusherstellung. Danach war die Fabrikation schon nach dem Prinzip der Arbeitsteilung organisiert. Unter den Arbeitern gab es Spezialisten, wie Glutinadores (Kleber) und Malbatores (Hämmerer). Schon 253 v. Chr. war eine Industrienorm eingeführt worden, durch die die Größen der Papyrusrollen vereinheitlicht wurden. Früher waren die Papyri, die an den Pharao und die Priester geliefert wurden, von ausgesuchter Qualität. Als jedoch der Beschreibstoff Massenware wurde, ließ die Güte stark nach. Im 1. Jahrhundert n. Chr. reichte das Sortiment vom feinsten, fast durchsichtigen Papyrus bis zum dicken *Pack-Papyrus*. Plinius gibt sechs Qualitäten an, von denen die beste nach Kaiser Augustus als *Augusta* und die zweite nach dessen Gemahlin als *Livia* bezeichnet wurde. Die Benennung weiterer Sorten erfolgte nach ägyptischen Fabrikationsstätten. Von geringer Qualität war der normale Kaufmanns-Papyrus *(Emporitica)*.

Selbst nach dem Fall Roms und nach dem Siegeszug der Araber blieb Alexandrien Mittelpunkt des Papyrushandels. Erst der Sieg Karl Martells über die Araber bei Poitiers brachte den blühenden Handel zum Erliegen. Die Sarazenen erließen ein strenges Exportverbot für das gesamte Abendland. Nur noch wenige Schiffe erreichten ab jetzt Marseille, den Schwarzmarkt für Papyrus. Wegen des hohen Preises wurde Papyrus immer weniger für Schreibzwecke benutzt, dafür vermehrt zur Herstellung von Kerzen.

Schon vorher war Papyrus für viele Schreibzwecke zu teuer. Daher benutzte man als *Merkzettel* oft Tonscherben (Ostraca). Sie wurden in allen Ländern der Alten Welt für kurze Notizen, Quittungen und dergleichen verwendet. Ein Tonscherben dieser Art mit dem bisher längsten Ostraca-Text stammt aus dem Alten Ägypten und befindet sich heute in dem Ashmolean-Museum zu Oxford. Er enthält etwa 90% der Geschichte Sinuhes, eine der hervorragenden literarischen Leistungen Ägyptens aus dem 12.-13. Jahrhundert v. Chr. Ein anderer Schriftträger war die wiederverwendbare Wachstafel, die etwa 300 v. Chr. in Ägypten aufkam und im Mittelmeergebiet weite Verbreitung fand. Meist war eine solche Tafel mit schwarzgefärbten Bienenwachs überzogen, geschrieben wurde mit einem Griffel, dem Stilus, dessen stumpfes Ende zum Löschen der Schrift diente. Zwei durch Ringe scharnierartig vereinigte Tafeln nannte man *Diptychon*, eine Vereinigung von drei Tafeln *Triptichon*.

Abb. 10. Der Isistempel von Philae, wie er anfangs ausgesehen haben mag

Wenn eine große Zahl von Papyri Jahrtausende überstanden hat, so verdanken wir das dem ungewöhnlich trocknen Wüstenklima Ägyptens. Von den zahlreichen Papyrusfunden wurden bis jetzt Zehntausende entziffert, und weit mehr warten in Museen auf die Bearbeitung.

Wie in Sumer, wurde auch in Ägypten die Schrift aus dem Bild geboren. Diese Bilderschrift nannte man Hieroglyphen. Dieser Ausdruck bedeutet wörtlich *heilige Kerben* und ist nur deshalb gerechtfertigt, weil die Ägypter in großem Ausmaß ihre Bildschrift in die Wände von Tempeln, in Säulen und Obelisken einmeißelten (Abb. 10). Die Hieroglyphen sind eine echte Schrift,

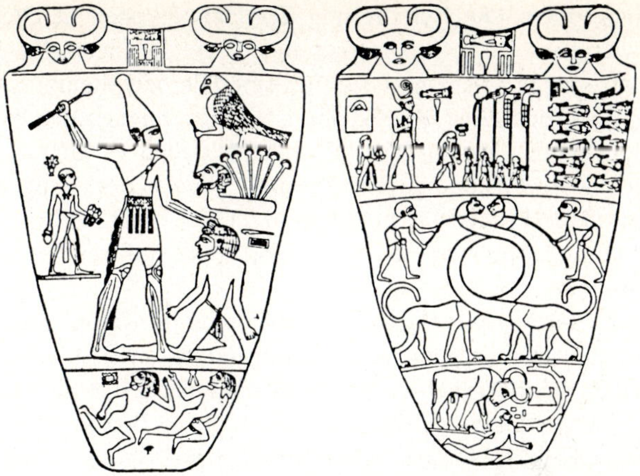

Abb. 11. Die Schminkpalette des oberägyptischen Königs Narmer, sie symbolisiert seinen Sieg über Unterägypten

die zwar der Entzifferung Schwierigkeiten bereitet, aber das Auge erfreut. Sie hat sich in 3000 Jahren wenig gewandelt. Die ältesten Funde stammen aus der 1. Dynastie, etwa 3100 v. Chr., die jüngsten aus dem Jahre 394 n. Chr.

In diesem Zusammenhang ist die aus Speckstein bestehende Prunkpalette des Königs Narmer (3100 v. Chr.) von besonderem Interesse. Sie zeigt, daß schon um diese Zeit Lautzeichen in die Bilderschrift Eingang fanden (Abb. 11). So ist der Teil der Palette, der sechs Lotosknospen zeigt, wie folgt zu deuten. Das Wortzeichen *Kha* meint Lotos, jedoch bedeutet ein Zeichen mit gleichem Lautwert *Kha* auch die Zahl 1000. Demnach geben sechs Lotosknospen die Zahl 6000 wieder. Insgesamt ist dann das Gruppenbild wie folgt zu lesen:

> „Horus bringt dem Pharao 6000 Fremde, die in ihrem Lande gefangen wurden.“

Klar ausgedrückt, berichtet die Tafel vom Sieg Narmers, dem König Oberägyptens, über Unterägypten. Ein Falke-Symbol Narmers zertritt die Papyruspflanzen, die Unterägypten darstellen. Erst die Ergänzung der Hieroglyphen durch das Silbenrätsel (ein Rebus-System) führte zur Schrift. Gefördert wurde diese Entwicklung durch den Wunsch, Eigennamen schreiben zu können. Schon zu Beginn des Alten Reiches gelang es den Ägyptern, ein Alphabet zu entwickeln, bestehend aus 24 Konsonanten, Halbkonsonanten und Kehllauten. Auf dieser Basis hätte eine einfache alphabetische Schrift entwikkelt werden können. Doch aus unerklärlichem Grunde wurde die Sternstunde nicht genutzt. Die Entzifferung der Hieroglyphen bereitete anfangs große Schwierigkeiten. So übersetzte um 1628 der deutsche Jesuit und Mathematikprofessor Athanasius Kircher eine Hieroglyphe mit: „Das Leben von Dingen nach dem Sieg über Typhon, die Feuchtigkeit der Natur, durch die Wachsamkeit des Anubis". In Wirklichkeit hieß es kurz und bündig: „Osiris sagt". Die vollständige Entzifferung glückte dem jungen französischen Genie Jean François Champollion (1790–1832). Er war einer der 175 Gelehrten und Künstler, die Napoleon 1798 auf seinem ägyptischen Feldzug mitnahm.

Als sich ein französischer Armeeteil bei Rosette im Kampf gegen die Engländer und deren Hilfstruppen verschanzen mußte, stieß einer der französischen Soldaten beim Ausheben des Schützengrabens auf eine glattpolierte Basaltplatte. Dieser *Stein von Rosette* enthielt einen Text in drei verschiedenen Sprachen (Abb. 12). Entscheidend für die Entzifferung durch Champollion war, daß eine der drei Inschriften in Griechisch abgefaßt ist. Durch mühsamen Vergleich konnte der Forscher schließlich den Hieroglyphentext entziffern. Es handelte sich um die aus der alten Hieroglyphenschrift abgeleitete demotische Schrift. Nach dieser Inschrift war der Stein 196 n. Chr. von Priestern aus Memphis beschrieben worden. Es handelte sich um einen Dank an König Ptolemäus V. für dessen Geschenk an den Tempel. Zwar hatten die Franzosen den Krieg gegen die Engländer verloren, doch mit der Entzifferung der Hieroglyphen und weiteren Forschungsergebnissen – später festgehalten in 19 Bänden der *Description de l'Égypte* – einen großen kulturellen Erfolg errungen. Den wichtigen Stein von Rosette entführten allerdings die Engländer zusammen mit anderen Schätzen nach London, wo sie sich heute im British Museum befinden.

Nach dem Erfolg Champollions machten sich die Ägyptologen an die Entzifferung der Papyri und der in Stein gemeißelten Inschriften. Wie schon bei den Assyrern, handelte es sich bei vielen der in monumentalen Steinbauten angebrachten Hieroglyphen um große Prahlereien. So berichtete Amenophis II. auf einer Stele über sich selbst:

> „Auf den Schlachtfeldern hatte er nicht seinesgleichen. Er hatte die Kunst des Wagenlenkers gelernt, er hatte nicht seinesgleichen in diesem großen Heer. Es gab keinen Menschen, der seinen Bogen spannen konnte, nicht konnte er im Laufe eingeholt werden."

Solche Kraftmeierei, für die ja schon die Keilschrift bei den Assyrern herhalten mußte, treffen wir besonders in rein bildlichen Heeresberichten der Ägypter wieder. So sehen wir in einer Darstellung, wie ein riesengroßer Thutmosis III. eine ganze feindliche Armee zerschmettert. In einem anderen Bildwerk wird der Jüngling Tutenchamun auf preschendem Kampfwagen als

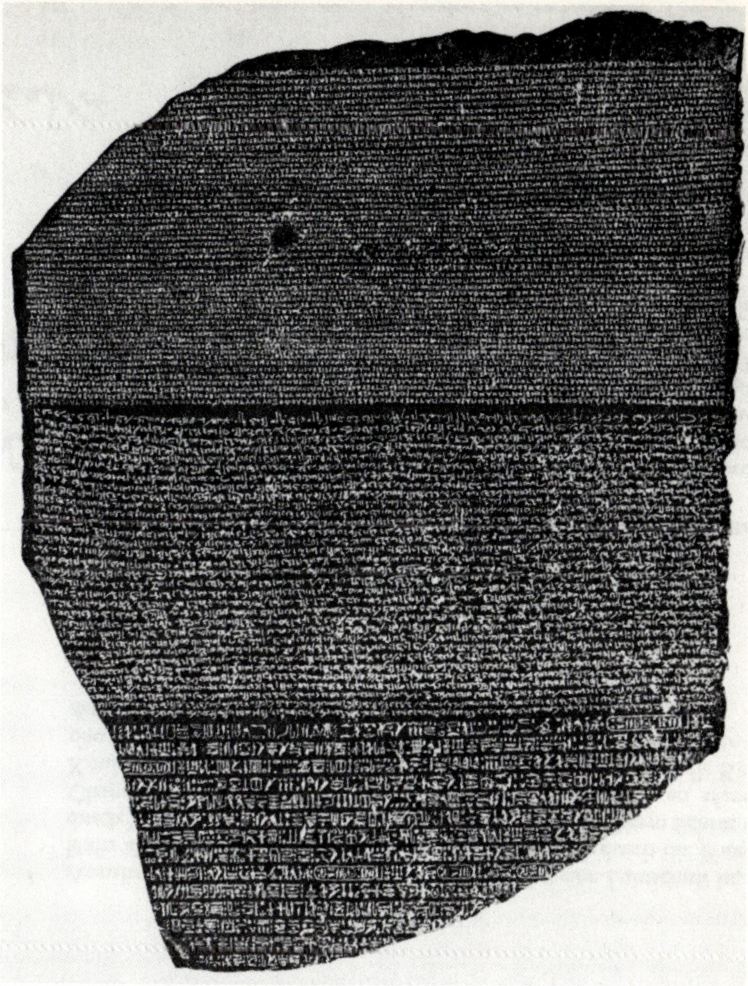

Abb. 12. Der Stein von Rosette ermöglichte die Entzifferung der ägyptischen Hieroglyphen

Vernichter ganzer Armeen dargestellt. Glänzend ist auch der Sieg Ramses II. über die Hethiter in Stein gemeißelt. Donnernd jagt sein Kampfwagen in die Reihen der Feinde, die pfeilgespickt das Schlachtfeld bedecken. Hier wurde allerdings die Darstellung zur Geschichtsfälschung; denn aus den Archiven der Hethiter ergibt sich, daß diese die umkämpfte Stadt Kadesch fest im Griff behielten.

Abb. 13. Hesire, oberster Aufseher der Schreiber. Holzrelief aus Sakkara (3. Dynastie)

Anders als in den monumentalen Steininschriften handelt es sich bei den Papyrustexten meist um religiöse, historische, medizinische, mathematische und astronomische Themen. Auch Weisheitslehren und Reiseberichte finden sich in den Papyri. Hingegen sind Liebeslieder seltener, und tiefsinnige Dichtungen, wie das Gilgamesch-Epos der Sumerer, fehlen ganz.

Doch finden sich viele Angaben aus dem persönlichen Bereich. Solche Berichte zeigen, daß die Menschen vor über 2000 Jahren sich in gleicher Weise freuten und sorgten, wie ihre streßgeplagten Nachkommen der heutigen Zeit. So schreibt ein Playboy an seinen Vater, daß er mit dem Gelde nicht auskomme und daher dringend um Erhöhung des Monatswechsels bitten müße. Eine sorgenvolle Mutter teilt ihrer Schwester mit, daß Arbeiter Demonstrationszüge veranstalten würden und sie daher die Kinder nicht auf die Straße schicken solle.

Zweifellos hatten die Arbeiter Anlaß zur Unzufriedenheit, denn die Papyri berichten von ungeheuren Steuerlasten. Es gab fast nichts, was nicht besteuert wurde. So erhob der Staat Kopf-, Grund-, Gewerbe-, Vermögens-, Sklaven- und Blumenbeetsteuer. Hinzu kamen Zwangsbeiträge für die Instandhaltung der Kanäle, die jährliche Landvermessung und für vieles mehr.

Der Schreiber war in Ägypten hoch geehrt. Seine Bedeutung wird uns immer wieder durch Kunstwerke nahegebracht. Hier sei vor allem an jene Holzschnitzerei aus dem Grabe Djosers erinnert, die den selbstbewußten Hesire, *Schreiber und Bekannten des Königs* zeigt (Abb. 13). Er hält einen Amtsstab, die Palette des Schreibers, die Wasserflasche und die Federbüchse. Immer wieder begegnen uns diese Utensilien der Schreiber auf deren Bildnissen. Die Farbpalette enthielt einen Napf für die schwarze Tusche, bestehend aus Ruß und einer Lösung von Gummi arabicum. Die Basis der roten Farbe war Ocker. Zum Schreiben wurde ein Pinsel aus Binsen benutzt, von dem jeder Schreiber noch zwei hinter einem Ohr trug (Abb. 14). Als die Griechen

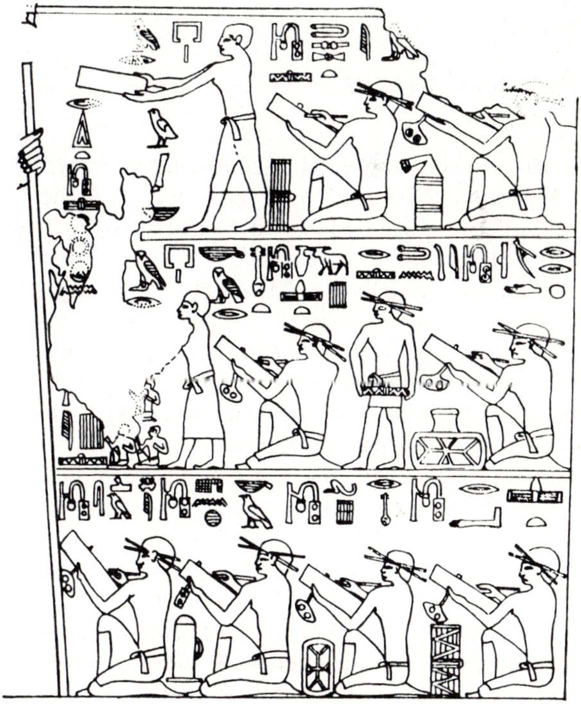

Abb. 14. Ägyptische Schreibergruppe

im 3. Jahrhundert den Pinsel durch die gespaltene Rohrfeder ersetzten, wurde dieses Schreibgerät von da an auch in Ägypten benutzt.

Zweifellos genossen Schreiber hohes Ansehen und standen auf der Gesellschaftsleiter gleich hinter den weltlichen Herrschern und den Priestern. Immer wieder findet sich der Hinweis, daß sie eine harte Ausbildung hatten und früh aufstehen mußten. Schreiberinnen, die frühen Verwandten unserer heutigen Sekretärinnen, gab es wohl in Babylon, nicht dagegen in Ägypten. Wegen ihrer hohen Stellung verachteten die Schreiber jeden anderen Beruf. Vor Beginn ihrer Arbeit opferten sie einen Tropfen aus ihrem Wassernapf dem großen Baumeister Imhotep, der König Djoser die Stufenpyramide von Sakkara errichtet hatte.

Im Lob ihres Berufs waren sich alle Schreiber einig, ob es königliche Schreiber am Hof oder Dorfschreiber in Siedlungen am Wüstenrande waren. Alle benahmen sich gegenüber Bildhauern und Malern wie *Stehkragenproletarier.* Schon eine Schulübung in einer Schreiberschule lautete:

> „Werde Schreiber, der von der Zwangsarbeit befreit ist und aller Arbeit entgeht, ... der Schreiber, er lenkt die Arbeit aller Leute. Er kennt keine Steuern, denn er zahlt mit Schreiben Tribut; für ihn gibt es keine Abgaben. Merke auf und denke daran".

In gleicher Weise berät ein Vater seinen Sohn. In dem entsprechenden Papyrusfragment heißt es:

> „Ich habe schwere körperliche Arbeit in Erwägung gezogen - wende dein Herz der Gelehrsamkeit zu. Ich habe auch über Menschen nachgedacht, die von körperlicher Arbeit befreit sind - es gibt sicherlich nichts Wertvolleres als die Gelehrsamkeit ... Ich habe den Schmied beobachtet, wie er seine Gießer anleitet, ich habe den Metallarbeiter bei seiner Arbeit vor der lodernden Esse beobachtet. Seine Finger sahen aus, wie die Haut eines Krokodils, er stinkt ärger als Fischlaich ... Der in seiner engen Hütte sitzende Weber ist schlechter dran als die Frauen. Seine Schenkel sind dicht an die Brust gepreßt und er kann nicht frei atmen ... Ich sage dir, der Beruf des Fischers ist der schlimmste von allen Berufen ... Wahrhaftig, es kann keine bessere Beschäftigung gefunden werden als der Beruf eines Schreibers, der der beste von allen Berufen ist. ... Wahrhaftig, es gibt keinen Schreiber, der nicht im Hause des Königs (Leben, Kraft und Gesundheit sei ihm!) speist."

In einer weiteren Schrift wird vom Beruf des Gärtners abgeraten, weil er früh aufstehen muß. Auch der des Baumeisters ist nicht erstrebenswert, da dieser schmutziger als ein Schwein wird. Die Hände des Balsamierers riechen schlecht. Nur der Schreiber hat einen geachteten, sauberen Beruf.

In den ägyptischen Schulen standen Lesen und Schreiben im Lehrplan obenan. Schon mit fünf Jahren begann die Ausbildung. Die Schüler schrieben laufend Diktate und Belehrungen in Schönschrift. Einer der überlieferten Sätze, der immer wieder geschrieben werden mußte, lautete:

„Das beste Ohr des Jungen ist auf seinem Rücken und er hört nur, wenn er geschlagen wird."

Der Schreiber mußte 700 Zeichen beherrschen. Er hatte allerdings die Freiheit, entsprechend dem zur Verfügung stehenden Raum von links nach rechts, rechts nach links oder von oben nach unten zu schreiben. Die Leserichtung wurde durch die Blickrichtung der abgebildeten Tiere angegeben (Abb. 15).

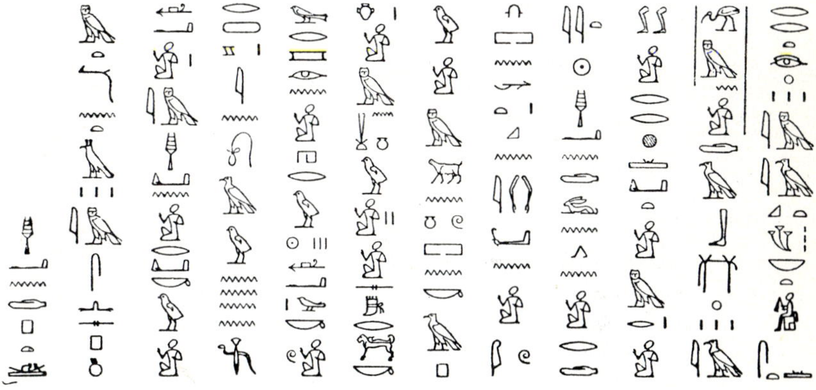

Abb. 15. Erzählung eines Schiffbrüchigen

Da die Hieroglyphen recht mühsam zu „schreiben" waren, wurde für die Bedürfnisse des Alltags die *hieratische* Schrift entwickelt. Diese wurde vor allem für Dokumentarzwecke benutzt, die Hieroglyphenschrift hingegen für monumentale und zeremonielle Anwendungen. Durch noch weitere Vereinfachung der hieratischen Schrift entstand die demotische. Diese *Schnellschrift* kam im 8. Jahrhundert v. Chr. auf. Sie wurde während der ptolemäischen und römischen Periode die übliche Schrift Ägyptens. Sie findet sich auch auf dem Rosette-Stein, der die Entzifferung der Hieroglyphen ermöglichte.

Den Leser dürfte es gewiß interessieren, daß heute wieder Papyrus in Ägypten hergestellt wird. Diese Wiedererweckung einer Jahrtausende alten

Technik ist Dr. Hassan Ragab zu verdanken, einem ungemein vielseitigen Mann. Nach erfolgreichen Karrieren als Ingenieur, Militärattaché, Staatssekretär und Botschafter Ägyptens in der Volksrepublik China, in Italien und Jugoslawien und Berater im Tourismus-Ministerium trat er von allen seinen Ämtern zurück und widmete sich mit Eifer dem Papyrusproblem. Im Jahre 1968 erläuterte er dem Verfasser an Bord seines Hausbootes den Plan, die Papyrusherstellung zu neuem Leben zu erwecken und Papyrusplantagen anzulegen (Farbtafel 1). Diesen Plan hat er mit Erfolg durchgeführt, anfangs mit erheblichem Eigenkapital. Mit welcher Energie der Forscher dem Papyrusproblem zu Leibe rückte, mag man daraus ersehen, daß er ein Papyrusinstitut ins Leben rief und noch mit 68 Jahren den Doktortitel am Institut National Polytechnique in Grenoble erwarb.

Buch und Bibliotheken in Griechenland und Rom

Die kulturelle Entwicklung Griechenlands begann in Kreta. Dessen frühe Geschichte hat den Schrift- und Sprachforschern manches Rätsel aufgegeben. Die ältesten Bildzeichen finden sich dort auf Spiegeln aus dem 3. Jahrtausend v. Chr. Ein ungewöhnlicher Fund ist der aus gebranntem Ton bestehende Discos von Phaistos (1700 v. Chr.) (Abb. 16). Da die Hieroglyphen anscheinend einzeln in den weichen Ton eingedrückt wurden, haben wir es mit einer Vorstufe der Druckkunst zu tun. Die Bildzeichen des Diskos sind bisher nicht entzifferbar. Neben einer Bilderschrift gab es auf Kreta zwei Linearschriften. Um 1650 v. Chr. erscheint die Linearschrift A, die wahrscheinlich levantinischen Ursprungs ist. Die bedeutendere Linearschrift B kommt um 1400 v. Chr. auf. Evans, der bei der Ausgrabung von Knossos Tontafeln mit dieser Schrift fand, war nicht imstande, sie zu entziffern. Es erregte deshalb großes Aufsehen, als der junge englische Außenseiter Ventris die Linearschrift B entzifferte und feststellte, daß es sich um eine Urform der klassischen griechischen Sprache handele. Eine erhebliche Weiterentwicklung der Schrift war erst mit Erfindung des Alphabets möglich. Diese Entwicklung fand im alten Syrien statt. Man stieß auf diese Spur, als man in der altsyrischen Hafenstadt Ugarit Tontafeln aus der Zeit 1500–1200 v. Chr. fand, die nur 30 Zeichen in Keilschrift enthielten. Es konnte sich also nur um einen Vorläufer des Alphabets handeln. Ein wichtiger Fund war der Sarkophag des Königs Ahiram in Byblos, der eine nordsemitische Inschrift in Einzelbuchstaben enthielt (ca. 1000 v. Chr.). Schließlich fand man auf einem Tonziegel aus dem 14. Jahrhundert v. Chr. das konsonantische Alphabet mit 30 Zeichen in der Reihenfolge, wie sie durch die Griechen der europäischen Kultur vermittelt wurde. An dieser Entwicklung sind die Phönizier maßgeblich beteiligt. Sie schrieben die alphabetischen Texte *furchenwendig,* d. h., in gleicher Weise, wie ein pflügender Ochse die Furchen von rechts nach links und dann gegensinnig von links nach rechts zieht. Die Buchstaben des Alphabets entwickelten sich aus ursprünglichen Bildzeichen. So wurde aus *Aleph* (hebräisch = Rind) das griechische alpha und schließlich unser A und aus Beth (hebräisch = Haus) das griechische Beta und unser B. Heute geben die im Keilschriftalphabet abgefaßten Berichte der ugaritischen Tontafeln manches Geheimnis preis. Aus tönernen Briefen königlicher Beamter an ihren Herrn in Ugarit erfahren wir vom Auftauchen der mysteriösen *Seevölker,* zu denen

Abb. 16. Discos von Phaistos, Kreta (17. Jahrhundert v. Chr.)

auch die Philister gehörten. Die Tafeln künden aber auch von der Lebensweisheit dieser semitischen Handelsvölker.

Die Griechen übernahmen das phönizische Alphabet etwa zu Beginn des 8. Jahrhunderts v. Chr. In archaischen griechischen Inschriften auf Thera und Rhodos finden sich Schriftzeichen, die eine auffällige Ähnlichkeit mit denen der semitischen Völker der Levante haben. Die kulturelle Leistung der Griechen bestand darin, daß sie das konsonantische Alphabet der Phönizier durch Vokale ergänzten und in dieser modifizierten Form nach Westen weitergaben. Eine wichtige Zutat der Griechen war noch die 205 n. Chr. erfolgte Einführung von Komma, Punkt und Bindestrich. Schließlich übernahmen die Etrusker, Römer und der gesamte abendländische Kulturkreis das Alphabet. Obwohl die Etrusker demnach das griechische Alphabet in ihre Schrift aufnahmen, ist die etruskische Schrift noch keineswegs voll entziffert. Weit später, nämlich 369 n. Chr., bildete Wulfila aus griechischen und lateinischen Schriftzeichen sowie den Runen das gotische Alphabet.

Über das Schulwesen in Griechenland sind wir sehr gut unterrichtet. Schon von früher Jugend an wurde das Kind streng erzogen. Die pädagogische Lehre des Protagoras über die Erziehung des Kindes lautete nach der Aufzeichnung Platons kurz und bündig:

> „Wenn es gehorcht, dann ist es gut; wenn nicht, wird es durch Drohungen und Schläge ausgerichtet wie ein Stück Holz, das sich verbogen oder verzogen hat."

Da die Eltern durch Gesetz verpflichtet waren, ihre Söhne zu erziehen, der Staat aber keine Schulen errichtete, so blühten die Privatschulen. Hier drückten die jungen Hellenen vom 7. bis zum 18. Lebensjahr die Schulbank. Gelehrt wurde Gymnastik, Lesen, Schreiben, Literatur, Ästhetik, Ethik, Mathematik und Logik. Die Ausbildungsstätte hieß Gymnasion, von *gymnós* (= nackt, weil man nackt Sport trieb). Den Sportanlagen waren die Hörsäle zugeordnet. Der Lehrbetrieb wurde gelegentlich bildlich dargestellt. So zeichnete der berühmte Vasenmaler Duris zwischen 500 und 465 v. Chr. das Vasenbild eines Lehrers mit einer Buchrolle in der Hand (Abb. 17). Der Höhepunkt

Abb. 17. Schulszene auf einer rotfigurigen Trinkschale des Malers Duris (um 480 v. Chr.)

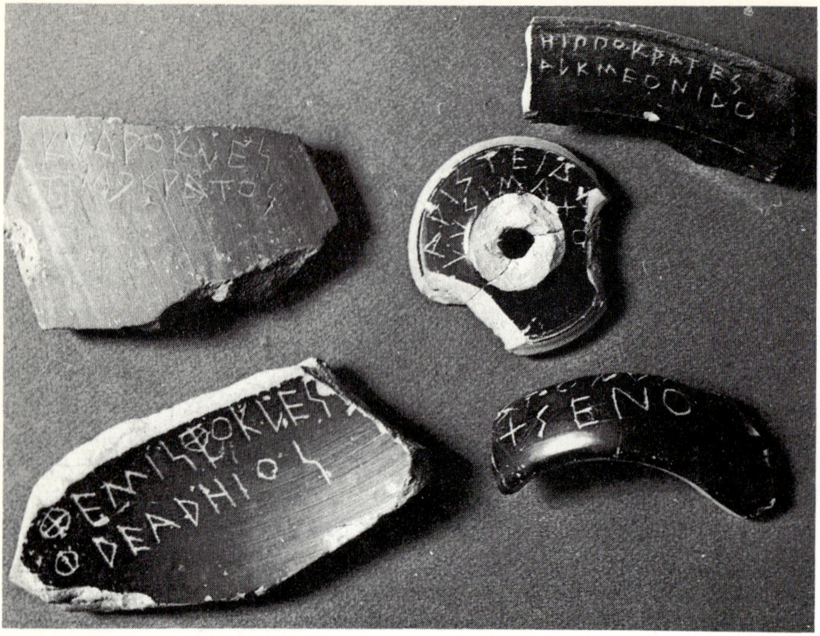

Abb. 18. Tonscherben *(Ostraka)* wurden für Quittungen und auch als Stimmzettel benutzt, z. B. für Verbannungen

der Ausbildung wurde mit der Unterweisung in Philosophie und Rhetorik erreicht. In diesem Stadium schloß sich der wissensdurstige junge Mann meist einer der Philosophieschulen an.

Ein billiges Schreibmaterial waren Tonscherben (Ostraka), in die man die Schrift einritzte oder die man mit Tinte beschrieb. Wie in Ägypten wurden sie auch in Griechenland in Massen gefunden. Sie wurden für Schulübungen, als Quittungen und *Merkzettel* verwandt. Diese Ostraka dienten in Griechenland auf Anordnung von Kleisthenes ab Ende des 6. Jahrhunderts beim sog. „Scherbengericht" gegen unbeliebte Politiker als Stimmzettel (Abb. 18). An einer solchen Abstimmung, die die Verbannung des Angeklagten zum Ziel hatte, mußten mindestens 6000 Bürger teilnehmen. Dieser Ostrakismus, dem Themistokles, Aristides und andere Politiker zum Opfer fielen, wurde Ende des 5. Jahrhunderts v. Chr. wieder abgeschafft. Sokrates, der große Philosoph (470–399 v. Chr.), der gegen die Entartung der Demokratie ankämpfte, wurde wegen angeblicher Gefährdung der Jugend zum Tod durch den Schierlingsbecher verurteilt. Wäre das Scherbengericht zu dieser Zeit noch in Kraft gewesen, wäre er möglicherweise mit einer zeitlich begrenzten Verbannung davongekommen.

Platon, der große Schüler des Sokrates, gründete um 387 v. Chr. seine Schule im Haine Akademos, weshalb sich seine Schüler *Akademiker* nannten. Kern der Philosophie Platons war die Lehre von den Ideen als den Urbildern des Seins, denen gegenüber die uns umgebenden Dinge schwache Widerspiegelungen sind. Der konservative Platon war kein Freund der Demokratie, die der Jugend keine Grenzen setze. Der Generationswechsel machte ihm schwer zu schaffen. Sein über 2300 Jahre altes Zitat könnte die Sprache eines Akademielehrers heutiger Zeit mit einem nihilistisch ausgerichteten Sprößling sein.

> „Wohlan mein lieber Freund, wie steht es mit der Demokratie? Ist es nicht so, daß sich die Demokratie selber auflöst durch eine gewisse Unersättlichkeit in der Freiheit? Wenn sich die Väter daran gewöhnen, ihre Kinder einfach gewähren und laufen zu lassen, wie sie wollen, und sich vor ihren erwachsenen Kindern geradezu fürchten, ein Wort zu reden; oder wenn die Söhne schon so sein wollen wie die Väter, also ihre Eltern weder scheuen noch sich um ihre Worte kümmern, sich nichts mehr sagen lassen wollen, um ja recht erwachsen und selbständig zu erscheinen. Und auch die Lehrer zittern bei solchen Verhältnissen vor ihren Schülern und schmeicheln ihnen lieber, statt sie sicher und mit starker Hand auf einen geraden Weg zu führen, so daß die Schüler sich nichts mehr aus solchen Lehrern machen.
>
> Überhaupt sind wir schon so weit, daß sich die Jüngeren den Älteren gleichstellen, ja, gegen sie auftreten in Wort und Tat. Die Alten aber setzen sich unter die Jungen und suchen sich ihnen gefällig zu machen, indem sie ihre Albernheiten und Ungehörigkeiten übersehen oder gar daran teilnehmen, damit sie gar nicht den Anschein erwecken, als seien sie Spielverderber oder auf Autorität versessen.
>
> Auf diese Weise wird die Seele und die Widerstandskraft der Jungen allmählich mürbe. Sie werden aufsässig und können es schließlich nicht mehr ertragen, wenn man nur ein klein wenig Unterordnung von ihnen verlangt. Am Ende verachten sie dann auch die Gesetze, weil sie niemand und nichts mehr als Herr über sich anerkennen wollen. Und das ist der schöne, jugendfrohe Anfang der Tyrannei."

Armer Platon! Er sah den Untergang seiner Kulturnation voraus, weil die Jugend aufsässig war und bockte. Dabei hatte sein Landsmann Hesiod bereits dreihundert Jahre früher ähnliche Klagen zu Papyrus gebracht. Er seufzte:

> „Ich habe keine Hoffnung mehr für die Zukunft unseres Volkes, wenn es von der leichtfertigen Jugend von heute abhängig sein sollte; denn diese Jugend ist ohne Zweifel unerträglich, rücksichtslos und altklug."

Diese Kluft zwischen Alter und Jugend wurde auch in den nächsten Jahrhunderten nicht überbrückt. Immer wieder klagen die Alten über jene Laster der Jungen, die man ihnen selbst einst in der Jugend vorgeworfen hatte. Auch Sokrates beklagte sich bitter über den Nachwuchs:

> „Unsere Jugend liebt den Luxus, hat schlechte Manieren, mißachtet die Autorität und hat keinen Respekt vor dem Alter. Die heutigen Kinder sind Tyrannen. Sie widersprechen ihren Eltern, schlürfen beim Essen und wollen alles besser wissen als ihre Lehrer."

Die Emanzipation der Frau wäre für Platon schon eher eine anzustrebende Neuerung. Er fordert die Gleichberechtigung der Frau mit folgenden Worten:

> „... natürliche Gaben finden sich bei beiden Geschlechtern gleichermaßen. Deshalb, sollte man die Frau, ihrem Wesen entsprechend, zu allen Beschäftigungen ebenso zulassen wie den Mann."

Fürwahr, wie recht hat Ben Akiba: Alles schon dagewesen! Auch in Platons Akademie kam die Unruhe. Sein Schüler Aristoteles, der etwa 20 Jahre als Lehrer an Platons Akademie – man möchte sagen *im akademischen Mittelbau* – gelehrt hatte, gründete mit 50 Jahren seine eigene Schule mit Sitz in Lykeum. Jetzt wischte er die Lehre seines früheren Akademiehauptes als überholt vom Tisch. Die Ideen wirken nicht außerhalb der greifbaren Dinge, sondern als bewegende Kraft in ihnen, verkündete der Jüngere. Nicht lang danach erstand in Alexandrien die beste Universität des Altertums, in der die früher verachteten Naturwissenschaften eine ungeahnte Blüte erlebten. Heron beging sogar die ketzerische Tat, dort eine Schule für Mechaniker und Feldmesser zu gründen.

Von der höheren Ausbildung war die Griechin praktisch ausgeschlossen. Auf dem *Symposium* (griech. = Trinkgelage), auf dem zwanglos wissenschaftliche Gespräche beim Wein gepflegt wurden, waren jedoch die Hetären als Gesprächpartnerinnen sehr geschätzt. Doch schon lange Zeit vor Platon, etwa 600 v. Chr., hatte Sappho auf Lesbos eine schöngeistige Schule für Mädchen gegründet. Hier wurde Dichtung und Musik gepflegt und Aphrodite verehrt.

Angesichts des regen geistigen Lebens überrascht es nicht, daß Bücher und Bibliotheken in Griechenland schon früh eine bedeutende Rolle spielten. Als um 400 v. Chr. die Glanzzeit der griechischen Literatur anbrach, nahm der Bedarf an Büchern gewaltig zu. Unter *Buch* verstand man allgemein die Papyrusrolle. Der Import an Papyrus – direkt aus Ägypten oder über das Papyruszentrum Byblos – muß recht beachtlich gewesen sein. Zunehmend wird im Schrifttum von Buchhändlern berichtet. In Athen gab es auch ein

Buchzentrum, das zu einem Treffpunkt von Leseratten wurde. Hier stöberte einst der nach einem Schiffbruch verarmte Kaufmann Zenon in den ausgestellten Schriften. Die Vorlesung des Buchhändlers aus Xenophons Werken beeindruckte ihn so, daß er seinen Beruf aufgab und Philosoph wurde. In den Buchhandlungen wurden dem Leser Bestseller geboten, von denen viele ihren Wert über zweitausend Jahre behielten. Es gab wohl keinen Gebildeten, der nicht *seinen Homer* auswendig kannte. Großen Absatz hatten die hervorragenden Tragödien- und Komödiendichter, wie Äschylos, Sophokles, Euripides, Aristophanes und andere. Ähnlich stand es mit Werken der Historiker Herodot und Thukydides sowie der Philosophen. Sokrates allerdings hielt nicht viel vom geschriebenen Wort, da er das gesprochene für wirksamer hielt. Dafür war sein Schüler Platon schriftstellerisch umso fruchtbarer. Die Schriften des Aristoteles hatten selbst auf die arabische und christliche Kultur einen so nachhaltigen Einfluß, daß sie das Weltbild des Abendlandes über zweitausend Jahre mitbestimmten.

Da die Athener lesehungrig waren und der Buchhandel leistungsfähig, gab es schon in der Zeit um 400–300 v. Chr. beachtliche private Bibliotheken. So war Euripides ein gieriger Bibliophiler, der sich zur Betreuung und Ausweitung seiner umfangreichen Bücherei einen Sklaven hielt. Sein zuverlässiger Feind Aristophanes mokierte sich nach Kräften über den fanatischen Bücherwurm. Auch der Philosoph Zenon, Gründer der Stoiker-Schule, hatte einen besonderen Sklaven zum Kopieren eigener und fremder Werke. Er war das Geschenk eines Bewunderers, nämlich des mazedonischen Königs Antigonos Gonatas. Umfangreiche Bibliotheken hatten Platon, Aristoteles, der Politiker Eukleides und der reiche Jüngling Euthydemos.

Von all den privaten und öffentlichen Bibliotheken sind nur spärliche Reste auf uns gekommen. Größere öffentliche Büchereien im griechischen Kulturbereich waren in Athen, Antiochia, Rhodos, Smyrna, Kos und Pergamon sowie die alle anderen überstrahlende Bibliothek von Alexandrien. Die Bücherei von Pergamon wurde von Eumenes II. (197–159 v. Chr.) gegründet. Da es so gut wie keine gut ausgebildete Bibliothekare gab, versuchte der König, den leitenden Bibliothekar der berühmten Bibliothek von Alexandrien zu gewinnen. Abwerbung hoher Fachkräfte war auch schon damals verpönt. Als der ägyptische König Ptolemäus V. von den Verhandlungen erfuhr, warf er seinen Bibliothekar in den Kerker und sperrte zugleich den Papyrusexport, um eine Ausweitung der Bücherei von Pergamon zu verhindern. Dort half man sich, indem man vom Papyrus zu Pergament überging.

Das Schicksal der Bücherei von Alexandrien, der größten des Altertums, ist so spannend, daß kurz darauf eingegangen werden soll. Als nach dem Tode Alexander d. Gr. sein Feldherr Ptolemäus die Herrschaft über Ägypten antrat (305 v. Chr.), war es dessen Anliegen, Kunst, Literatur und Wissenschaft zu fördern. Eine seiner großen Leistungen war die Gründung der ersten Hochschule des Altertums, des Museions. Ihr wurde eine Bibliothek angegliedert, die schon 283 n. Chr. 200 000 *Bücher* in Form von Rollen enthielt. Der Nachfolger, Ptolemäus II. baute sie weiter aus. Im Auftrag des Königs verfaßte Kallimachos, das Haupt des alexandrinischen Dichterkreises, einen Katalog über die Schätze der Bücherei *(Pinakles)*. In 120 Büchern wurden die Namen der Autoren, sowie Titel und Umfang der Werke angegeben. Der Bestand wurde in sechs poetische und fünf prosaische Hauptabteilungen eingeteilt. Letztere enthielten Werke über Geschichte, Rhetorik, Philosophie, Medizin, Gesetzgebung und gewiß auch über Mathematik und Astronomie.

Der oberste Bibliothekar und die ihm unterstellten Wissenschaftler genossen große Freiheit, die ihren Forschungen sehr förderlich war. Wer jedoch diese Freiheit zu weit auslegte, mußte mit harter Bestrafung rechnen. So erging es Sodates, als er ein Spottgedicht über die Hochzeit Ptolemäus II. mit seiner Schwester verfaßte. Er wurde in einen Bleikäfig gesteckt und damit im Meer versenkt. Wie schon Assurbanipal, der Gründer der großen Bibliothek von Ninive, konnte der ansonsten hochkultivierte König Ptolemäus II. bei geringstem Widerstand recht grausam reagieren. Einst hatte er geäußert, das Ärgerliche an der Stellung eines Königs sei, daß er so viele Menschen töten müsse, die im Grunde unschuldig seien, aber irgendwelchen Plänen im Wege ständen.

Dieser listenreiche Herrscher verstand es, sich Originale oder Kopien der wichtigsten Werke seiner Zeit zu beschaffen. So wuchs die Bücherei zur bedeutendsten seiner Zeit. Als Cäsar nach der Besetzung Alexandriens (48 v. Chr.) die ihm von Kleopatra überlassenen Bücher nach Rom verschiffen wollte, wurden sie nach einem Volksaufstand zusammen mit einem Teil der Bücherei ein Raub der Flammen. Antonius, der nachfolgende Gefährte Kleopatras, glich den Schaden aus, indem er die in Pergamon geraubte Bücherei Kleopatra zwecks Aufstockung der alexandrinischen Bücherei schenkte. Doch weitere Schäden erlitt die Bücherei bei zwei Aufständen gegen die Römer und durch einen größeren Brand durch fanatisierte Christen (391 n. Chr.). Die letztgenannte Bücherverbrennung erfolgte auf Betreiben des Patriarchen Theophilus. Auch bei der endgültigen Vernichtung der Bücherei war religiöser Fanatismus im Spiel. Nach der Eroberung Ägyptens durch die Araber (638 n. Chr.) entschied der Kalif Omar:

> „Wenn die Bücher der Griechen mit dem Buch Gottes übereinstimmen, so sind sie nutzlos und brauchen nicht erhalten zu werden; wenn sie aber mit dem Wort Gottes nicht übereinstimmen, so sind sie schädlich und müssen vernichtet werden."

So wurden die Bücher der weltberühmten alexandrinischen Bücherei an die 4000 Bäder der Stadt zum Verheizen ausgeliefert. Innerhalb von sechs Monaten soll das Vernichtungswerk geschafft worden sein. Doch gibt es Forscher, die diesen Bericht, der erst im 13. Jahrhundert durch die Araber selbst verbreitet wurde, für eine Legende halten. Andere Wissenschaftler weisen jedoch darauf hin, daß die Araber nach der Eroberung Persiens das gesamte Schrifttum vernichteten. Es sollte eben nur *ein* Buch geben, das Buch Gottes, den Koran. So dauerte es noch geraume Zeit, bis die Araber ihre *Sturm- und Drangperiode* hinter sich brachten und sich in ihren Kulturzentren Bagdad, Kairo und Cordoba zur Toleranz bekannten.

Papyrus ist ein vergänglicher Schriftträger. Daher sind im griechischen Kulturraum so gut wie keine Dokumente mehr erhalten. Doch im trockenen Boden Ägyptens wurden viele Papyri gefunden, die für eine Entzifferung zur Verfügung stehen. Der Amerikaner R. A. Pack wertete 2366 literarische Papyrusfragmente aus der Zeit von 200 v. Chr. bis 600 n. Chr. aus. Diese Arbeit sollte ihm die Aufstellung einer Bestsellerliste für den Leserkreis Unterägyptens ermöglichen. Diese Liste sieht wie folgt aus:

	Nummer
Homer, Ilias	381
Homer, Odyssee	111
Demosthenes	70
Euripides	56
Hesiod	40
Menandros	37
Isokrates	36
Kallimachos	36
Platon	34
Thukydides	29
Xenophon	25
Herodot	20
Sophokles	19
Aristophanes	17
Pindar	15
Sappho	11

Weit an der Spitze stehen die Werke Homers. Recht interessant ist die Tatsache, daß Herodot verhältnismäßig tief eingestuft erscheint. Noch zu seinen Lebzeiten wurde er wegen der großartigen Darstellung der Perserkriege hoch geehrt. Die Stadt Athen übergab ihm als Anerkennung seiner literarischen Leistung einen Preis von 10 Talenten. In der Bedeutung kam diese Auszeichnung einem Nobelpreis gleich. Zum Vergleich sei angeführt, daß der gesamte

Inhalt der Kriegskasse Alexanders d. Gr. beim Aufbruch gegen die Perser nur 70 Talente betrug.

Rom hatte auf dem Wege zur Großmacht auch Griechenland bezwungen, doch Griechenland triumphierte mit seiner Kultur über das Siegervolk. Unter der Kriegsbeute der Römer befanden sich neben unschätzbaren Kunstwerken auch Büchereien, wie die des Mithridates von Pontos, die des mazedonischen Reiches und jene Athens. Außer diesen öffentlichen wurden auch private Büchereien entführt. Hier ist vor allem die des Apellikon zu nennen, die auch Reste der Büchereien des Aristoteles und Theophrastos enthielt. Damit fand das Buchwesen verstärkt Eingang in Rom. Griechische Flüchtlinge und Sklaven machten die Sieger mit der hellenischen Literatur bekannt, und nicht lang danach verzeichnen wir das *goldene Zeitalter* der römischen Literatur (70 v. Chr.-14 n. Chr.). Ab jetzt schossen private Büchereien in den römischen Villen aus dem Boden, von denen einige 30000-60000 Bände enthielten. Schon 39 v. Chr. gründete der hochgebildete Gaius Asinius Pollio, ein Freund Cäsars, die erste öffentliche Bücherei Roms. Weitere Gründungen folgten, bis Rom im Jahre 350 n. Chr. schon 28 öffentliche Bibliotheken besaß. Auch die Provinzen wurden von dieser Gründungswelle erfaßt. Eine der imposantesten Bibliotheken war die des Prokonsuls Celsus in Ephesus, deren prunkvolle Fassade noch heute steht und von den Tugenden des Gründers kündet: Weisheit, Tatkraft, Einsicht und Wissenschaft.

Einen interessanten Einblick in das römische Schriftwesen gewann man bei der Ausgrabung Pompejis. Dabei stieß man auf sehr reizvolle Bildnisse, auf denen Wachstafeln zu sehen sind. Es sei nur an das Bild des jungen Mädchens *Sappho* erinnert, das in der linken Hand den Block aus Wachstafeln hält und mit dem Stilus gedankenvoll die Lippen berührt. An gleicher Stelle fand sich das Bild des Bäckers Terentius Proculus und seiner Frau, die in gleicher Weise Wachstafel und Stilus hält. Vielleicht hatte sich ein Mode-Porträtist auf diese Pose spezialisiert, weil sie *ankam*. Man machte noch einen weiteren interessanten Fund. Als man den herrlichen Wohnsitz des Bankiers Lucius Caecilius Jucundus aus der Lavaschicht freigelegt hatte, fand man außer der lebensnah geformten Büste des verschlagen ausschauenden Geschäftsmannes sorgfältig geordnet 153 beschriebene Wachstafeln. Bei diesen Dokumenten handelte es sich um Quittungen über ausgeliehene Beträge, Belege über Pachtzins für Weideland, öffentliche Läden der Kolonie und andere Urkunden. Nach diesen Funden muß die Wachstafel eine wichtige Rolle im römischen Geschäftsleben gespielt haben. In der ebenfalls 79 n. Chr. unter Vulkanasche konservierten Stadt Herculanum fand man eine ganze Bibliothek von Papyrusrollen, die erst teilweise entziffert sind.

Angesichts der aufblühenden Buchkultur gab es bald in Rom und auch in vielen Provinzstädten Buchhändler und Verleger. Der erste Buchhändler Roms, dessen Name uns überliefert ist, war Publius Clodius Pulcher. Er war eine zwielichtige Gestalt, bekannt wegen seiner Eskapaden. Mit Leib und Seele gegen das Establishment eingestellt, brach er Tabus, wo er nur konnte. Als er sich, als Priesterin verkleidet, ins Haus der Vestalinnen schlich und gefaßt wurde, glaubte man an ein Rendezvous mit der Oberpriesterin, die die Gattin Cäsars war. Kurz danach wurde er wegen Unruhestiftung vor seinem Laden umgebracht und auf einem Scheiterhaufen aus Buchrollen und Regalen verbrannt. Seriöser als dieser unruhige und antiautoritäre Clodius war der Buchhändler Titus Pomponius Atticus, ein Freund Ciceros. Atticus besaß alle Voraussetzungen eines idealen Verlegers. Er war gebildet, war reich, hatte literarischen und ökonomischen Spürsinn und gute Verbindungen zu den Autoren. Sein Verlag war modern organisiert und verfügte über gut ausgebildete Schreiber und Lektoren, darunter viele Griechen. Hohe Auflagen wurden nach einer Methode dadurch erzielt, daß ein Vorleser einer großen Zahl von Schreibern diktierte. Wie sich aus dem Briefwechsel von Cicero und Atticus ergibt, war das Verhältnis von Autor und Verleger sehr zufriedenstellend. So schreibt Cicero: „Meine Verteidigungsrede für Ligarius hast Du großartig verkauft. Für alles, was ich in Zukunft schreibe, werde ich Dir Werbung und Verkauf überlassen."

Für das Verlegen von Werken hatte sich in Rom ein bestimmtes Verfahren durchgesetzt. Der Verfasser kündigte eine Vorlesung aus seinem Werk in der Öffentlichkeit oder in einem Hause an. Kam das Werk gut an, so fanden sich leicht Verleger, die das Buch herausgaben. Dichterlesungen waren vor und in der Zeit des Kaisers Augustus sehr üblich und gehörten zu den gesellschaftlichen Höhepunkten in Rom. Später scheint aber das Interesse nachgelassen zu haben, da das Volk durch andere Unterhaltungsarten abgelenkt wurde, beispielsweise durch die blutigen Spiele in der Arena. Die Situation erinnert etwas an die heutige, in der frühere Theater- und Konzertbesucher an den Fernsehschirm gefesselt sind. Plinius d. Ä. klagt über die Änderung der Zeiten und das nachlassende Interesse der Jugend an der Dichtkunst. In einem Brief erinnerte er an die vollen Häuser der Dichter bei Vorlesungen, zu denen selbst Kaiser kamen. Dann fährt er fort:

> „Doch jetzt muß man schon lange vorweg Umstände machen und die Müßiggänger einladen, und trotzdem kommen sie nicht. Und wenn sie kommen, klagen sie, daß sie so ihren Tag vertun. Die Mehrzahl der Zuhörer sitzt vorn in der Säulenhalle und vertrödelt die Zeit mit Geschwätz. Ab und zu lassen sie sich informieren, ob der Vorleser gekommen ist, ob er das Vorwort schon gelesen oder schon einen längeren Teil des Manuskripts erledigt hat. Erst dann kommen sie und auch nur langsam und zögernd. Aber sie beabsichtigen nicht, zu bleiben, sondern verdrücken sich, bevor Schluß ist, einige mit schleichenden Schritten, gleichsam beschämt, andere völlig frei und ohne Hemmungen."

Die Verleger, die zu allen Zeiten auf Jagd nach zugkräftigen Titeln waren, traten nach guter Beurteilung der Stücke wegen der Veröffentlichung an den Autor heran. Mit Honorar war im allgemeinen nicht zu rechnen, da man vom Verleger nur eine möglichst weite Verbreitung der Schrift wünschte. Die Vervielfältigung wurde nach der schon erwähnten Methode oder in der Form vorgenommen, daß das Manuskript in Teile getrennt wurde, die dann einzelnen Schreibern zur Vervielfältigung übergeben wurden. Nach diesem Taktverfahren konnten viele Abschriften in kurzer Zeit hergestellt werden. Monumentalwerke, wie die Naturgeschichte des Plinius, das Nationalepos Aeneis von Virgil oder die Römische Geschichte des Livius, machten einen höheren Einsatz erforderlich. Autor und Verleger waren nicht gegen *Piratenauflagen* gesichert. Über nichtautorisierte Auflagen wird immer wieder Klage geführt, z.B. von Cicero und dem berühmten Arzt Galen. Der Verkauf von Büchern bereitete kaum Schwierigkeiten. Was sich nicht in den zahlreichen Buchhandlungen Roms absetzen ließ, fand Käufer im weiten römischen Reich. Daß der Besitz einer Bücherei Statussymbol war, erwähnt Seneca. Er bemängelt, daß Bücher oft nicht Mittel zum Studium sind, sondern als Raumdekoration angesehen werden.

Wie erwähnt, erhielt der Verfasser in der Regel kein Honorar. Begüterte Autoren, wie Tacitus, Plinius d.Ä. und Cicero, kümmerte das nicht. Als Plinius für seine Stoffsammlung ein Angebot von 400000 Sesterzien erhielt, lehnte er dieses rundweg ab. Arme Poeten kamen aber oft in Not, wenn sie nicht zum Broterwerb einen handfesten zweiten Beruf hatten. Martialis klagte: „Selbst Britannien liest nun die Bücher, die ich verfaßte. Ehre ist alles, was ich erhielt, doch die Brieftasche verspürt nichts". In einigen Fällen konnten Autoren jedoch ein gutes Honorar einheimsen. So erhielt der Lustspieldichter Terenz für sein Stück *Eunuch* 161 n.Chr. mit 8000 Sesterzien das höchste Honorar, das je für eine Komödie gezahlt wurde. Zweifellos kam das Stück gut an und erlebte viele Aufführungen.

Am günstigsten waren jene Autoren dran, die sich einem Gönner verschrieben, am besten dem Kaiser. So erhielt Lucius Varius Rufus, der die Taten des Augustus verherrlichte, von diesem 29 v.Chr. für seine Tragödie Thyestes eine Million Sesterzien. Doch kaiserliche Mäzene sind oft wankelmütig und empfindlich. Poetendienst für sie und ewige Lobhudelei zahlt sich selten aus. Das sollte Seneca erfahren, Lehrer Neros, Schriftsteller, Rechtsanwalt, Weinproduzent, Millionär und Geldverleiher. Aus heiterem Himmel beschuldigte ihn Nero der Mittäterschaft in einer Verschwörung. So beging Seneca in der Weise Selbstmord, wie es im kaiserlichen Rom Mode war: im warmen Bad öffnete er sich die Adern.

Freie, avantgardistische Schriftsteller hatten es allemal schwer. Den Begriff *Gedankenfreiheit* gab es noch nicht. Schon 400 v.Chr. wurde dem Philosophen Protagoras in Athen wegen Verächtlichmachung der Götter der Prozeß gemacht. Seine Schriften wurden öffentlich verbrannt und er selbst des Landes verwiesen. Selbst der große Augustus strafte hart, wenn sich Schriftsteller im Wort gegen den Kaiser vergriffen. Unter Tiberius und Domitian wurden in solchen Fällen die Werke verbrannt und der Autor hingerichtet. So erging es zwei Verfassern, die günstige Biographien über zwei charakterfeste Oppositionelle geschrieben hatten und einem Historiker, der sich im Ausdruck vergriffen hatte. Ovid, einer der gefeiertsten Dichter Roms, wurde 8 n.Chr. in einen kleinen Ort am Schwarzen Meer verbannt, angeblich, weil er mit seinem Lehrgedicht *Liebeskunst* die öffentliche Moral gefährde. Wahrscheinlich mußte er aber verschwinden, weil er zu große Detailkenntnisse über das dulce vita von Julia, der Enkelin des Kaisers, hatte.

Rom stufte den Schreiber auf der sozialen Leiter weit tiefer ein, als beispielsweise Ägypten. Oft arbeiteten sie in Gruppen nach Diktat. Es gab auch Schnellschreiber, wir würden sagen: Stenographen, die Zeilenhonorar erhielten und deren Namen am Ende der Papyrusrolle vermerkt wurde. Es gab Schreiber, die in Archiven tätig waren. Andere arbeiteten für Geschäftsleute und Politiker. Julius Cäsar war ein wahrer *Diktator,* da er gleichzeitig vier bis zu sieben Schreiber durch seine Diktate in Atem hielt. Horaz läßt den alten Lucilius in rasendem Tempo 200 Verse je Stunde diktieren. Selbst die Apostel Paulus und Petrus sollen ihre Briefe diktiert haben. Der Verfasser Quintilianus mißbilligte diese neue Mode des Diktierens und verfaßte seine Manuskripte eigenhändig. Er stand mit dieser Ansicht nicht allein. So schrieb auch Kaiser Mark Aurel die Briefe an seinen Lehrer Fronto selbst. Solche Ausnahmen wurden aber immer seltener. Da jener, der dichtete, normalerweise diktierte, machte das Wort *diktieren* einen Bedeutungswandel durch. Von ihm leitete sich später das germanische Lehnwort „dichten“ und *Gedicht* ab. Wie in Mesopotamien, Ägypten und Griechenland, gab es auch in Rom Elementar-, Redner- und Rechtsschulen. An ihnen wurde auch Griechisch gelehrt. Jene im gallischen Raum waren aus den keltischen Druidenschulen hervorgegangen. Am Tiber galt es aber noch lange Zeit als fein, einen Teil seiner Ausbildung jenseits des großen Teiches, nämlich an einer Philosophenschule Griechenlands abzuleisten. Berühmt waren die Lateinschulen Galliens, von denen einige sogar größer als jene Roms waren. Eine interessante Darstellung aus einer solchen Schule findet sich im Rheinischen Landesmuseum zu Trier (Abb. 19).

Über die frühen Schriftträger Roms sind wir nicht hinreichend unterrichtet. Gewiß wird man den Bast oder die Rinde von Bäumen („liber“) benutzt haben. Wie die Ausgrabungen von Pompeji und Herculanum belegen, hat man in großem Maßstabe Wachstafeln und Papyrus verwandt. Auch Metalltafeln wurden benutzt. So ist die älteste römische Staatsurkunde aus dem Jahre 186 v.Chr. eine Bronzetafel mit einem Verbot der Bacchanalien. Den zunehmenden Bedarf an Papyrus konnte man ohne Schwierigkeiten in der

Abb. 19. Römischer Lehrer mit Schülern

römischen Provinz Ägypten decken. Für besondere Zwecke, z. B. für Urkunden, Gesetzestexte und Verordnungen stand Pergament zur Verfügung. Dieser Beschreibstoff hatte gegenüber Papyrus den Vorteil, daß er beidseitig beschreibbar war und sich zum Codex verarbeiten ließ. Diese Form setzte sich immer mehr gegenüber der Rolle durch. In ihm ließ sich eine bestimmte Schriftstelle weit schneller auffinden, als auf der Rolle. So bestand Ovids *Metamorphosis* als Codex aus 200 Pergamentblättern und Virgils *Aeneis* aus 165 Blättern. In Form einer Papyrusrolle würden beide Werke recht unhandlich sein. Man hat das Vorkommen von Rollen und Codices aus dem 2.-4. Jahrhundert registriert und kam aufgrund der Tabelle 1 zum Ergebnis, daß noch bis zum 3. Jahrhundert die Rolle vorherrschte, im 4. Jahrhundert jedoch der Codex. Gleichzeitig ergibt sich daraus, daß der Papyrus weitgehend durch Pergament verdrängt worden war.

Tabelle 1. Das Vorkommen von Rolle und Codices in Funden vom 2.-4. Jahrhundert n. Chr.

Jahrhundert n. Chr.	Gefunden		
	Rollen	Codices	
		Zahl	%
2.	465	11	2,3
2.-3.	200	6	2,9
3.	297	60	16,8
3.-4.	28	26	48,1
4.	25	71	74

Die chinesische Papiererfindung

Wie in anderen Hochkulturen wurden in China am Anfang seiner Geschichte als Informationsträger Tafeln aus Knochen, Muscheln, Elfenbein und später Bronze, Eisen, Gold, Silber, Zinn, Jade, Stein und Ton verwendet. An organischen Schriftträgern benutzte man Bambusstreifen, Holz und Seide, jedoch nicht Blätter und Häute. Während der Shang-Dynastie (1766–1123 v. Chr.) wurden für religiöse und magische Zwecke vornehmlich Knochen als Beschreibstoff verwendet. Von solchen beschrifteten Orakelknochen wurden zwischen 1899 und 1937 nicht weniger als 100000 gefunden. In der Chou-Dynastie (1122–247 v. Chr.) wurden Wahrsageinschriften außer auf diesem Schriftträger auch auf Bambus und Seide angebracht. Sie bezogen sich auf astronomische Daten, Wetter, Geburten, Krankheiten, Tod und andere Ereignisse. Die Schrift wurde mit einem Griffel eingeritzt oder mit einer Tinte aus Lampenruß oder Zinnober aufgebracht. Da aus der frühgeschichtlichen Zeit Chinas aber nur wenige andere Informationen zur Verfügung stehen, sind die Orakelinschriften für die Historiker eine wichtige Quelle. Für das Studium dieses Gebiets hat man sogar einen besonderen Ausdruck geprägt: Chiakuologie. Auf diesem interessanten Gebiet sind durch etwa 300 Wissenschaftler bereits über tausend Publikationen herausgegeben worden. Man hat sogar Namen und die Reihenfolge früher Herrscher aus der Orakelschrift entziffert und stellte fest, daß die Namen und Thronfolgedaten mit jener Liste übereinstimmten, die 100 v. Chr. im *Buch der Geschichte* angegeben waren.

Dauerhafte Inschriften finden sich auf bronzenen Tafeln und Glocken sowie auf Keramik. Aus der Zeit vom 7. Jahrhundert v. Chr. bis zum 6. Jahrhundert n. Chr. wurden Tausende beschrifteter Bambusstreifen und eine ebenso große Zahl von Holztafeldokumenten gefunden. Wichtige Texte, wie die des Konfuzius, wurden in Stein gemeißelt.

Die älteste chinesische Schrift begann mit einfachen Bildern, die später durch einige Begriffszeichen ergänzt wurden. Von den insgesamt 3000 Zeichen der Shang-Schrift sind bis heute etwa 1000 entziffert worden. Mit der Zeit hatten sich in China mehrere, voneinander abweichende Schriftarten gebildet, aus denen im Jahre 221 v. Chr. die noch heute übliche entwickelt wurde. Diese Schriftart leitet sich von Bildvorstellungen her. So bedeutet das Zeichen Vögel auf einem Baum *Versammeln,* eine Frau unter einem Dach

Frieden und - etwas boshaft - zwei Frauen *Streit*. Die chinesische Schrift ist ungemein kompliziert. Für den geschichtlichen Formenschatz hat man 64000 Schriftzeichen gefunden; für die Beherrschung der Umgangssprache werden 2000 verschiedene Zeichen benötigt, für die der gebildeten Schicht 7000, für die der wissenschaftlichen Literatur sogar 10000. Wegen ihrer komplizierten Natur wurde die chinesische Schrift nur von den Koreanern und den Japanern angenommen. Der japanischen Sprache konnte sie sich nur mit großen Schwierigkeiten anpassen, da sie keinen alphabetischen Charakter hat.

In alten chinesischen Schriften werden immer wieder Bambustafeln als Beschreibstoff genannt. Diese dünnen Bambusstäbchen, die man mit Lederriemen zusammenband, hatten deutliche Nachteile: sie waren zu unhandlich und zu schwer. So heißt es vom Kaiser Tsín Shi, daß er täglich etwa 120 Pfund Staatsakten zu bearbeiten hatte. Auch Konfuzius (551-478 v. Chr.) kannte diese Schreibtafeln bereits. Noch im hohen Alter soll er so fleißig das *Buch der Wandlungen* studiert haben, daß der zusammenhaltende Lederriemen dreimal erneuert werden mußte. Die schmalen, langen Bambusbrettchen sind auch der Grund dafür, daß die chinesische Schrift von oben nach unten *gepinselt* wurde.

Das anschwellende Schrifttum und der Mangel an geeignetem Beschreibstoff schufen eine unerträgliche Situation. Doch auch hier zeigte es sich, daß Not der Vater aller Dinge ist. Über diese Lage und die weitere Entwicklung berichtet Fan Yeh im 5. Jahrhundert n. Chr. in der *Geschichte der späteren Han-Dynastie:*

> „Von alters her wurden zum Schreiben Bambustafeln verwendet, die man zusammenband. Es gab auch ein Papier, das aus Seidenabfällen hergestellt war *(Chi)*. Aber die Seide war zu teuer und die Bambustafeln waren zu schwer, beide also zur Verwendung nicht geeignet. So faßte Tsái Lun den Plan, aus Baumrinde oder Bastfasern, Hanf und auch aus alten Lumpen und Fischnetzen Papier zu bereiten. Im Jahre 105 n. Chr. berichtete er darüber dem Kaiser, und dieser lobte seine Fähigkeiten. Seitdem wurde das Papier allgemein gebraucht, und im gesamten Kaiserreich nannten es alle *das Papier des gnädigen Tsái.*"

Tsái Lun, der Eunuch, hatte schon vor seiner Erfindung als Direktor der kaiserlichen Arsenale eine einflußreiche Stellung am kaiserlichen Hof. Nun verlieh ihm die Kaiserin-Mutter T'ang den Titel eines Marquis von Long-J'ang, machte ihn zum Palastältesten und überließ ihm die Steuererträge aus 300 Wohnungen. Doch das Betriebsklima am kaiserlichen Hof bekam ihm nicht. Auf Veranlassung der Kaiserin To intrigierte er gegen die Großmutter des späteren Kaisers und mußte sich daher nach dessen Regierungsantritt dem Justizminister zur Verurteilung stellen. Doch entzog er sich dem Schauprozeß. Dazu meldet der Chronist nur knapp: „Tsái Lun aber empfand so tiefe Gewissensbisse und Scham, daß er, nachdem er gebadet und sich in seine schönsten und reichsten Gewänder gekleidet hatte, Gift nahm.“

Über das Leben Tsái Luns sind wir also hinreichend unterrichtet, doch fehlt uns jeder Hinweis über das Wesen seiner Erfindung. Seit über 1000 Jahren streiten sich daher auch die chinesischen Gelehrten, ob Tsái Lun wirklich das Papier erfunden, eine wichtige Verbesserung beigesteuert oder lediglich kraft seines Amtes eine bekannte Technik über ganz China verbreitet habe. In der Tat war *Papier (Chi)* schon lange vor Tsái Lun bekannt. So gibt der Verfasser eines chinesischen Wörterbuches an, Papier habe man schon in der ersten Han-Dynastie (206 v.Chr.-24 n.Chr.) als das *Dünne und Glänzende* gekannt.

In einem weiteren Bericht spielt Papier ebenfalls eine Rolle. Es heißt: „Prinz Wei hatte eine dicke Nase. Als der Kaiser krank war, wünschte der Prinz ihn zu besuchen. Chiang Chung sagte ihm: „Seine Majestät mag keine dicke Nasen. Sie sollten Ihre Nase mit (einem Stück) Papier bedecken, wenn Sie gerufen werden. Der Kaiser war empört.“ Bei dem Kaiser und dem Prinzen handelte es sich um Vater und Sohn, zwischen die der böse Ratgeber Chian Chung mit seiner unsinnigen Empfehlung einen Keil treiben wollte. Prompt hielt der Kaiser die Faschingsaufmachung auch für eine aggressive Handlung und Herausforderung des mißratenen Playboy-Prinzen. Da diese Geschichte mit der Papiernase 91 v.Chr. passierte, mußte also um diese Zeit Papier bereits bekannt gewesen sein.

Etwas später, im Jahre 12 v.Chr. sandte die Kaiserin Chao einen Vertrauten zu ihrer Rivalin, der Konkubine Wei-neng mit der Weisung, ihr zwei Päckchen *Medizin* zu überreichen, die in *hai-ti* (Papier) eingepackt waren. In Gegenwart des Boten sollte sie den giftigen Inhalt der beiden Papierpäckchen schlucken. Diesen Selbstmord glaubte die Kaiserin fordern zu können, da die unvorsichtige Konkubine mit der Geburt eines Knaben Thronfolgepläne gefährdete. Da *hai-ti ein kleines Stück dünnen Papiers* oder *rotgefärbtes Papier* bedeutet, ist damit ein weiterer Nachweis erbracht, daß es schon 12 v.Chr. Papier gab.

Interessant ist auch, daß schon vor Fan Yeh aus dem 5.Jahrhundert ein Bericht einer Historiker-Gruppe vorliegt, der Begebenheiten der Han-Dynastie beschreibt. Darin ist Tsái Lun lediglich als Beamter der kaiserlichen Werkstätten, nicht aber als Erfinder des Papiers erwähnt. Den endgültigen Nachweis, daß es schon vor Tsái Lun Papier gab, erbrachten dann Ausgrabungen. Besonders Pan Jixing widmete sich den Papierfunden aus den Jahren 1933 bis 1978. Die vergleichende Datierung von 5 ausgegrabenen Papieren ergab, daß sie alle aus der Zeit vor Tsái Lun stammen (140-87 v.Chr.). Die in der Nähe von Xian gefundene Papierprobe aus der Zeit 140-87 v.Chr.

Abb. 20. Die ursprüngliche chinesische Papierherstellung mit dem *schwimmenden Sieb*

bestand aus Hanffasern und dürfte das älteste Papier der Welt sein. Die erwähnten Funde deuten in der Tat darauf hin, daß der kaiserliche Hofeunuch wohl nicht das Papier schlechthin, sondern eine wichtige Verfahrensstufe erfunden oder einen neuen Rohstoff vorgeschlagen hat. Um hierüber Aufschluß zu gewinnen, soll kurz auf die fernöstliche Papierherstellung eingegangen werden.

Rohstoff ist in der Regel der Bast des Papiermaulbeerbaumes. Dieser wird in einer Lösung von Holzasche aufgeweicht und mit einem Klöppel so lange bearbeitet, bis der Bast sich in einzelne Fasern auflöst. Diese werden in einem Behälter in Wasser suspendiert. Nunmehr wird mit einem Sieb, das abnehmbar in einem Rahmen untergebracht ist, aus der Bütte durch Eintauchen und Herausnehmen ein Teil der Fasersuspension geschöpft. Nach Ablaufen des Wassers verbleibt auf dem Sieb ein feuchtes Papierblatt, das unmittelbar für den Trocknungsvorgang abgenommen wird. Das frei gewordene Sieb kann sofort danach zur Schöpfung weiterer Blätter verwandt werden. Wann dieses *Schöpfsieb* aufkam, ist ungewiß. Doch gelangte es 600 n. Chr. mit der Papiertechnik nach Korea und danach nach Japan und etwa 150 Jahre später auf dem Wege nach Westen nach Samarkand. Es ist unwahrscheinlich, daß Tsái Lun diese Technik des beweglichen Schöpfsiebes kannte. Nach Ansicht des Papierhistorikers Pan Jixing wurde das aus Hanf hergestellte Papier während der Han-Dynastie (221 v. Chr.–220 n. Chr.) mit dem *Schwimmenden Sieb* hergestellt. Diese Technik stellte er in einem Fließbild (Abb. 20) dar. Diese einfache Art der Papierherstellung gelangte etwa 300 n. Chr. von Szetschuan aus zu den Thai. Das Sieb war mit unbeweglichem Boden ausgebildet und die Fasersuspension wurde hineingegossen. Jedes Blatt mußte auf dem Sieb trocknen, so daß eine große Zahl dieser *schwimmenden Siebe* erforderlich war. Als die Thais durch die Chinesen nach Süden abgedrängt wurden, nahmen sie diese alte Technik in das heutige Thailand mit (Farbtafel 3). Sie wurde von Tibet, Burma, Nepal und Bhutan übernommen. Noch heute wird sie in diesen Ländern, aber auch noch in der chinesischen Provinz Szetschuan, durchgeführt. Daraus ergibt sich, daß das fortschrittlichere Schöpfsieb zwischen 300 und 600 n. Chr. aufgekommen sein muß. Demnach ist das Schöpfsieb keine Erfindung Tsái Luns. Zweifellos wird er große Verdienste um die Papierwirtschaft gehabt haben, sei es durch Verwendung neuer Faserrohstoffe, sei es die allgemeine Verbreitung der Papierherstellung durch einen Verwaltungsakt.

Aus neueren Publikationen ergibt sich, daß sich die chinesischen Papierhistoriker keinewegs einig sind, ob das sog. Baqiaopapier tatsächlich der westlichen Han-Dynastie (221 v. Chr.–24 n. Chr.) zugeschrieben werden darf. Da einige chinesische Forscher weiterhin Tsái Lun für den Erfinder des Papiers halten, andere jedoch die Erfindung bis zu über 200 Jahre vor Tsái Lun datieren, bleibt die Frage nach dem Beginn der chinesischen Papierherstellung zunächst noch ungeklärt.

Das Papier setzte sich schnell durch. Schon im 2. Jahrhundert gab es in China Papiertaschentücher und 363 n. Chr. erschien die „Pekinger Zeitung", die erst 1936 eingestellt wurde. Im 6. Jahrhundert kam das Toilettenpapier auf. Im Jahre 851 äußerte sich ein arabischer Reisender in einem Bericht zu diesem hygienischen Fortschritt. Darin heißt es, die Chinesen seien nicht sehr reinlich, da sie sich nach Verrichten ihres Bedürfnisses mit Papier säuberten, statt – wie es den Arabern der Koran gebiete – mit Wasser zu reinigen. Toilettenpapier wurde aus billigstem Reisstrohpapier hergestellt. Es wurden riesige Mengen davon benötigt. Die kaiserliche Werkstatt stellte allein für Zwecke des Hofes 720000 Blatt her und 15000 Blatt hellgelben, weichen, parfümierten Papiers für die kaiserliche Familie. Der Abfall an Stroh und Kalk aus dieser Fabrikation häufte sich zu einem großen Hügel, der als *Elefanten-Gebirge* bezeichnet wurde. Schon damals mußte man sich also mit Umweltproblemen befassen. Diese Entwicklung wird verständlich, wenn man bedenkt, daß allein in Cheking die jährliche Produktion an Toilettenpapier 10 Millionen Päckchen mit je 1000 bis 10000 Blatt betrug. Weitere Verwendungsarten für Papier waren zahlreich, und sie können nur kurz angegeben werden:

> Möbel, Vorhänge, Fenster, Türen, Schirme (Farbtafel 9), Laternen, Papierblumen, Drachen, Kleidung, Hüte, Schuhe, Tapeten, Bettwäsche, Flöten, Fächer, Papiergeld, marmoriertes Papier, Briefumschläge, Spielzeug, Papiermaché für Behälter (Farbtafel 10), Papiertiger usw.

Von besonderer Bedeutung war das Aufkommen von Papiergeld. Es soll zuerst unter Kaiser Kao Tsung (650–683 n. Chr.) ausgegeben worden sein. Im 10. Jahrhundert wurde es allgemein als Währung anerkannt. Um 1300 waren Papiernoten auch in Persien, Vietnam und Japan im Umlauf. Über die starke Verbreitung in China selbst berichtet 1298 der Chinareisende Marco Polo (Abb. 21). In dieser Zeit wird auch von einer kräftigen Inflation berichtet, die den Wert auf etwa 1% des ursprünglichen fallen ließ. Um Verfälschungen zu erschweren, wurde in besonderen staatlichen Werkstätten ein Spezialpapier hergestellt, zeitweise mit einem Zusatz an Seidenfasern, Insektiziden und Farbstoffen. Dennoch gab es Geldfälscher, die kurzerhand enthauptet wurden. Mit dem neuen Zahlungsmittel kam etwa gleichzeitig das Opfergeld auf, das bei Beerdigungen verbrannt wurde, oft zusammen mit Papiergewändern, um den Hingeschiedenen im Reich der Toten ein angenehmes Leben zu sichern. Diese Sitte wurde oft durch Dekrete bekämpft, hat sich aber bis heute behauptet.

Das Bildungswesen war in China außerordentlich hoch entwickelt. Im Jahre 124 n. Chr. wurde bereits die erste Universität errichtet und zwar als reine Adelsschule. Es gab hervorragende Pädagogen. Ein solcher gibt im *Li Gi* den Lehrenden folgenden weisen Rat:

> „Die Erziehung des Edlen ist Aufklärung. Er leitet die Schüler, aber schleppt sie nicht voran. Er stärkt sie, aber zwingt sie nicht. Er öffnet ihnen, aber sagt ihnen nicht alles. Durch Leiten, ohne zu schleppen, entsteht Harmonie; durch Stärken, ohne zu zwingen, entsteht Leichtigkeit; durch Eröffnen, ohne alles zu sagen, entsteht Nachdenken. Harmonie und Leichtigkeit im Nachdenken, das macht geschickt zum Verständnis."

Auf den Gelehrtenschulen wurden scharfe Zwischenprüfungen abgehalten, die sich zunächst auf Philosophie, Poesie, Kalligraphie und Kenntnis der

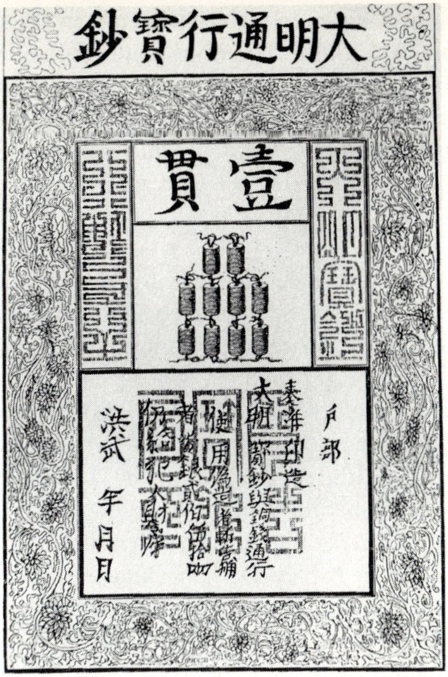

Abb. 21. Chinesisches Papiergeld aus der Zeit der Reisen Marco Polos (1268–1298)

konfuzianischen Klassiker beschränkten, später aber auf Mathematik, Jura, Buchführung, Geographie und Agrarwissenschaften ausgedehnt wurden. Nur selten waren die Kandidaten unter 30–35 Jahren prüfungsreif. Als Folge dieser Bildungspolitik stieg die Macht der Gebildeten beträchtlich.

Es gab allerdings auch Rückschläge, beispielsweise Anfang des 4. Jahrhunderts n. Chr. Unter dem Einfluß philosophischer und religiöser Strömungen stellte man sich vielfach gegen die überkommene Ordnung. Man gebärdete sich antiautoritär und wollte ohne Zwang leben, wie es der individuellen Natur entsprach. Eichhorn schreibt dazu:

> „Wir lesen, daß Leute, die dem Studium der Hsüan-hsüeh ergeben waren, sich wie geistesabwesend gebärdeten, die Haare wild wachsen ließen, nur im Notfall von ihrem Bett aufstanden und anderes mehr ... Sehr beliebt war es, sich der Kleidung zu entledigen, und man ist geneigt, von einer Modewelle der Nacktkultur zu reden ... Solches Verhalten trug sicher dazu bei, den Vertretern der Bildungsschicht jener Zeit ein Gefühl des Freiseins oder Befreitseins zu vermitteln, das einem Erlöstsein von den strengen ... Anstandsregeln der vergangenen Epoche gleichkam. Die Trä-

ger des modernen Geistes pflegten sich oft in Freundschaftsgruppen zusammenzuschließen. Unter diesen erlangte die der *Sieben Weisen vom Bambushain,* eine Vereinigung exzentrischer Söhne reicher Grundbesitzer, weiteste Popularität . . . Da diese Gruppen begannen, mit ihrem gegen jede straffe Regierungsordnung protestierenden Wesen die öffentliche Meinung zu sehr zu beherrschen, wurden sie bald von Amts wegen verboten und verfolgt."

Man warf den Führern dieser neuen Richtung der „absoluten Leere" Phrasendrescherei, Freilassen des Schmutzigen und ordinäres Auftreten vor. Doch all das war nur eine Episode in der langen Geschichte der chinesischen Hochschulen. Die heruntergekommene Hochschule der Hauptstadt wurde um 1068 n. Chr. reorganisiert. Die Zahl der Lehrkräfte wurde erhöht und der Numerus clausus eingeführt. Zunächst wurden nur noch 2000 Studenten aufgenommen, die bis zur dritten Klasse auf 100 ausgesiebt wurden. Diesen standen dann höchste Regierungsämter offen.

Die chinesischen Klöster, Bildungsanstalten und Behörden benötigten unvorstellbare Mengen an Papier. Der Bürokratismus gedieh und verlangte, daß von Verordnungen viele Kopien für die zentralen und provinziellen Behörden hergestellt wurden. Der japanische Mönch Ennin, der im 9. Jahrhundert China besuchte, schreibt in seinem Bericht, daß für die geringste Verwaltungssache ungeheure Mengen an Papier vergeudet wurden. Eine Vereinfachung der Schreibarbeit für Kopien brachte ab 593 n. Chr. die Wiedergabe von Text und Abbildungen durch den Blockdruck mit Hilfe von Holztafeln. Hierzu heißt es in der *Geschichte der Sui* (589-618 n. Chr.): „Außerdem fertigen sie (die Priester) mit Holz Abbildungen, auf denen sie Sternbilder, die Sonne und den Mond gravieren. Während sie den Atem anhalten, halten sie sie in der Hand und drucken sie ab." Dieses Verfahren wurde vielfach zum Druck von Heiligenbildern, Zaubersprüchen, Spielkarten und kurzen Texten benutzt (Abb. 22). Die ältesten chinesischen Blockdrucke stammen aus der Zeit von 713-742 n. Chr. Kurz danach gelangte die Kunst des Holzplattendrucks von China nach Japan. Und schon wurde dort der größte Druckauftrag jener Zeit durchgeführt. Die Kaiserin Suiko und ihr Mitregent ließen 770 n. Chr. im Holztafeldruck eine Million Zettel (d. h.- *sehr viele*) mit Zaubersprüchen herstellen, die in ebenso viele kleine, hölzerne Pagoden gesteckt und an alle Tempel Japans verteilt wurden. Diese „Dharani"-Zettel sollten das japanische Reich gegen schädliche Einflüsse schützen.

Große Verdienste bei der Verbreitung des chinesischen Blockdrucks kommen Feng Tao zu, einem Minister der nordchinesischen Staaten T'ang und Chin. Ihm lag daran, klassische Werke in authentischem Text zu vervielfachen. Von den zwischen 932-953 n. Chr. im Blockdruck in einer Ausgabe von 130 Bänden gedruckten Werken ist jedoch nichts erhalten. Die im Jahre 977

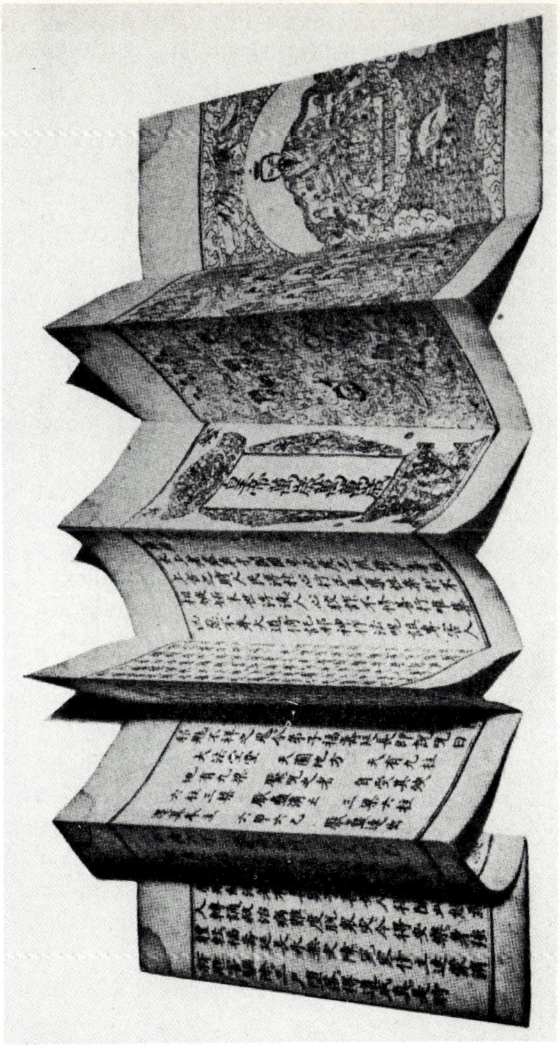

Abb. 22. Chinesisches Faltbuch, in Holzblockdruck hergestellt

herausgegebene heilige Schrift des Buddhismus *(Tripitaka)* wurde von 130 000 Holzplatten gedruckt. Das älteste der erhaltenen chinesischen Bücher wurde von dem Forscher Stein in einer im Jahre 1035 vermauerten Tempelbücherei gefunden. Über sein Alter gibt die am Ende der Schrift stehende Widmung Auskunft. Es heißt dort, nach Umrechnung des Datums in unsere Zeitrechnung:

„Gedruckt am 11. Mai des Jahres 868 durch Wang-Tschi, zur allgemeinen, freien Verteilung, um in tiefer Ergebenheit das Andenken seiner Eltern zu ehren."

Um 900 n. Chr. war der Druck im Blockdruck, ausgehend von der Provinz Szechuan, in ganz China üblich. Im Jahre 983 wurde eine tausendbändige chinesische Enzyklopädie gedruckt. Dieser Druck wurde nicht mit Hilfe einer Druckpresse, sondern mit zwei Bürsten durchgeführt, von denen mit einer das Papier angedrückt und mit der zweiten die Druckerschwärze auf den Holzblock übertragen wurde. Die Tagesleistung eines Mannes betrug etwa 2000 bedruckte Blätter.

Ein wesentlicher Fortschritt im Buchdruck bedeutete die Erfindung beweglicher Drucklettern durch den Schmied Bi Scheng im Jahre 1045. Es handelte sich um kleine gebrannte Tontäfelchen mit je einem Schriftzeichen. Diese wurden auf eine Eisenplatte geklebt, von der sie nach Gebrauch wieder abgelöst werden konnten. Um 1314 kamen in China Drucktypen aus Zinn und 1392 in Korea solche aus Bronze und Kupfer auf. Zwar wurden viele Werke im Letterndruck hergestellt, doch eignete sich die chinesische Schrift wegen der erforderlichen Vielzahl von Typen kaum für die Neuerung. Daher fand der Blockdruck noch lange Zeit Verwendung.

Große Verlagshäuser schreckten nicht vor dem Druck riesiger Enzyklopädien zurück. Ein solcher Verlag war jener der Familie Yü von Chien-yang in Fukien, der über 500 Jahre sein Druckgewerbe ausübte. Eine der großen chinesischen Werke war die Enzyklopädie Yung-Lo Ta Tien, die aus 229 937 Büchern in 11 995 Bänden bestand. An diesem riesigen Werk, das das gesamte Wissen der damaligen Zeit enthielt, hatten 2000 Gelehrte gearbeitet, bis es um 1405 in den Handel kam. Leider sind nur wenige Bände erhalten geblieben.

Die Enzyklopädie Thu shu chi Chheng (1725 n. Chr.) bestand aus 5050 Bänden und das Literaturwerk Ssu khu Chhuan Shu von 1780 aus 36 275 Bänden mit über 2 Millionen Doppelseiten. In diesem Zusammenhang muß erwähnt werden, daß die Chinesen in der Regel nur eine Seite des Papiers bedruckten.

Angesichts des hohen Papierbedarfs muß die chinesische Papierproduktion recht beachtlich gewesen sein. Einige Hinweise im Schrifttum bestätigen das. So waren 1173 n. Chr. in der Hangchow-Papierfabrik über 1000 Arbeiter beschäftigt. In der Ming-Zeit (1368–1643) existierten in der Stadt Shih-thang in Chiangsi 30 Papierfabriken mit je 1000–2000 Arbeitern. Insgesamt waren dort im Jahre 1597 über 50 000 Arbeiter in der Papierindustrie tätig.

Wie in anderen Hochkulturen gab es in China Bibliotheken. Die größte dürfte die des kaiserlichen Palastes gewesen sein. Um Christi Geburt wies sie auf Grund des überlieferten Bibliothekkatalogs 596 Titel auf. Danach nahm ihr Umfang schnell zu, besonders nach der 583 befohlenen Büchersammelaktion. Bis 742 war sie auf 200000 Bände angewachsen.

Bücher und Bibliotheken laden in gewissen Zeiten zu deren Vernichtung ein. Auch im Reich der Mitte waren Bücherverbrennungen ein brutales Mittel zur Unterdrückung Andersgesinnter, besonders der Intellektuellen. Als Tsin, *der Erste Göttliche Absolute Herrscher,* um 220 v.Chr. ganz China geeint hatte, war ihm daran gelegen, den Widerstand konservativer Kreise zu brechen, besonders den der Gelehrten, die stets Neuerungen kritisierten. In dieser Situation soll ihm der Kanzler Li'tse folgenden Rat gegeben haben:

> „Hüte Dich vor diesen untätigen Gelehrten! Erzogen nach dem Alten, in sinnloser Verehrung all dessen, was alt ist, können sie kein Verständnis für etwas Neues aufbringen. Wenn Du einen Erlaß verkündest, kritisieren sie seine Sprache; wenn Du ein neues Projekt befiehlst, erklären sie, so etwas sei noch nie dagewesen. Sie fragen stets nur, ob etwas vorher bereits einmal getan worden ist. Sie gehen umher und senken Unruhe und Unzufriedenheit in die Herzen Deiner Untertanen. Ihr Einfluß muß gebrochen werden, wenn das Reich gedeihen soll. Dieser Einfluß ist auf Bücher begründet. So vernichte denn die Bücher. Damit werden sie keine Beschäftigung mehr haben, und auf ihre Generation wird niemand mehr folgen. Einige dieser Bücher sind allerdings von Nutzen. Bewahre alle, die mit der Medizin, dem Ehewesen und der Wahrsagekunst zu tun haben; bewahre ferner die Chroniken dieser glanzvollen Regierungszeit. Alles andere aber lasse vernichten, breche mit der Vergangenheit ... mit der Naturgeschichte, der Religion, der Medizin, auf daß dem Gesetz Genüge getan werde, und lasse die rein literarische Gelehrsamkeit, deren Fluch über dem Lande lastet, zu Ende gehen!"

Entsprechend diesem Rat wurde nach einem Edikt vom Jahre 213 v.Chr. der Besitz der verdammten Bücher unter Todesstrafe gestellt. Die auf Holz- und Bambustafeln geschriebenen Bücher, vor allem klassischen, konfuzianischen Inhalts, wurden ein Raub der Flammen. Vornehmlich wurde alles historische Schrifttum - mit Ausnahme der eigenen Chroniken - von Tsin verbrannt. Selbstverständlich löste die barbarische Aktion Entsetzen und Widerstand unter den Gelehrten aus. Doch machte man kurzen Prozeß mit diesen widerborstigen *Eierköpfen.* Fünfhundert sollen lebendig begraben worden sein, und andere wurden als Arbeitskräfte am Bau der *Großen Mauer* eingesetzt. Jene, die bis zum Hals eingegraben worden waren, wurden in diesem Zustande zusätzlich geköpft. Die Bücherverbrennung unter Tsin war jedoch nicht die erste und einzige in der Geschichte Chinas. Wie ein roter Faden ziehen sich Bücherverbote und Bücherverbrennungen durch die Geschichte dieses Volkes bis in die jüngste Vergangenheit. In dieser Hinsicht finden wir eine gewisse Parallele in der Geschichte des deutschen Volkes.

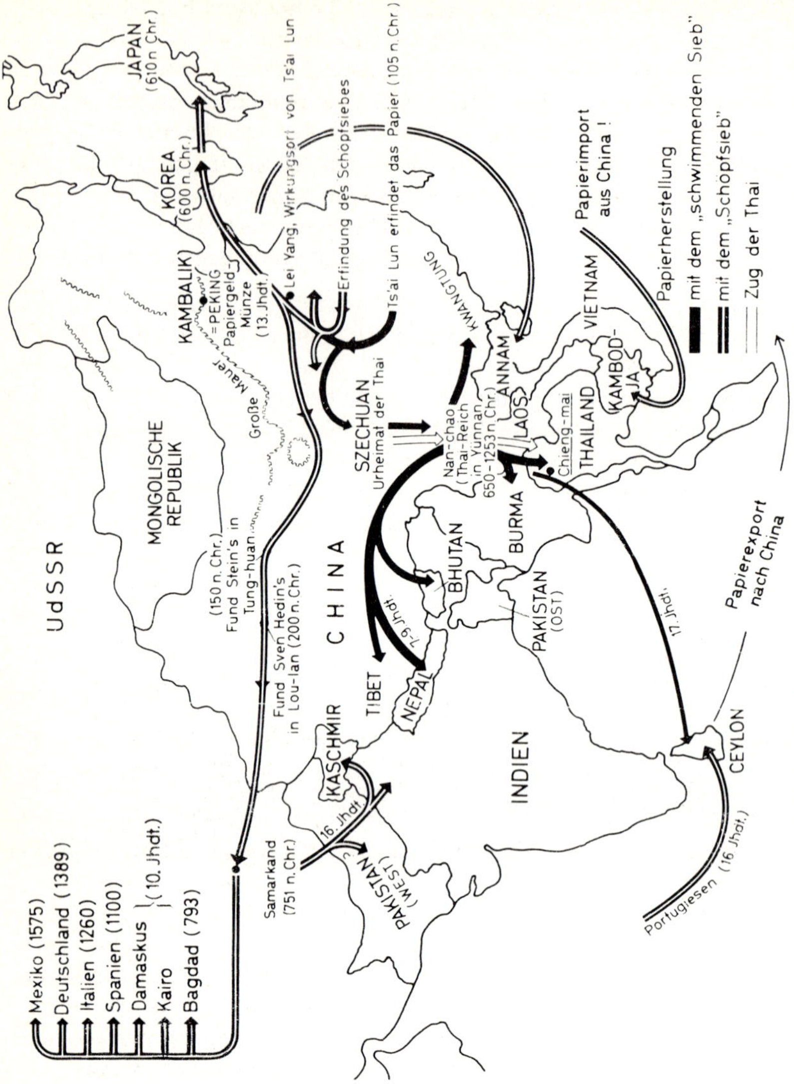

Abb. 23. Die Verbreitung der chinesischen Papiererfindung

Von China aus verbreitete sich die Technik der Papierherstellung nach und nach in die Nachbarländer (Abb. 23). Von Korea aus, wo sie ab 600 n. Chr. heimisch wurde, kam sie 610 durch den Mönch Doncho nach Japan. Auch dort war der bevorzugte Rohstoff der Bast der Papiermaulbeerrinde. Die chinesische Technik wurde verbessert, besonders durch den Zusatz von Pflanzenschleim aus der Wurzel von Abelmoschus manihot zur Fasersuspension. Dieses Mittel sorgte für eine gleichmäßigere Verteilung der Faser, sodaß keine Klumpenbildung auftrat. Das so gewonnene dünne und feste *Japanpapier* diente - wie in China - zur Herstellung von Kleidern (Farbtafel 5), Fächern, Schirmen, Papierblumen und all den schon angegebenen Gegenständen. Wie schon erwähnt, wurden 735 n.Chr. *Millionen* von Papierstreifen mit Gebeten anläßlich einer verheerenden Pockenepidemie in kleine Holzpagoden eingeschlossen *(Dharanis)* und in Tempeln aufgestellt. Japan kannte auch schon früh ein *Recyclingpapier,* hergestellt aus dem Papierabfall von Klöstern und Behörden, das allerdings von schlechter Qualität war. Das in Nepal und Tibet hergestellte Papier wurde vornehmlich von den buddhistischen Klöstern aufgenommen. Die in beiden Ländern verbreiteten Gebetsmühlen enthalten lange Papierstreifen mit dem immer wiederkehrenden

Abb. 24. Plastik *Schöne, einen Liebesbrief schreibend* aus dem Tempel Bhuwaneschwar in Orissa. Die Schöne drückt mit dem Stichel die Worte in ein Palmenblatt. Indien (11.Jahrhundert)

Gebetsreim *Om Mani Padme hum* (=O Du Kleinod im Lotos). Viele religiöse Texte enthalten auf schwarz lackierten Papierstreifen Texte in goldener Schrift. Der Verfasser erhielt ein solches Schriftstück vom Chini Lama, dem Vertreter des Dalai Lama und oberstem Priester des Bodnath-Tempels in Katmandu. Die chemische und die Aktivierungsanalyse ergaben, daß das Papier mit Glutinleim, Yakfett und Ruß beschichtet war und Indigo, Arsen, Gerbstoff und Eisen enthielt. Derartige Blätter sind meist in mehreren Lagen in hölzernen Schutzrahmen untergebracht. Die Zentrale Staatsbibliothek von Ulan Bator in der Äußeren Mongolei enthält allein über eine Million derartiger *Bücher* (Farbtafel 2).

Im Norden Thailands konnte der Verfasser im Dorf Boo Saang noch die Technik der Papierherstellung mit dem *schwimmenden Sieb* beobachten, wie sie in China zur Han-Zeit üblich war (Farbtafel 3). Das Papier diente jedoch ausschließlich zur Herstellung von Schirmen, die rot, grün, gelb oder blau lackiert wurden. Beschreibstoff war dort seit Jahrhunderten das Palmblatt gewesen (Farbtafel 9).

Es ist erstaunlich, daß in Indien bis 1300 n.Chr. das Papier unbekannt blieb. Man schrieb vornehmlich auf Palmblätter. Tausende solcher Palmblatt-Manuskripte sind in englischen Museen und Büchereien zu sehen. Eine schöne weibliche Skulptur am Tempel von Bhuwaneschwar *(Der Liebesbrief)* aus dem 11. Jahrhundert zeigt die Briefschreiberin beim Eindrücken des Textes mit einem Griffel (Abb. 24). Beim Einreiben dieses Palmblatt-Briefes mit Ruß durch den Empfänger wird dann die Schrift lesbar. In Kaschmir war hingegen das Papier mit den persischen Eroberern ins Land gekommen, ebenso wie die Kunst, Schalen und andere Gegenstände aus Papiermaché zu machen, zu lackieren und kunstvoll zu bemalen (Farbtafel 10).

Das Papier kommt zu den Arabern

Als um 750 n. Chr. in einem Grenzstreit in Transoxanien Chinesen in arabische Gefangenschaft gerieten, befanden sich darunter auch einige Papiermacher. Mit Hilfe dieser *Beutetechniker* bauten die Araber in Samarkand eine blühende Papierindustrie auf. Das reiche Vorkommen an Flachs und Hanf sowie von gutem Wasser erwies sich als sehr vorteilhaft. Bald wurde von hier aus das gesamte arabische Gebiet bis Marokko mit dem neuen Beschreibstoff beliefert. Um 795 wurde eine weitere Papiermühle in Bagdad errichtet, wo 870 das erste Papierbuch erschien und Papier in den Kanzleien des Kalifen Harun-al-Raschid Eingang fand. Danach erfolgte die Gründung von Papierwerkstätten in Damaskus, Kairo und in den nordafrikanischen Provinzen bis zum entferntesten Westen.

Diese bis jetzt im Schrifttum vertretene Darstellung von der Verbreitung der chinesischen Papiererfindung nach Samarkand durch chinesische Kriegsgefangene ist wahrscheinlich nicht korrekt. Sie wurde von chinesischer Seite wiederholt als Legende hingestellt. Neuerdings weist John N. McGovern anhand des Schrifttums darauf hin, daß schon etwa 100 Jahre vor der arabisch-chinesischen Schlacht am Talas (751 n. Chr.) Papier in Samarkand benutzt und auch wohl hergestellt wurde. Um diese Zeit soll unter chinesischem Einfluß in Samarkand auch die Goldschmiedekunst und Malerei bereits einen hohen Stand erreicht haben. Diese neue Deutung der Westwanderung der chinesischen Papiererfindung schließt nicht aus, daß chinesische Kriegsgefangene in bereits bestehenden Papierwerkstätten Samarkands eingesetzt wurden.

Die Araber führten eine Reihe von Verbesserungen in die Papiertechnik ein. Das Schöpfsieb wurde nunmehr aus Metalldraht hergestellt, so daß ab jetzt Wasserzeichen möglich wurden. Weiterhin wurde die Papierleimung durch die Verwendung von Stärke wesentlich verbessert. Für den Handel erwies sich die Einführung genormter Flächenmaße als günstig. Die arabische Mengenbezeichnung *rizmar* (= Bündel) für 500 Bogen wurde als *Ries* in den Wortschatz der heutigen Papierwirtschaft übernommen. Ein hauchdünnes *Luftpostpapier* diente für die 1173 eröffnete Brieftaubenpost zwischen Bagdad und Kairo. Nachdem der Koran nicht lang nach dem Tode Mohammeds kodifiziert war, wurden zunächst große Mengen von Papyrus und Pergament für Kopien benötigt. Langsam wurden diese Schriftträger durch

Abb. 25. Arabische Bibliothek zu Hulwan mit etwa 200000 Bänden (um etwa 1000 n. Chr.)

Papier ersetzt. Kopisten und Buchbinder wurden neue einträgliche Berufe. Besonders berühmt waren persische und ägyptische Kalligraphen, die für ein ansprechendes Schriftbild sorgten und Buchbinder, die den Deckel mit edlem Leder überzogen und kunstvoll verzierten. Hervorragend kopierte Werke brachten weit mehr ein als normale Bücher mit einem Durchschnittspreis von 1-2 Dinaren. So wird von einem berühmten Kalligraphen berichtet, der für ein dreibändiges Geschichtswerk von Tabasi 100 Dinare erhielt. Zum Verständnis des Preises sei erwähnt, daß die Pacht einer Weinschänke für ein Jahr 1 Dinar betrug.

Das Reich des Islam befand sich vom 8.-13. Jahrhundert auf der Höhe seines Wohlstandes. Bagdad zog als eines der großen Kulturzentren die fähigsten Dichter, Philosophen, Wissenschaftler und Künstler an, vor allem Christen und Juden aus Syrien. Der Islam war tolerant und profitierte davon. Der Philosoph Kindi meinte dazu: „Wir sollten uns . . . nicht schämen, die Wahrheit zu erkennen und zu übernehmen, woher sie uns auch erreichen mag, auch wenn sie von früheren Generationen oder von anderen Völkern

Abb. 26. Illustrierte Seite aus dem Chamsä des Nisami, Persien (1491)

stammt". Das in Bagdad errichtete *Haus der Weisheit* war ein berühmtes Zentrum der Gelehrsamkeit mit großer Bibliothek und einem Übersetzungsbüro. Auch eine Schule war angegliedert. Hier wurden vor allem die Werke der griechischen Philosophen Aristoteles, Plato, Euklid, Ptolemäus, Archimedes und der Ärzte Hippokrates und Galen sowie persischer Autoren übersetzt. Der Islam brachte viele berühmte Wissenschaftler hervor, besonders auf den Gebieten Medizin, Mathematik und Astronomie. Der berühmteste Arzt war wohl Rasi, der in Europa unter dem Namen Rhazes bekannt war. Er soll über 200 Bücher geschrieben haben. Besonders bekannt sind seine Arbeiten über Pocken. Als er einst einen Platz für ein neues Hospital angeben sollte, hängte er an verschiedenen Stellen Fleischstücke auf und wählte jenen Platz, an dem sich das Fleisch am längsten frisch hielt. Die Krönung seines Wirkens war die Herausgabe einer Enzyklopädie über das Wissen seiner Zeit.

Ein weiterer berühmter Arzt war Ibn Sina (lat. = Avicenna), ein persischer Moslem, bekannt als *Fürst der Philosophen* (980–1037). Er soll etwa 170 Bücher über Medizin, Philosophie, Mathematik, Astronomie und Religion geschrieben haben. Allerdings dürfte die Bezeichnung *Buch* wohl nicht unserer entsprochen haben und eher durch *Veröffentlichung* zu ersetzen sein. Sein Werk über Medizin diente vom 12.–17. Jahrhundert als Leitfaden der Medizin an Universitäten Europas.

Weitere Ärzte, wie die Spanier Ibn Ruschd (Averroes) und Abulcasis, berichteten in ihren Werken über chirurgische Themen, wie Trepanationen, Krebsoperationen, Amputationen von Gliedmaßen, Anästhesie und ähnliche Themen.

Daß die Zeit des Islam eine Blütezeit der Forschung, Kunst und Literatur war, ergibt sich aus der großen Zahl der Bibliotheken. Fast jede Stadt hatte eine oder mehrere. An größten werden im Schrifttum genannt: Cordoba (400000 Bände), Hulwan (200000 Bände) (Abb. 25) und Kairo im 10. Jahrhundert (150000 Bände). Riesige Mengen an Schrifttum gingen durch die Bücherverbrennungen der Kreuzfahrer verloren.

Wie das Papier, hatten die Araber auch den Buchdruck durch die Chinesen kennengelernt. Doch scheuten sie sich, den Koran mit beweglichen Buchstaben zu drucken, da ihnen das als Blasphemie erschienen wäre. Das gleiche galt auch hinsichtlich bildlicher Wiedergabe. So blieb es bei einer Vervielfältigung durch Kopisten, die die Schriften oft durch geometrische Muster und Rankenwerk in hervorragender Weise verschönten (Abb. 26).

Europa hat den Arabern vieles zu verdanken, vor allem die Wiederbelebung des griechischen Kulturgutes, die Vermittlung der chinesischen Technik der Papierherstellung und deren Verbesserung sowie mathematische Neuerungen, wie das Dezimalsystem und die Übermittlung der indischen Zahl Null.

Das Papier Altamerikas

Als die Spanier 1519 unter Cortez in der Nähe der heutigen Stadt Vera Cruz Mexiko betraten, wurde der Aztekenherrscher Moctezuma durch Schnellboten sehr bald von diesem Ereignis unterrichtet. Alte Mythen hatten vorhergesagt, daß einst der bärtige, hellhäutige Gott Quetzalcoatl vom Osten über das Meer zurückkommen werde, um sein Reich wieder in Besitz zu nehmen. Zweifellos war Cortez der erwartete Gott. Um ihn gnädig zu stimmen, schickte ihm Moctezuma eine Gesandtschaft mit kostbaren Geschenken entgegen. Unter diesen Schätzen befanden sich auch zwei *Bücher.* Als die Geschenke Europa erreichten, waren die Humanisten erstaunt, daß die *Wilden* Neuspaniens Bücher kannten. Der Gelehrte Pietro Martire berichtete über diese Klappbücher, „die sie nicht wie wir binden, Blatt bei Blatt", ausführlich an Papst Hadrian. Die Eroberer fanden solche Bücher noch an verschiedenen Stellen, so in einem Tempel der Stadt Cempoala und öfters auf ihrem Weg zur aztekischen Hauptstadt Tenochtitlan. Alle diese Bücher waren von der Art des Leporello-Albums und ließen sich, wie dieses, ziehharmonikaartig auseinanderklappen.

Viele der Bücher waren in *Häusern für Bilderbücher* - also in Bibliotheken - untergebracht. Eine der größten befand sich in Texcoco, nach Prescott die kultivierteste Stadt Anahuacs. Für den Bischof Zumarraga waren alle diese nicht verständlichen Bücher *Teufelswerk,* das vernichtet werden mußte. Er ordnete daher die Verbrennung aller Bibliotheken und Bücher an. So wurden Tausende von Büchern auf dem Marktplatz von Tlaltelolco zu einem hohen Berg gestapelt und verbrannt. In gleicher Weise verfuhr man überall im Lande. In Yucatan, einem Gebiet der Maya, wurde 1549 Diego de Landa als Ordensprinzipal der Franziskaner mit der Überwachung des Missionswerkes beauftragt. Er ließ alle erreichbaren Handschriften zusammen mit 5000 *Götzenbildern* am 12. Juli 1562 in Mani, der Hauptstadt der Xiu, zum Jammer der Eingeborenen verbrennen. Landa selbst berichtet darüber: „Unter den Maya fanden wir eine große Zahl von Büchern, geschrieben mit ihren Zeichen. Und da sie nichts als Aberglauben und Falschheiten über den Teufel enthielten, verbrannten wir sie alle, was die Indianer zutiefst traf und worüber sie sehr traurig waren".

Die Vernichtung wurde so gründlich durchgeführt, daß nur drei Maya-Codices der Nachwelt erhalten blieben und zwar

Abb. 27. Mayaschrift aus dem Codex Dresdensis

- der Codex Dresdensis (Dresden),
- der Codex Peresianus (Paris) und
- der Codex Tro-Cortesianus (Madrid).

Von diesen ist der Codex Dresdensis mit 78 Seiten und einer Länge von 3,50 m der schönste (Abb. 27). Der Pariser Codex wurde 1860 zufällig in einem Papierkorb einer Abstellkammer der Bibliothek entdeckt.

Diego de Landa, der Kulturschänder, wandelte sich später von einem Saulus zu einem Paulus. Er sammelte alle Informationen über die vorspanische Zeit und berichtete darüber in seinem Werk *Relacion de las Cosas de Yucatan* (Betrachtungen über die Dinge von Yucatan). Während die genannten Codices Hinweise für Priester über Weissagungen, Horoskope und ähnlichem bringen, nichts hingegen über Kultur und Geschichte, geben de Landas Aufzeichnungen Hinweise über Land und Leute, Sitten und geschichtliche Ereignisse. Daher ist Landas Buch von unermeßlichem Wert für die Mayaforschung. Die drei Codices werden als unersetzliche Urkunden sehr sorgfältig aufbewahrt. So ist der Pariser Codex luftdicht verpackt und kann nur durch zwei Schaufenster betrachtet werden. Die beiden anderen Codices sind zwischen zwei Platten eingekittet. Für Forschungszwecke stehen von allen diesen Codices hervorragende Reproduktionen zur Verfügung.

Die Entzifferung der Maya-Hieroglyphen macht langsame, aber hoffnungsvolle Fortschritte. Heute dürften etwa 80% entzifferbar sein. Nach dem jetzigen Stand der Forschung geht die Hieroglyphenschrift auf die alte Kultur der Olmeken (1000–400 v. Chr.) zurück. Diesen Einfluß erkennt man besonders auf den Stelen und Reliefs von Oaxaca *(Danzantes)* aus der Zeit 800–300 v. Chr. Spätestens ab dieser Zeit entwickelt sich die Schrift in drei Zweigen weiter.

In der klassischen Zeit (300–950 n. Chr.) unterscheidet man:

1. die Mayaschrift im Maya-Tiefland,
2. das zapotekische Schrifttum in Oaxaca,
3. die Hieroglyphen von Teotihuacan im Hochtal von Mexiko.

Schon zu Beginn der klassischen Zeit kannte man die Technik der Herstellung des Pseudopapiers, der *Tapa*. Diese Angabe wird durch den Fund von steinernen Bastklopfern und mit Motiven auf Wandmalereien und auf polychromer Keramik belegt. Ausgangsmaterialien für die Herstellung der Beschreibstoffe waren der Bast einer Feigenart *(Amate),* Agavefasern und Hirschleder.

Die Codices wurden von Spezialisten (Tlacuilos) abgefaßt und von anderen, den Tlamatinis, in einer Art Sprechgesang vorgetragen. Die Hieroglyphen waren also nicht in unserer Art automatisch lesbar, sondern mußten dekodiert und interpretiert werden. Das Rüstzeug erhielten die Spezialisten

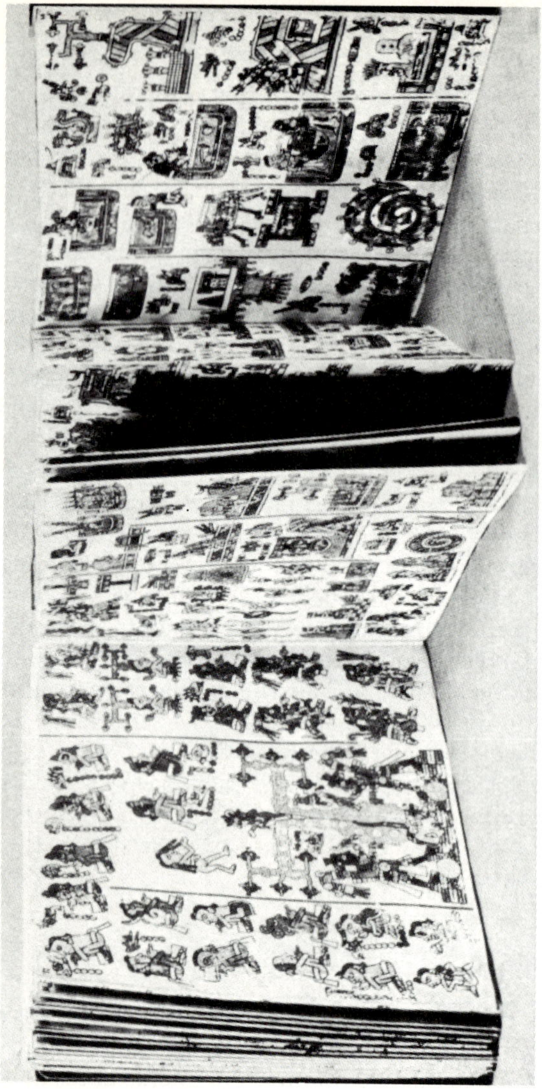

Abb. 28. Ein mixtekisches Faltbuch, der Codex Vindobonensis

auf besonderen *Codexschulen*. Die mixtekischen Bildhandschriften galten allgemein als die künstlerisch und ästhetisch schönsten (Abb. 28). Sie haben später die aztekischen Codices beeinflußt, wohl durch die bei den Azteken arbeitenden mixtekischen *Gastarbeiter*. Die mixtekisch-aztekische Bilderschrift bestand aus Zahlen, Kalenderdaten, Piktogrammen (Berge, Pflanzen,

Tiere usw.), Ideogrammen (wie Sprechblasen = Rede; Mumienbündel = Tod; gemeinsames Bad = Heirat; brennender Tempel = Eroberung), Orts- und Personennamen wurden durch Phonogramme wiedergegeben.

Die Maya waren im vorspanischen Amerika das einzige Volk mit vollentwickeltem Sprach- und Zahlensystem. Sie kannten die Zahl Null vor den Indern und Arabern und rechneten mit ihrem Vigesimalsystem (Zwanzigersystem) genau so leicht und unbeschwert, wie wir mit dem Dezimalsystem auf der Basis Zehn. Wie in Mathematik war ihr Wissen auch in Astronomie und Kalenderwesen unerreicht. Diese Wissenschaften wurden vor allem in Copan - dem *Alexandrien der Maya* - gepflegt.

Die Tolteken übernahmen die Technik der Papierherstellung und das Buchwesen von den Maya. Schon aus dem 7. Jahrhundert wird von ihrer Enzyklopädie Teomoxtli berichtet. Nachdem sich die Azteken 1168 n. Chr. im Gebiet von Texcoco niedergelassen hatten, schafften sie in verhältnismäßig kurzer Zeit den Sprung zur beherrschenden Macht im mexikanischen Raum. Das war nur möglich durch ihre harte Tributwirtschaft, gestützt auf militärische Überlegenheit. So geht aus den erhaltenen Tributlisten hervor, daß jährlich 480000 Blatt Papier in die Azteken-Metropole Tenochtitlan zu liefern war. Sehr wichtige Informationsträger waren die *steinernen Urkunden* in Gestalt von Stelen und steinernen Bildwerken. Die meisten Stelen finden sich in der Regenwaldzone des Mayagebietes. Sie sind meist 2-4 m hoch und tragen an der Frontseite das Relief des weltlichen Fürsten und an den Seiten und Rückfronten Hieroglyphen: In der Regel wurden solche Stelen alle 20 Jahre errichtet, mit zunehmendem Wohlstand alle 10 Jahre und schließlich in einigen Zentren alle 5 Jahre. Die älteste Stele ist die von Baúl im Gebiet der Izapa-Kultur aus dem Jahre 36 n. Chr. In dem großen Zentrum Tikal wurden 151 Stelen errichtet, davon nur 32 mit Glyphen. Es ist denkbar, daß die glatten Stelen ohne Glyphen einst nur bemalt wurden und die Schrift durch atmosphärische Einflüsse verschwand. Einige Forscher vermuten, daß den steinernen Stelen solche aus Holz vorangegangen sein könnten. Die größte Stele und zugleich das größte Steinmonument der Neuen Welt ist die von Quirigua mit einer Höhe von 10 m und einem Gewicht von 65 t (771 n. Chr.). Copan besitzt mit seinen Stelen praktisch eine Portraitgalerie von 16 Herrschern. Heute weiß man nämlich, daß es sich bei den abgebildeten Personen um Herrscher handelt. Die Hieroglyphen erzählen von den Kriegen und anderen Taten dieser Potentaten. Das Zentrum Palenque hat überhaupt keine Stelen, jedoch im *Tempel der Inschriften* 617 Glyphen in Stein. Sehr viele Inschriften finden sich auf der Hieroglyphentreppe von Copan. Solche steinernen Urkunden sind für die Archäologie von sehr großem Wert. Auf vergänglichen Schriftträgern, wie Papier oder Leder, würden solche Berichte die Zeiten nicht überdauert haben. Das gilt auch für die steinernen Schriftträger aus aztekischer Zeit, wie den berühmten *Kalenderstein* (Abb. 29).

Abb. 29. Der mexikanische Kalenderstein

Wenn auch sehr viel Schrifttum Mesoamerikas – dem Gebiet der mittelamerikanischen Hochkulturen – vernichtet wurde, so erstand nach der spanischen Eroberung doch wieder eine gewisse literarische Tätigkeit. So sind für das Mayagebiet die Chilam-Balam-Bücher zu nennen. Es handelt sich um Wahrsagebücher, die durch Priester nach Genuß von Drogen und halluzinogenen Pilzen befragt wurden. Die göttlichen Antworten übermittelten sie den übrigen Priestern. Diese Chilam-Balam-Bücher wurden im 16.–17. Jahrhundert niedergeschrieben. Es sind Chroniken geschichtlichen Inhalts mit Prophezeiungen, Ritualen und Mythen in yukatekischem Mayadialekt.

Ein anderes großes literarisches Erzeugnis ist das Popol Vuh, ein bemerkenswertes Epos der Quiché Maya. Es berichtet von der Schöpfung und der oft mißglückten Erschaffung des Menschen. Schließlich gelingt den Göttern die Erschaffung des richtigen Menschen, des Vorfahren der Quiché, nämlich aus Maisteig.

Auch im aztekischen Sprachbereich war die literarische Tätigkeit mit der Verbrennung der Bilderschriften nicht erloschen. Diese *Untergrundliteratur* hielt die Erinnerung an die unmenschliche Behandlung durch die Sieger und an die Ratlosigkeit der geplagten Bevölkerung wach. So heißt es in den *Anales de Tlatelolco* über die Leiden der Mädchen unter der spanischen Soldateska: „Und an allen Stellen sind die Christen auf der Suche. Sie machen ihnen (den flüchtenden Mädchen) die Röcke auf, sie begrabschen sie überall mit der Hand, an ihren Ohren, an ihren Brüsten, an ihren Haaren."

Über die vielseitige Verwendung des altamerikanischen Papiers wird oft berichtet. Vor allem gibt H. Lenz dazu eine ausführliche Aufstellung. Papier galt allgemein als heilig. Außer für Bücher wurde es in riesigen Mengen für andere Zwecke verwandt, wie für Opferungen (Abb. 30), Begräbnisfeiern, Feste, Tänze, Gesangsvorführungen, Schmuck der Götterbilder, Trachten, Federschmuck, Unterkleidung der Priester, Flöten, Blasinstrumente, Flaggen, Taschen und vieles andere.

Vor Tempeln und Pyramiden aufgestellte steinerne Jaguare und Wächter trugen Flaggenstangen mit langen Papierbahnen. Der Totengott der Mixteken, dargestellt mit goldener Brustplatte, trug eine imposante Krone aus Papier. Jene vier riesigen *Atlanten* auf dem Tempel des Morgensterns von Tula tragen Zeremonialtaschen, die nach Ansicht vieler Archäologen aus Bastpapier hergestellt wurden. Gefangene erhielten auf dem Weg zur Opferung Papierkleidung, einen Kopfschmuck aus Papier und ein Papierfähnchen als Symbol der Opferung. In den Tributlisten finden sich Symbole für Papier in Rollen- und Blattformat nebst Mengenangaben. Schließlich sei erwähnt, daß der höchste Gott der Maya, Itzamna, als Kulturheros verehrt wurde, der den Menschen Schrift und Kalenderwesen – und vielleicht auch das Papier brachte.

Die Herstellung des Rindenpapiers wird noch heute von den Otomis im Dorf San Pablito im Norden Pueblas durchgeführt. Der Verfasser wurde im Rahmen des *Mexiko-Programms* der Deutschen Forschungsgemeinschaft gebeten, diese alte Technik an Ort und Stelle zu prüfen und darüber zu berichten. Nach Bereitstellung von Reittieren und einem Otomi als Dolmetscher durch den Kaziken Calixto Castellan Melo ritt unsere dreiköpfige Gruppe von Pahuatlan aus über den Rio Cazones in die wolkenverhangene Sierra Madre und erreichte in 1500 m Höhe das Otomi-Dorf San Pablito. Die Einwohner leben abgeschlossen und halten die Verbindung zur Außenwelt durch den Spanisch sprechenden Otomi Chua aufrecht, der die Erzeugnisse des Orts – Papier, Textilien, Mais und Perlenarbeiten – in der Stadt absetzt und dafür Saatgut und Bedarfsgegenstände ins Pueblo zurückbringt. Die

Abb. 30. Darstellung des *Papieropfers* im Mayazentrum Yaxchilan in Guatemala. Die vor dem Priester Knieende zieht ein mit Dornen versehenes Seil durch die durchlöcherte Zunge und läßt das Blut auf ein Papierbuch tropfen

Autorität über die Einwohner übt unangefochten der Hexenmeister (Brujo) aus. Seine Haupttätigkeit ist die Heilkunst und das Weissagen. Bei diesen Betätigungen spielt das Papier eine große Rolle. Aus den im Pueblo hergestellten Papierbogen vom Format von etwa 12 × 25 cm schneidet nur der Brujo die Zauberfiguren aus. Aus hellfarbigem Papier werden die Figuren guter Geister, aus dunkelfarbigem die der bösen Geister geschnitten. In den Zeremonien zur Austreibung der Krankheit wird das Papier mit dem Blut eines Huhns besprüht und die Krankheit in einen schwarzen Beutel gebannt. Früher dienten die Papiere fast ausschließlich den Zwecken des Hexenmeisters. Neuerdings werden viele Papiere auf dem Markt von Ixcateopan angeboten, wo sie bemalt und als Kunstwerke verkauft werden. Chua veranlaßte seine Frau, uns die Herstellung des Papiers vorzuführen (Farbtafel 4). Rohstoff sind lange Baststreifen, die von Männern während des Frühlings kurz vor der Regenzeit von Feigenbäumen abgetrennt werden. Von diesen Streifen wird der innere zarte Bast abgetrennt und nach Wässern in einer Lösung von Herdasche oder in der Kalklauge aus der Tortillabereitung gekocht. Nach dieser alkalischen Behandlung ist der Stoff hinreichend weich für die eigentliche Herstellung des Bastpapiers. Dazu werden die Streifen auf einem Kiefernbrett zunächst im Viereck als äußere Begrenzung aufgebracht. In diesen Rahmen werden weitere Baststreifen parallel in Längs- und Querrichtung so gelegt, daß ein Siebmuster entsteht. Dann wird mit einem gerillten Steinklopfer *(Bastklopfer, Muini-toi)* der Bastteppich so lange geklopft, bis ein gleichmäßiges Blatt entstanden ist.

Da echtes Papier durch Verfilzung einzelner Fasern und Blattbildung mittels eines Siebes entsteht, handelt es sich bei dem aus Faserbündeln durch Klopfen hergestellten Produkt nicht um echtes Papier, sondern um ein dicke-

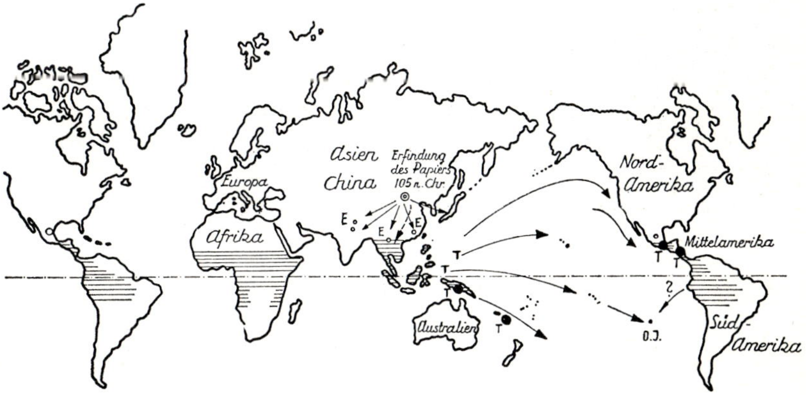

Abb. 31. Frühere Verbreitung des Rindenpapiers *(Tapa)*

res *Pseudopapier,* das als *Tapa* bezeichnet wird. Es ist nur auf der der Brettseite zugewandten Fläche beschreibbar, am besten nach Beschichtung mit Kalk.

Die Herstellung von Tapa ist weltweit in tropischen Gebieten verbreitet, meist zur Herstellung von Kleidungsstücken. Hierfür wird dieses Pseudopapier in Polynesien, Hawaii, Tonga, Neuguinea und Celebes verwandt. Selbst in China wurde Tapa lange Zeit für diesen Zweck benutzt. W. Fr. Tschudin spricht daher von dem *Tapa-Gürtel,* den er in einer Karte verdeutlichte (Abb. 31).

Das Zeitalter des Pergaments

Ein etwas ungewöhnlicher Beschreibstoff war Leder. Bei diesem Material handelt es sich um gegerbte Haut von Rindern, Kälbern, Schafen, Lämmern und Ziegen. Seine Herstellung geht gewiß weit in die vorgeschichtliche Zeit zurück. Die Gerbung wurde mit Rauch, fetten Ölen und Alaun durchgeführt. Die Tanningerbung mit vegetabilischen Stoffen dürfte wohl zu Beginn der Bronzezeit aufgekommen sein. Schon in Mesopotamien wurde ein Leder durch Alaungerbung hergestellt, das als besonders hell beschrieben wird. Auch in Ägypten arbeitete man mit diesem Verfahren, aber auch mit Ölen und Gerbstoffen. Da also Leder seit Urzeiten bekannt war, lag es nahe, es auch als Beschreibstoff zu verwenden. So ist der älteste mathematische Text aus Ägypten aus der Zeit um 2200 v. Chr. auf Leder geschrieben. Weiter wird über ein Totenbuch aus Leder aus dem Lande des Papyrus berichtet. Auch in Babylon gab es bereits im 9. Jahrhundert Lederrollen. Von dort gelangte der dauerhafte Beschreibstoff zu den Phönizern, Juden, Ioniern, Griechen und den Völkern Italiens. In Persien sollen die Taten der alten Könige auf den getrockneten Fellen geschlachteter Opfertiere niedergeschrieben worden sein. Da nach dem Talmud das mosaische Gesetz auf Leder geschrieben sein muß, hat die Lederrolle bis heute in der Synagoge ihren festen Platz. Auch in altamerikanischen Hochkulturen spielte das Leder gelegentlich als Beschreibstoff eine Rolle.

Ein weit bedeutenderer Beschreibstoff aus tierischer Haut war das Pergament. Nach Hunter soll es bereits um 1500 v. Chr. bekannt gewesen sein. Zu großer Bedeutung gelangt es aber erst um 200 v. Chr. Plinius berichtet dazu, daß Ptolemäus II. von Ägypten für die große Bücherei von Alexandrien die Konkurrenz der Bibliothek des Eumenes von Pergamon fürchtete und deshalb ein Exportverbot für Papyrus erließ. Eumenes habe deshalb die Fabrikation des Pergaments so gefördert, daß Pergamon zum Zentrum des neuen Beschreibstoffs wurde, der dann auch nach der Stadt benannt worden sei. Die Ansicht, Pergament sei in Pergamon erfunden oder wiedererfunden, ist jedoch nicht stichhaltig. Die Bezeichnung des Beschreibstoffs nach der Stadt Pergamon dürfte wohl darauf zurückzuführen sein, daß in der Bücherei des Eumenes Pergament vorherrschte. Leider hat von den 200000 Rollen der Bücherei Pergamons nicht ein einziges Exemplar die Zeiten überstanden.

Die Herstellung des Pergaments war verhältnismäßig einfach. Nachdem

Abb. 32. Der Pergamentmacher

die Tierhäute einige Tage in Kalkbrühe gelegen hatten, wurden die Haare, Oberseite und Fleischseite abgeschabt, und die Haut nach gründlicher Reinigung auf einen Holzrahmen gespannt (Abb. 32). Nach dem Trocknen wurde die Haut mit Bimsstein und Kreide für das Beschreiben hergerichtet. Pergament wurde also nicht - wie Leder - auf chemischem, sondern auf mechanischem Wege gewonnen. Der Beschreibstoff Pergament hatte gegenüber Papyrus wesentliche Vorteile. So war es beidseitig beschreibbar, gab ein sehr schönes Schriftbild, ließ sich sehr gut bemalen und hatte eine längere Lebensdauer. Die Fleischseite war weiß und glatt, die Haarseite hingegen etwas rauh. Die wurde mit der Zeit gelblich. Als man bei Schriftwerken von der Rolle zum Kodex überging, fügte man daher Haarseite an Haarseite und Fleischseite an Fleischseite. Ein weiterer Vorteil war, daß man die Schrift durch Schaben und Radieren mit Bimsstein entfernen und so das Pergament für eine weitere Beschriftung verwenden konnte.

Als Häute wurden in der Regel jene von Rindern, Schafen, Lämmern und Ziegen verwendet. Das Pergament von Schafen wurde oft in zwei Schichten gespalten. Ein besonderes Erzeugnis, das „Vellum", wurde aus der ganzen Haut von Kalb, Lamm oder Ziege gewonnen. Ein sehr feiner, etwas durchscheinender Beschreibstoff war das „Jungfernpergament", das aus der Haut ungeborener Tiere gewonnen wurde.

Selbst in Ägypten, dem Land des Papyrus, wurde Pergament verwendet. Dazu trugen mehrere Umstände bei. So war Pergament dem Papyrus in vieler Hinsicht überlegen. Es eignete sich weit besser für die Kodexform des Buches, und zudem ging die Papyrusproduktion wegen Schrumpfung des Papyrusareals nach Ausdehnung der landwirtschaftlich bebauten Fläche merklich zurück. Nachdem im 4. und 5. Jahrhundert die Rolle aus Papyrus und Pergament durch den Kodex verdrängt wurde, siegte bei der Kodexform mehr und mehr das Pergament über den Papyrus. Schließlich erreichte von China aus das Papier als weiterer Schriftträger das Nilland. In dieser Zeit verwandten die Araber Papyrus, Pergament und Papier nebeneinander, bis sich endlich das Papier als alleiniger Schriftträger durchsetzte.

Nach Eroberung Ägyptens durch die Araber war Europa ab Mitte des 7. Jahrhunderts vom Papyrusimport abgeschnitten. Alleiniger Schriftträger des Abendlandes war ab jetzt das Pergament. Für Urkunden, Zinsverzeichnisse und Erlasse wurde die Pergamentrolle bevorzugt. Diese Angewohnheit hat sich für einige Zwecke bis in die Neuzeit erhalten. So wurden in England und in den USA Patentdokumente noch im 19. Jahrhundert auf Pergament ausgestellt. Auch die amerikanische Unabhängigkeitserklärung (19. Juli 1776) und der Versailler Vertrag (28. Juni 1919) wurden auf Pergament paraphiert.

Zentren des Schrift- und Buchwesens in Europa waren die Klöster. Der Gründer des abendländischen Klosterwesens war Benedikt von Nursia. Im Jahre 529 gründete er das Kloster Monte Cassino. Nach der Christianisierung kamen viele weitere Klöster dazu, wie St. Gallen, Fulda, St. Emmeram, Corvey, Trier, Hersfeld, Melk und Lorsch. In den klösterlichen Schreibstuben und Werkstätten spielte sich sehr bald eine Arbeitsteilung ein. Es gab in der Regel folgende Arbeitskräfte für das Buchwesen:

- der Pergaminarius: er stellte das Pergament her,
- der Skriptor: der Schreiber, der mit schwarzer Tinte Texte schrieb,

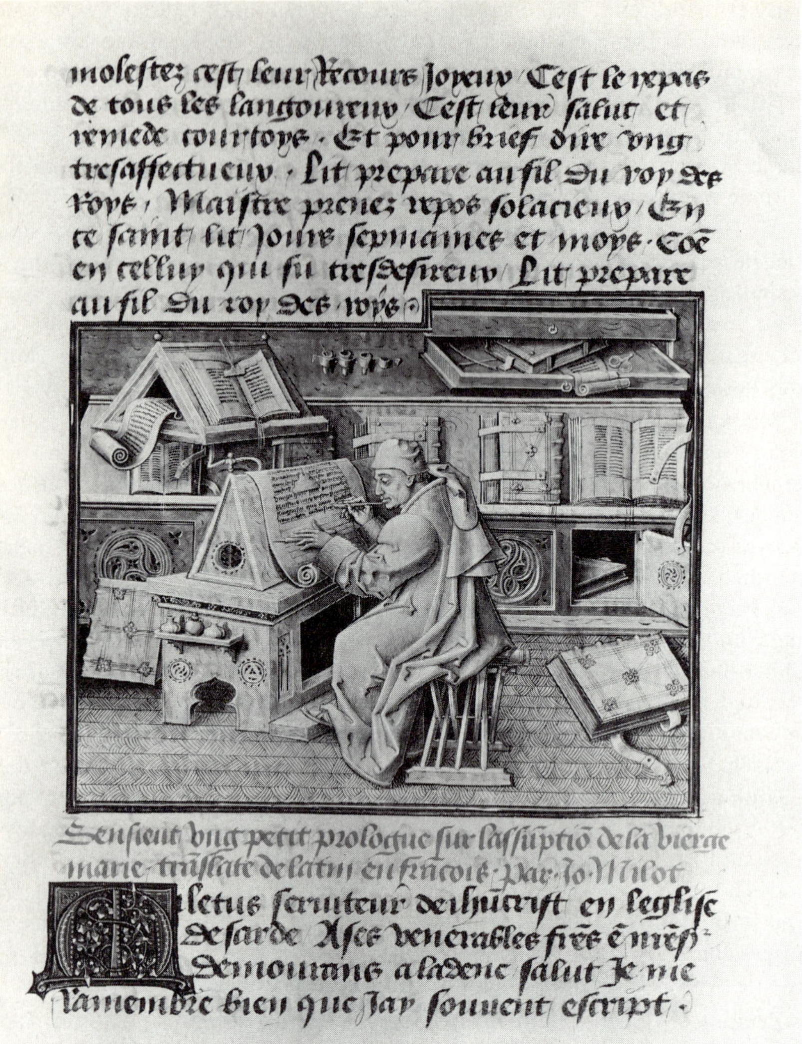

Abb. 33. Mittelalterliche Schreibstube (Skriptorium)

- der Rubrikator: von rubrica (=Rötel); er kennzeichnete die Satz- und Kapitelanfänge mit Farbe,
- der Illuminator: er malte große Anfangsbuchstaben, die Initialen und Ranken,

- der Miniator: von minimum (=Mennige); er malte die Miniaturen in den Schriften.

Selbstverständlich gab es noch Spezialisten zum Bucheinbinden und auch der Lederherstellung.

Besonders berühmt für ihre feine Pergamentqualität waren die Werkstätten in Nürnberg und Augsburg. Auch die französischen Pergamente wurden hoch geschätzt. An der dortigen Sorbonne-Universität werden zwei ungewöhnliche Pergamente aufbewahrt, die beide aus menschlicher Haut gefertigt wurden. Eines davon ist eine Kopie eines biblischen Buches, geschrieben auf der Haut einer Frau. Zwar ist bekannt, daß zu Zeiten unmenschlicher und grauenvoller Kriegs- und Martersitten, Menschen gehäutet und deren Haut zur Bespannung von Trommeln und zu anderen Zwecken verwendet wurden, doch traute man solche grauenvollen Taten Assyrern, Hunnen und unkultivierten Steppenvölkern, nicht aber Europäern zu. Doch *Häuten* von Menschen scheint zu gewissen Zeiten eine abschreckende Strafe gewesen zu sein.

Nach Aufkommen des Christentums und durch die Wirren der Völkerwanderung waren viele griechische und römische Werke verlorengegangen. Nun kopierten die Klöster nicht nur christliche, sondern auch klassische Bücher, die ihnen durch Tausch und Ausleihe zur Verfügung gestellt wurden (Abb. 33). Das galt vor allem zur Zeit des Humanismus. Karl d. Gr. ließ inzwischen aufkommende Heldensagen sammeln. Doch sein Sohn Ludwig der Fromme hielt diese Dichtungen für heidnisch und verbrannte die Sammlung (829). Die Verbreitung weltlicher Literatur ließ sich jedoch nicht aufhalten. Mit der Gründung der Universitäten wuchs der Bedarf an Lehrbüchern, Handschriften und Fachbüchern ins Unermeßliche. Bestseller waren die Bücher Boccaccios, Dantes, Marco Polos, Bacons und vieler anderer Schriftsteller und Dichter. Besonders hohe Auflagen erreicht der *Hexenhammer,* der die Hexenprozesse einleitete. Großen Absatz fanden Studentenbücher, Aderlaß-, Stunden-, Wahrsagebücher und Elementarschulbücher. Besonders zur Zeit des Humanismus und der Renaissance stieg der Hunger nach Bildung gewaltig an. Zur Deckung des steigenden Buchbedarfs schalteten sich zunehmend private Unternehmer ein. Einer der bekanntesten war Diebold Lauber aus Hagenau im Unterelsaß. In seiner Werkstatt faßte er alle für die Buchherstellung benötigten Fachkräfte, wie Pergamenter, Schreiber und Illustratoren, zusammen (um 1440). Er verlegte Romane, Volksbücher, erbauliche und lehrhafte Schriften und zwar in deutscher Sprache. Seine Bücherverzeichnisse - die ersten in Deutschland - erleichterten ihm den Vertrieb an fremden Plätzen. Ein anderer bedeutender Buchhändler im Zeitalter der pergamentenen Handschriften war der Florentiner Vespasiano da Bisticci (1421-1498). Damals war Florenz durch den Humanismus ein bedeutender Sammelpunkt für klassische Texte. Die Listen dieses Buchgeschäfts und Antiquiariats enthielten die Titel der Buchkataloge Italiens und anderer Länder. Hier konnten nahezu alle Bücherwünsche erfüllt und im Auftrag sogar ganze Bibliotheken zusammengestellt werden.

Besonders erwähnenswert sind die kostbaren Evangeliare, Psalter und Stundenbücher. Meist sind sie mit kostbaren Einbänden versehen, mit Goldblech überzogen, in die Figuren getrieben und farbige Halbedelsteine eingearbeitet sind. Der Text ist eingebettet in prächtige Miniaturen und Rankenwerk. Evangeliare finden sich von Italien bis Irland. Der anglo-irischen Buchmalerei erkennt man im allgemeinen die höchste Qualität zu. Die berühmtesten dieser Herkunft sind die von Durrow, Lindisfarne und Kells. Als Beispiel sei das Stundenbuch von Bedford angegeben. Ein Stundenbuch mit hervorragenden Miniaturen ist die Schrift *Très Riches Heures du Duc de Berry* aus dem frühen 15. Jahrhundert. Derartige kostbare Werke wurden auf den Altar gelegt und bei Prozessionen umhergetragen, um die Gläubigen zu beeindrucken. Solche Prachtbände wurden von Herrschern in Auftrag gegeben, die die hervorragendsten Miniaturmaler dafür heranzogen. Heute fühlen sich Museen und reiche Sammler glücklich, derartige Evangeliare zu besitzen. In diesem Zusammenhang sei an das Evangeliar des Sachsen-Herzogs Heinrich des Löwen erinnert, das 1983 auf einer Versteigerung im Auktionshaus Sotheby für den Rekordpreis von 32,5 Mill. Mark in den Besitz der Bundesrepublik überging. Dieses Prunkbuch hatte Heinrich der Löwe im Jahre 1173 im Benediktinerkloster Helmarshausen anfertigen lassen.

Viele Handschriften haben bis zu ihrer Auffindung einen schicksalhaften Weg hinter sich. So wurde vor kurzer Zeit in Polen ein Exemplar des Neuen Testaments aus der Zeit Karls d. Gr. entdeckt. Das Buch aus Schafspergament war in Eichenholz eingebunden, das an einer Ecke von Ratten angefressen war. Um es gegen Diebstahl zu schützen, hatte sein Besitzer im 11. Jahrhundert auf einer reichverzierten Seite mit einer Randnotiz eine drastische Warnung angebracht. Sie lautete: „Wer dieses Buch nimmt, der soll auf ewig verflucht sein!“. Der Weg des kostbaren Werkes - des ältesten Buches Polens - konnte mühsam zum Teil aufgeklärt werden. Zunächst gelangte es in das Kloster St. Maximilian bei Trier. Nach der Plünderung des Klosters im Jahre 1802 durch Napoleons Truppen verschwand es nach Koblenz, wo das Testament 1894 im Speicher eines Hauses wiedergefunden wurde. Wie es von dort nach Polen gelangte, ist ungewiß. Einmal heißt es, das Buch sei im Zweiten Weltkrieg aus dem Kloster Braunsberg im Norden Polens gestohlen worden. Doch der junge Mann, der es der Polnischen Nationalbibliothek verkaufte, erklärte, er habe es von seinem Großvater geerbt. Das Erfreuliche an der Odyssee dieser wertvollen Schrift ist, daß sie schließlich doch noch in die richtigen Hände gelangte.

Wahrscheinlich ist sehr viel mittelalterliches Schrifttum dadurch verloren gegangen, daß beschriebenes Pergament für Bucheinbände benutzt wurde

Abb. 34. Die Karikatur zeigt einen Mönch beim Abschaben eines Pergaments mit dem Gesang der Aphrodite-Jüngerin Sappho von Lesbos

und versteckt in Buchdeckeln ruht. Diese Erfahrung mußte vor allem das Staatsarchiv in München machen. Wiederholt hat man dort solche Zweitverwendung beschrifteter Pergamente aufklären können. In einem Fall konnte man feststellen, daß in der Mitte des 17. Jahrhunderts ein Buchbinder ein Verbriefungsprotokoll des Pflegegerichts Rosenheim mit einem Pergament eingebunden hatte, auf dem das Nibelungenlied verzeichnet war. Es handelte sich um eine bisher nicht gekannte Fassung des bedeutendsten hochdeutschen Heldenepos, eines der am meisten gelesenen Bücher des Mittelalters.

Andere, aus Buchdeckeln freigelegte Pergamente sind kulturgeschichtlich von großem Interesse. Ein Fund aus dem Jahre 1340 behandelt *das ehrbare Leben der Geistlichen*. Man sieht einen Bischof mit Mitra, der einen Kelch hochhebt. Am Rande des Pergaments sind Grotesken gezeichnet, unter anderem ein Dudelsackpfeifer, Tänzer und ein Fuchs. Der Archivar Schwertl weist noch auf ein besonderes Motiv hin, das für die Geschichte der Frau in einer rauhen Männergesellschaft von besonderer Bedeutung ist. Das Miniaturbild zeigt nämlich, wie ein Mann seinen linken Fuß auf dem Kopf einer Frau stehen hat.

Gewiß werden in Bibliotheken und Archiven weitere überraschende Funde gemacht werden. Viele Dokumente wurden aber durch Abschaben und Ausradieren der Schrift mit Bimsstein zum Zweck einer weiteren Beschriftung vernichtet. Eine Karikatur zeigt sehr anschaulich den Vorgang dieses *Recycling*. In der Zeichnung bemüht sich ein Mönch mit großem manuellen und religiösem Eifer, die von ihm als sündig und frivol eingeschätzten Liebeslieder der Sappho von Lesbos fortzuschaben und auszuradieren, um auf die neue Schreibfläche gottwohlgefällige Zeilen zu setzen (Abb. 34).

Das Pergament hat etwa 1800 Jahre das Kulturleben des Mittelmeergebietes und Europas beherrscht. Es gehört daher neben Tontafeln, Papyrus und Papier zu den großen Schriftträgern der Menschheit.

Das Papier erreicht Europa

Die chinesische Technik der Papierherstellung war zwar 751 nach Samarkand gelangt, doch verbreitete sich ihre Kenntnis nur sehr zögernd nach Westen. Über diesen Weg ist nur sehr wenig bekannt. Vieles deutet aber darauf hin, daß das Papier im 10. Jahrhundert in Kairo und um 1100 in Fez in Marokko bekannt war. Da die Araber von Nordafrika aus in Spanien eingedrungen und dort ein kulturell hochstehendes Maurenreich errichtet hatten, ist die Annahme naheliegend, sie hätten die Kenntnis der Papierherstellung mitgebracht. Nach einem Reisebericht von Edrisi aus der Mitte des 12. Jahrhunderts soll in Xativa bei Valencia eine blühende Papierwirtschaft bestanden haben, die ihre hochwertigen Produkte in die Nachbarländer ausführte. Anschließend sollen weitere Papiermühlen errichtet worden sein. Daß es im 12. Jahrhundert in der Tat in Spanien Papier gab, entnimmt man einem Traktat des Abtes Peter von Cluny aus der Zeit zwischen 1122 und 1150. Er schreibt aus der Zeit seiner Studien im maurischen Toledo, daß er dort Bücher aus Pergament, Papyrus und solche aus *abgenutzter Leinwand oder womöglich noch schlechterem Stoff* gesehen habe. Gewiß handelte es sich bei diesem Beschreibstoff um Papier.

Auch nach der Vertreibung der Araber durch die Spanier blieb die beherrschende Stellung der Papiermühlen von Valencia erhalten. Der Standort war besonders günstig, weil dieses Gebiet wegen seines Leinens berühmt war, einem hervorragenden Rohstoff auch für Papier. Nach der Eroberung des Königreichs Valencia im Jahre 1238 gewährte Jaime I. den dort arbeitenden Juden seinen besonderen Schutz. Allerdings belastete er dafür ihre Produkte mit einer beträchtlichen Steuer. Diese Einnahmequelle wurde auch von seinen Nachfolgern reichlich genutzt. Um 1260 beginnt dann die Herstellung und die Verwendung von Papier im christlichen Spanien unter König Alfons X. Doch zog sich die Verdrängung des Pergaments durch das billige Papier noch bis zum 17. Jahrhundert hin.

Vom maurischen Spanien gelangte die Kenntnis vom Papier nach Italien. Allerdings fehlen genauere Angaben über die Wege der Wanderung. In Palermo auf Sizilien, das 200 Jahre lang von den Arabern besetzt war, ist bekannt, daß die dortigen Normannenherrscher in ihren Kanzleien importiertes arabisches Papier benutzten. Die Erfahrungen mit diesem neuen Beschreibstoff müssen aber nicht sehr zufriedenstellend gewesen sein, denn der Normannenkönig Roger II. ließ Mitte des 12. Jahrhunderts kaum 50 Jahre alte Papierurkunden seiner Vorgänger auf Pergament umschreiben. Kaiser Friedrich II. erließ sogar ein Verbot, notarielle Urkunden und Erlasse auf Papier auszufertigen. Aufgrund schlechter Erfahrungen verlangte er als Schriftträger das Pergament.

Die älteste in Deutschland erhaltene Papierhandschrift stammt aus dem Jahr 1246. Es handelt sich um ein auf italienisches Papier geschriebenes Registerbuch des Passauer Domdechanten Behaim. Andere frühe Papiere in europäischen Ländern kamen ebenfalls aus Italien oder Spanien. Nachdem 1268 die älteste italienische Papiermühle in Fabriano gegründet worden war, entwickelte sich dort als Zentrum bald eine blühende Papierwirtschaft. Insgesamt soll es dort im Mittelalter etwa 40 Papiermühlen gegeben haben. Auch wird über Gründungen in anderen Orten Italiens berichtet.

Die erste deutsche Papiermühle wurde 1390 von Ulman Stromer unter dem Namen *Gleismühl* vor den Toren Nürnbergs errichtet. Die Anregung dazu erhielt der rührige Ratsherr und *Exportkaufmann* auf einer Geschäftsreise nach Venedig und in die Lombardei. Dort kam er mit der Papierherstellung in Berührung. Stromer hat die Gründungsgeschichte seiner Papiermühle in einem Büchlein niedergelegt, das den Titel trägt: *Püchl von mein geslecht und von abentewr.* Dort heißt es:

> „In nomine Christi amen anno domini MCCCL XXXX. Ich Ulman Stromeir hub an mit dem ersten papir zu machen zu samt Johans tag zu sunbeuten (Sonnenwende) und hub in der Glesmul an ayn rad zu richten, und der Clos Obsser waz der erst der zu der arbeit kam. Item Clos Obsser swur den Ayt, er gab sein trew, daz er mir und mein erben trew solt sein und unsern frunnen werben und unsern schaden wenden, und die weil er lebt so, sol er nymant kain arbait zu papir tun dann mir oder mein erben, den ich daz mulwerk zu papir verschik oder verschaff, und sol auch daz nymant leren noch unterweisen noch ratt noch hilf noch stewr dar zu geben, daz nymant kain mulwerk zu papir mach in kaynerlay weiz on aller flacht geferd. dez hat er mit aufgerekten fingern zu den heyligen ayn ait gesworen gancz stet zu halden on alles gewerd. daz gesach an dem nehsten sundag vor sant Lorenzen tag anno domini MIIICLXXXX zu vesterzeit in meiner kamer, do bey waz mein sun Jorg."

Ulman Stromer, der sich selbst Stromeir nannte, verpflichtete also seinen Mitarbeiter unter Eid, ihm und seinen Erben treu zu sein und die Kunst der Papierherstellung niemanden zu lehren. Stromer gelang es, zwei italienische Papiermacher, Franziscus de Marchia und dessen Bruder Marcus als *Entwicklungshelfer* nach Nürnberg zu holen. Auch diese beiden ließ er den heiligen Eid schwören „disseits des *lampartischen* (lombardischen) *Birgs* niemand khein Pappir zu machen". Diese Vorsicht schien angebracht, da Stromer an einer Monopolstellung lag, die nicht durch Abwerbung von Mitarbeitern bedroht werden sollte. Doch die überängstliche Vergatterung der beiden italienischen Papiermacher erweckte in ihnen die Überzeugung, daß sie unentbehrlich seien und die Papiermühle ohne ihr Wissen nicht arbeiten würde. Daher faßten sie den Plan, durch Behinderung des Betriebs ihren Brotherrn so in Bedrängnis zu bringen, daß er keine weitere Lust am Betrieb der Papiermühle habe und ihnen schließlich die Leitung überlasse. Stromer selbst schreibt dazu: „Es ist zu wissen dass im ersten jahr die Wahlen (die Welschen) gar ungehorsam warn, und hinderten mich an meinem Werck, so sie best mochten --- Do verstund ich wol, dass sie mich von der Mühl gern dringen wolten.". Doch hatten die beiden - seien es nun Gastarbeiter oder Entwicklungshelfer - die Energie ihres Brotherrn stark unterschätzt. Zu dem weiteren Verlauf dieses seltsamen mittelalterlichen Streiks schreibt Stromer weiter: „Anno 1390 die 25. augusti do fieng ich den Frantzen und seinen brueder den Marcus, und legt sie auf den thurn hinder dem Derrer (Wasserturm) und verschloss sie in ein Kemmerlein". Das Einsperren der beiden hatte Erfolg. Franz und Markus krochen zu Kreuze, schworen ein zweites Mal lebenslängliche Betriebstreue und arbeiteten ab jetzt zufriedenstellend.

Entsprechend den Verhältnissen jener Zeit war die Gleismühl ein moderner Betrieb, bestehend aus zwei Werkseinheiten, von denen die kleinere Mühle zwei Wasserräder und die größere drei Wasserräder besaß, die 18 Stampfen antrieben. Stromer selbst leitete die Papiermühle von 1390-1394 und verpachtete sie dann gegen einen Zins von *30 Ries gross Papier* an seinen Mitarbeiter Jörg Tirman. In der Schedelschen Chronik von 1493 ist sie auf der Darstellung der Stadt Nürnberg als früheste Abbildung einer Papiermühle erkennbar (Abb. 35). Später brannte sie ab, wie so viele Papiermühlen.

Da die Gleismühl die erste deutsche Papiermühle war, erscheint es berechtigt, sie ausführlicher zu behandeln. Bei ihrer mittelalterlichen Beschreibung begegnen uns erstmals die folgenden papiertechnischen Begriffe: *Zeug; palieren* (= polieren, glätten); *Gautschfilze; Bütte.* Auch wurden die Papierbogen bereits mit Wasserzeichen versehen. Interessant ist auch, daß Stromers Papierformate fast unseren DIN A 3- und DIN A-4-Abmessungen entsprachen. Zusammenfassend urteilen W. von Stromer-Reichenbach und L. Sporhan-Krempel aus heutiger Sicht über die erste Papiermühle Deutschlands: „Das erste deutsche Papierunternehmen weist echte frühkapitalistische Merkmale auf: Übergang von der Handarbeit zum Manufakturbetrieb, Verlagssystem, mit ausbeuterischen Zügen, Frauen- und Kinderarbeit, Arbeitskämpfe, Erzeugung nicht für den eigenen oder örtlichen Bedarf, sondern für den Fernhandel, nicht für die gerechte Nahrung des Handwerkers, sondern für den Gewinn des Unternehmens." Offenbar zum Ausgleich der so entstehenden sozialen Spannungen entsprang gleichzeitig mit der Papiermühlen-

Abb. 35. Stromers Papiermühle vor Nürnberg

gründung aus dem Stromer'schen Handelshaus die erste im modernen Sinne soziale Einrichtung. Ulmans Mitgesellschafter, Conrad Mendel, stiftete 1388 das *Zwölfbruderhaus* für alte Handwerker.

In den nächsten hundert Jahren wurden in Deutschland viele weitere Mühlen gebaut (Tabelle 2). Es ist möglich, daß diese Neugründungen außer von Italien aus, teilweise auch über Frankreich erfolgten. Der neue Beschreibstoff setzte sich nur langsam durch. Für diese zögernde Verbreitung gibt es mehrere Gründe. Ein wichtiges Motiv war die offensichtlich geringere Haltbarkeit gegenüber dem geschätzten Pergament. Ein anderer Grund lag in der arabischen Herkunft des Papiers. Die fanatische Abneigung des Christentums gegen die arabische Kultur ließ nur schwer die vorbehaltlose Annahme des *heidnischen* Beschreibstoffs zu. Im Westen war zudem der Papierpreis ungewöhnlich hoch. Diese Situation änderte sich allerdings, als

Tabelle 2. Beginn der Papierherstellung in einigen Ländern

1100	Spanien: Xativa = San Felipe bei Valencia
1109	Ältestes, auf Papier geschriebenes Dokument Siziliens
1225	Ältestes Papiermanuskript Frankreichs
1231	Kaiser Friedrich II. verbietet die Verwendung von Papier für Urkunden
1236	Statuten Paduas: Urkunden auf Papier sind ohne Rechtskraft
1246	Die älteste deutsche Papierhandschrift: Registerbuch des Passauer Dechanten Behaim auf italienischem Papier
1268	Papierherstellung in Italien (Fabriano) bezeugt
1283	Papiermühle in Treviso
1293	Papiermühle in Bologna
1338	Papiermühle bei Troyes, Frankreich
1390	Erste deutsche Papiermühle. Ulmer Stromer, Nürnberg Weitere Papiermühlen: Chemnitz (1398), Ravensburg (1402), Augsburg (1407), Straßburg (1415), Lübeck (1420), Wartenfels (1460), Kempten (1468). Bis Ende 16. Jahrhundert: 190 Papiermühlen in Deutschland
1469	Österreich: St. Pölten
1494	England: Stevenage
1576	Rußland: Moskau
1586	Holland: Dordrecht
1573	Schweden: Klippan
1575	Mexiko
1690	Vereinigte Staaten von Nordamerika: Germantown

statt Wolle Leinwand als Unterwäsche getragen wurde und damit mehr Hadern zur Verfügung standen. Zum Sieg des Papiers trug zweifellos der niedere Preis, die bessere Biegsamkeit und die erhöhte Sparsamkeit im Gebrauch bei.

Über den langen Kampf zwischen Pergament und Papier, der sich bis ins 17. Jahrhundert hinzog, berichtete der volkstümliche Kanzelredner Abraham a Santa Clara (1644–1709) an einer Stelle im *Judas der Erzschelm:*

> „Man sagt, dass auf eine Zeit das Papier und das Pergament seyen hart einander kommen, und nach langen gehabten Widerwillen endlich in ein grossen Zank geraten, eines dem anderen viel Schmeh-Wort unter die Nase gerieben und wofern die Schreiber, Buchdrucker und Buchbinder nicht hätten Fried gemacht und sich darein gelegt, so wäre es ohne blutiges Rauffen nicht abgeloffen.
> Das Papier brallte nicht wenig wegen seynes alten Herkommens, und sagte, dass es derenthalben charta genannt werde, weyl seyn erstes Aufkommen seye gewest in der Welt-berühmten Stadt Chartago. Das Pergament wollte diesfalls nie ein Haar nachgeben, weil es ebenfalls von einer vornehmen Stadt herkomme, bekanntlich von der Stadt Pergamo in Welsch-Land.

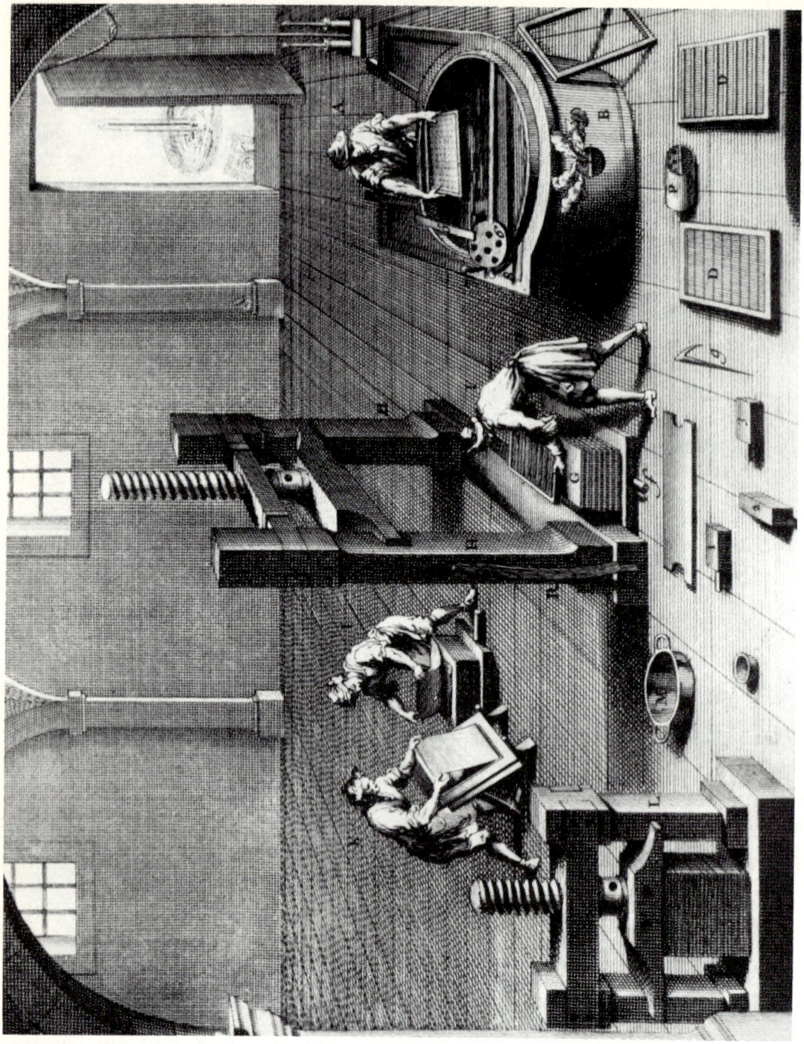

Abb. 36. Innenansicht einer Papiermühle (1761)

Das Papier setzte himwider, wie es gebraucht werde zu der Heiligen Schrift, zu allen Lehrer-Büchern. – „Und wann ich nicht wäre“, antwortete das Pergament, „und thät nit allezeit über dich ein Deck- und Schutzmantel abgeben, wie gegenwärtige Herren Buchbinder selbst bezeugen, so wärest du wegen deiner Schwachheit schon zu Grund gegangen. Zudeme so lasse ich mich gebrauchen zu Kayserlichen und Hoch-Fürstlichen

> Patenten, da unterdessen aus dir nur gemeine und gar oft verdrüssliche Auszüge gemacht werden." „Wann schon", sagt das Papier, „so bin ich doch eines weit besseren Wandels, und für ein friedsames Leben, da du doch auf der Trummel gespannt wirst, und nichts als bluthige Schlachten verursachen thust!" - „Ho, ho," sagt das Pergament, „dein Lob will ich mit kurzen Worten einschränken: Du kommst von Hadern und Zanken, wie auch der ärgste Lumpenhändler!" - „Das musst du mir probieren (beweisen)", schreit das Papier, „oder ich will dir den Hals brechen." - „Ganz gern", sagt das Pergament, „was seynd der Spiel-Karten als Papier, welches von den Lateinern charta genannt wird. Und was verursacht mehrer Hadern, Zanken und Schläg, was macht mehrer Übel und Lumpen-Sachen als der Karten?
> Hierauf musste das Papier den Maul halten!"

Aus der Frühzeit der Papiergeschichte angelsächsischer Länder sind die Namen zweier Deutscher hervorzuheben. Der erste englische Papiermacher ist zwar John Tate (1494), doch der berühmteste und bekannteste ist der Deutsche Johann Spielmann aus Lindau, der als Juwelier der Königin Elisabeth in England wirkte. Im Jahre 1585 errichtete er in Dartford in Kent eine Papiermühle, die 600 Leute beschäftigt haben soll. Die von Spielmann benutzten Bezeichnungen *deckle* für Schöpfrahmen aus dem deutschen *Dekkel* und *saul* für Sortiersaal aus dem deutschen *Saal* haben sich in den angelsächsischen Ländern bis heute erhalten.

Nach Nordamerika wurde die Papiermacherei durch Wilhelm Rittinghausen aus Mülheim an der Ruhr eingeführt. Nach Erlernung des Papierhandwerks in seinem Heimatland und in Holland errichtete er 1690 in Germantown bei Philadelphia eine Papiermühle. Heute ist diese Mühle verschwunden, doch steht noch das Wohnhaus Rittinghausens.

Die technische Einrichtung und die Technik der Papierherstellung waren in den Papiermühlen über Jahrhunderte annähernd gleichbleibend (Abb. 36). Durch Wasserräder wurden die zuerst in Italien aufkommenden Stampfwerke in Bewegung gesetzt. Mit dieser Einrichtung wurden die Lumpen mazerisiert. Dann wurden die in einer Bütte suspendierten Fasern wie schon im Alten China mit einem Sieb geschöpft. Das so gebildete feuchte Papierblatt wurde abgepreßt (gegautscht), getrocknet, geleimt und gepreßt. Meist wurde das Papier mit einem Wasserzeichen versehen. Es wird so erzeugt, daß auf dem Schöpfsieb mit feinem Draht eine Figur gebildet wird, die sich beim Schöpfen des Papiers in diesem abzeichnet. Das älteste Wasserzeichen - ein Kreuz mit Kreisen an den Enden, aus dem Jahre 1282 - stammt aus Italien. Der oft abgewandelte Ochsenkopf tauchte 1308 auf. Seitdem sollen die Wasserzeichen - Buchstaben, Tiere, Pflanzen, Wappen, Kronen, usw. - in die Hunderttausende gehen. Sie sind Hinweise auf die Herkunft von Papieren und können bei Fälschungen von Dokumenten, Banknoten, Büchern und dergleichen eine wertvolle Hilfe bei der Aufklärung sein. So konnte man auf Grund von Wasserzeichen nachweisen, daß Gutenberg das Papier für seinen Bibeldruck aus Italien bezog. Heinrich VIII. von England, der sich mit dem Papst überworfen hatte, weil dieser kein Verständnis für Heinrichs übliche Ehescheidungen aufbrachte, rächte sich an dem Papst mit einem Wasserzeichen. Er ließ ein Papier herstellen, dessen Wasserzeichen ein Schwein mit Tiara zeigte.

Die Erfindung des Buchdrucks

Wohl jeder Leser weiß, daß die Erfindung des Buchdrucks eng mit dem Namen Gutenberg verknüpft ist. Viele sind der Ansicht, die Erfindung Gutenbergs beruhe auf der Entdeckung des Drucks mit beweglichen Lettern. Doch dem ist nicht so. Schon lange vor ihm haben die Chinesen und Koreaner mit beweglichen Lettern gedruckt, die allerdings nicht Buchstaben, sondern Symbole trugen. Hierauf war bereits in einem früheren Kapitel hingewiesen worden. Inzwischen fiel dem Verfasser eine chinesische Abhandlung mit dem Titel *Ursprung und Entwicklung der Drucktechnik* in die Hände, in der zusätzliche Fakten erwähnt werden. Danach hat der Holztafeldruck eine sehr lange Vorgeschichte. So soll im Jahre 221 v. Chr. der Erste Kaiser der Tjin-Dynastie, der Erbauer der Großen Mauer, ein Edikt zur Vereinheitlichung der Gewichte und Maße des Landes erlassen haben. Es wurde in der Weise veröffentlicht, daß man auf je einen Holzstempel vier Schriftzeichen schnitt, all diese Stempel zu einem Ganzen zusammenband und die Schriftzeichen dann auf tönerne Hohlmasse eindrückte. Weiter heißt es: „Im 2. Jahrhundert n. Chr. war es bereits zur Gewohnheit geworden, Schriftzeichen von Steinplatten abzuziehen. In der ersten Hälfte des 6. Jahrhunderts wurden dabei schon Steinplatten mit Schriftzeichen in Spiegelschrift verwendet. Dieses Verfahren läßt sich vom Holztafeldruck nicht unterscheiden, mit anderen Worten: es war eine alte Form des Holztafeldrucks." Etwa 800 Jahre früher als in Europa wurde der Holztafeldruck angewandt, um hohe Auflagen von Gedichtsammlungen, Almanachen und Büchern über den Ackerbau zu drukken.

In der Tang-Dynastie konnte man auf den Märkten Blockbücher gegen Tee und Wein eintauschen. Zentrum des Buchdrucks im 9. Jahrhundert war Tschengdu. Dort wurde vor etwa 35 Jahren auch das einzige in China erhaltene Druckerzeugnis aus der Tang-Dynastie (618–907) in einem Grab gefunden. Es handelte sich um eine sehr fein gedruckte Manta in Sanskrit. Der Erfinder der ersten beweglichen Lettern war der Schmied Bi Scheng. Er ging so vor, daß er in feuchte Lehmstückchen die Schriftzeichen einschnitzte, die Lettern hart brannte und auf eine Eisenplatte klebte, diese durch einen eisernen Rahmen befestigte und so für den Druckvorgang vorbereitete. Im 13. Jahrhundert erfand der Landwirtschaftsforscher Wang Dschen die beweglichen Holzlettern und den drehbaren Setzkasten. Mit solchen hölzernen Lettern druckte er ein Buch aus 60000 Schriftzeichen, von dem er in einem Monat 100 Exemplare fertigte. Im 10. Jahrhundert wurden erstmals Geldscheine gedruckt, später sogar zwei- und vierfarbig. Zur Zeit Gutenbergs hatte man also in Fernost bereits eine sehr fortgeschrittene Drucktechnik.

Auch in Europa und im Vorderen Orient hatte es bereits lange vor Gutenberg Vorstufen der Drucktechnik gegeben. In Sumer kannte man Flach- und Rollsiegel, mit denen man Informationen in Ton drückte. Die Inschrift auf dem berühmten Discos von Kreta wurde mit Einzellettern in Ton gedrückt und dann gebrannt. Ähnlich verhält es sich mit einer Tontafel mit Weiheinschrift in der ehemaligen Klosterkirche von Prüfening bei Regensburg aus dem Jahre 1119. Die Tafel wurde mit einzelnen, spiegelverkehrt geschnittenen Buchstaben hergestellt. Es handelte sich also um eine Vorstufe zur Erfindung der Buchdruckkunst.

Selbst vor Gutenberg war die europäische Buchdrucktechnik auf einer beachtenswerten Höhe. Der Stempeldruck wurde für Buchtitel und ähnliche Hinweise benutzt. Für Einblattdrucke, wie Holzschnittbilder, Karten und Heiligenbilder wurde der Holztafeldruck verwandt. Diese Drucke wurden im 14. Jahrhundert in großer Menge nach Italien ausgeführt. Der eigentliche Blockdruck von Werken kam in Deutschland im 13. Jahrhundert auf und erlebte seine Blütezeit im 15. Jahrhundert. Es wurde stets nur eine Seite bedruckt. Zunächst war das Bild die Hauptsache. Themen waren vor allem Begebenheiten aus der Bibel, weshalb man solche Bildfolgen *Bibel der Armen* nannte. Andere Motive waren die Apokalypse, der Totentanz und der Antichrist.

Sehr beliebt waren Zusammenfassungen von Bild und Text. Ein bekanntes Beispiel für diese Textgattung war das Buch „Ars moriendi", die Kunst zu sterben. Es handelte sich um eine Anleitung, selig zu sterben. Dieses Werk soll das beste und erfolgreichste der holländischen Blockbücher sein mit Ausgaben in lateinischer, deutscher, englischer und französischer Sprache. Reine Textbücher waren besonders Schulbücher, z. B. die *Donati,* bei denen es sich um Bücher zum Erlernen der lateinischen Sprache handelte. Solche Donati waren seit dem 4. Jahrhundert bekannt, zunächst in Abschriften in Papyrus und Pergament, dann in Form von Blockbüchern.

Die entscheidende Wandlung der Druckkunst Gutenbergs beruht nicht nur auf der Anwendung beweglicher Lettern, sondern auf einer Reihe anderer Erfindungen Gutenbergs, die in ihrer Gesamtheit und durch ihr Zusammenspiel den Siegeslauf der Buchdruckkunst Gutenbergs bedingen.

Die erste Erfindung Gutenbergs ist eine Gießeinrichtung für beliebig viele Abgüsse identischer Lettern. Dazu wurde aus hartem Metall ein Buchstabe geschnitzt, der in Kupfer eingeschlagen wurde und so eine Matrize (= negative Form) ergab. Diese wird in ein Gießinstrument eingesetzt und dann mit flüssigem Metall ausgegossen.

So erhielt man beliebig viele gleichartige Lettern. Diese Arbeiten erfordern großes Können. Bei dieser Erfindung kamen Gutenberg Kenntnisse aus seiner Tätigkeit als Goldschmied zugute. Schon die Erfindung des Letternmetalls bzw. der dafür verwendeten Legierung erfordert Glück und Geschick. Einige Legierungen schrumpfen nämlich beim Abkühlen und geben so Lettern mit unruhigen Rändern und eine Schrift von unruhigem Aussehen. Nach Angaben des Schrifttums soll es sich bei dem Letternmetall um eine Legierung aus Zinn, Blei, Antimon und etwas Wismut gehandelt haben.

Die zweite Erfindung Gutenbergs bezieht sich auf die Art der Druckfarbe. Die bisher übliche war völlig unbrauchbar, da sie zu dünnflüssig war und am Papier durchschlug. Für solche und ähnliche Probleme unterhalten heutige Firmen für Druckfarben große und gut ausgestattete Entwicklungslaboratorien. Doch Gutenberg war ganz auf sich allein gestellt. Um seine Arbeiten geheim zu halten, mied er es, Auskünfte einzuholen. Er war stets von der Sorge erfüllt, die Natur seiner Arbeiten könne bekannt werden. Zweifellos war diese Sorge nicht unberechtigt, denn einen gewerblichen Rechtsschutz für Erfindungen gab es damals nicht. Hinzu kam die Sorge, die Schreiber der Verleger könnten sich gegen die neue Technik erheben, die gewiß viele Arbeitsplätze vernichten würde. Nach vielen Versuchen fand Gutenberg die für seinen Zweck geeignete Druckfarbe. Sie bestand aus Leinölfirnis und Ruß. Ihr besonderer Vorteil war, daß sie hinreichend schnell trocknete und den Druck auf der Vorder- und Rückseite des Papiers ermöglichte. Das Kochen des Leinöls zum Firnis erforderte große Aufmerksamkeit. Diese Reaktion wurde in der Weise durchgeführt, daß ein Stück Brot an einem Fichtenholzspieß solange in das erhitzte Öl eingetaucht wurde, bis das Brot braun war. Das *Ölbrot* wurde dann gern von den Gesellen gegessen. Das Druckfarbenrezept wurde mit fortschreitender Technik abgewandelt. Aus der Rechnung einer Druckerei von Florenz aus der Zeit 1474–1483 ergibt sich, daß dort folgende Rohstoffe für die Druckfarbe eingesetzt wurden: Leinöl, Terpentin, Harzpech, schwarzes Pech, Schwefelkies, Zinnober, Harz, verschiedene Firnisse, Galläpfel, Vitriol und Schellack.

Für einen guten Druck war der gleichmäßige Auftrag der Druckfarbe von entscheidender Bedeutung. Gutenberg löste das Problem durch Verwendung des Druckerballens. Es handelte sich um Tampons, die mit Rosshaaren gefüllt und mit Hundeleder überzogen waren. Dieses Gerät ermöglichte die gewünschte gleichmäßige Verteilung der Druckerfarbe.

Die dritte Erfindung Gutenbergs bezog sich auf eine wirksame Druckerpresse. Bei ihrer Entwicklung mag die Weinpresse Pate gestanden haben. Hier kam es darauf an, daß der Druck auf die Unterlage nach Anziehen des Preßbengels und Senken der hölzernen Schraube oder Spindel möglichst gleichmäßig erfolgte. Dies erreichte Gutenberg durch eine Metallplatte – den sog. Drucktiegel, die das eingelegte Papier gleichmäßig gegen den eingeführ-

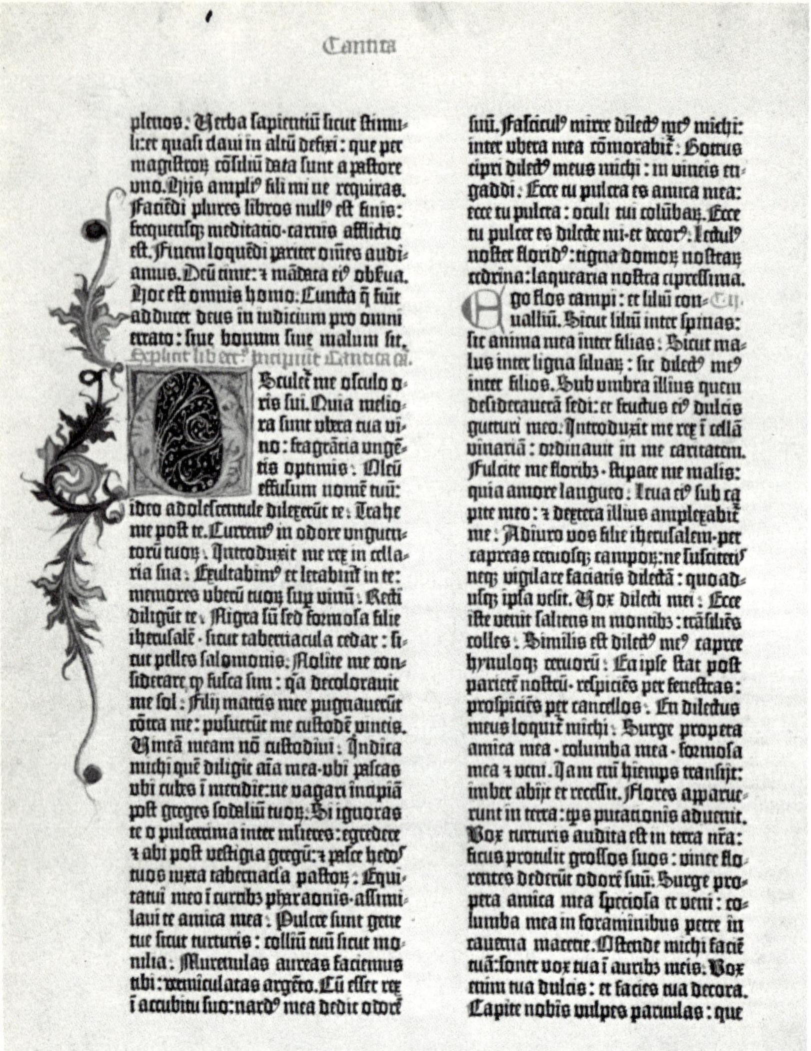

Abb. 37. Eine Seite der Gutenberg-Bibel

ten Satz preßte. Da die Presse einen gewaltigen Druck aushalten mußte, war sie von gewaltigem Ausmaß (Farbtafel 7).

Das Erstaunliche an Gutenbergs Werk ist, daß er alle mechanischen und chemischen Probleme hervorragend und optimal löste. Besonderen Wert legte er auf die Schönheit des Drucks, um in dieser Hinsicht mit den Werken der Pergamentschreiber konkurrieren zu können. Daß ihm das gelang, zeigt ein Blick in die 42zeilige Bibel. Dieses Druckwerk ist von erlesener Schönheit (Abb. 37). Von diesem Glanzstück, das zwischen 1452 und 1455 gedruckt wurde, betrug die Auflage 185 Exemplare, davon wurden 150 Exemplare auf Papier und 35 auf Pergament gedruckt. Schon in der Vorplanung ergab sich, daß für die Pergamentbände die Haut von 8000 Kälbern benötigt wurden. Die lateinische Bibel wurde in zwei Bänden mit zusammen 1280 Seiten gefertigt. Der Preis der Bibeln lag sehr hoch, aber immerhin niedriger als jener für handgeschriebene Exemplare. So kostete eine auf Papier gedruckte Bibel 40 Gulden und ein Pergament-Exemplar 50 Gulden. Nach heutigem Geldwert mag der Preis zwischen 8000 und 9000 DM gelegen haben. Bei einigen weiteren Druckerzeugnissen ist nicht geklärt, ob sie noch von Gutenberg stammen oder von Fust und Schöffer, die nach Gutenbergs verlorenem Prozeß seine Druckerei übernahmen.

Über Gutenberg ist wenig bekannt. Er wurde 1400 in Mainz geboren und lebte von 1434–1444 in Straßburg, wo er auch den Typendruck bis zur Reife entwickelte. Im Jahre 1440 kehrte er nach Mainz zurück. Da er einen hohen Forschungskredit von Fust nicht zurückzahlen konnte und den Prozeß gegen seinen Gläubiger verlor, mußte er seine gesamten Druckereigeräte an Fust abgeben, der zudem den früheren Mitarbeiter Schöffer in seine Firma übernahm. Völlig verarmt nimmt ihn 1465 der Mainzer Erzbischof unter seine Hofleute auf, womit er ihm den Lebensabend sicherte. Im Jahre 1468 stirbt der große Erfinder, der eine Welt grundlegend veränderte, in seiner Vaterstadt Mainz.

Das erste Bildnis von Gutenberg erschien erst 100 Jahre nach seinem Tode in einem Werk über berühmte Deutsche (1565). Doch macht stutzig, daß in jeder folgenden Auflage des Werks ein anderer Kopf mit dem Namen Gutenbergs verbunden ist. Der Holzschnitt von 1568 zeigt einen Mann, der stark an den bärtigen Moses von Michelangelo erinnert. Ähnliche Züge trägt der *Gutenberg* in einem französischen Werk über berühmte Zeitgenossen. Dieser Kupferstich wurde zum Urbild Gutenbergs bis in unsere Zeit. Die genannten Bildnisse wie auch alle späteren und Büsten und Denkmäler sind nicht authentisch. Sie dienen aber dem Zweck, den zu Lebzeiten kaum beachteten großen Erfinder in die Erinnerung zurückzurufen und damit seine Verdienste um die Kultur zu würdigen.

Dem zu Lebzeiten gründlich verkannten Gutenberg wurde später auch in der Literatur manch schönes Denkmal gesetzt. Mitten in einer Zeit, da er von Neidern beschuldigt wurde, die Erfindungen anderer Zeitgenossen an sich gerissen zu haben, ließ ihm der Franzose Guillaume Fichet Lob und Gerechtigkeit zukommen. Er schrieb 1471 über Gutenberg: „Fürwahr, der Erfinder der Buchdruckkunst verdient von allen Musen, von allen Künsten und von

Abb. 38. Die beiden Buchdruckerfinder: Bi Scheng und Gutenberg

den Zungen aller Bücherliebhaber mit göttlichem Lob gepriesen zu werden. Denn Gutenberg hat Nützlicheres und Göttlicheres erfunden als Bacchus, der Schöpfer des Weins und Ceres, die Spenderin der Feldfrüchte; er hat Buchstaben so hergestellt, daß man alles, was gedacht und gesagt werden kann, in kürzester Zeit und dem Gedächtnis der Nachwelt zu überliefern vermag.“

Später äußert Victor Hugo, der Landsmann Guillaume Fichets, in dem Hymnus auf die Druckkunst in seinem Roman *Notre Dame de Paris* wie folgt: „Bis Gutenberg war die Baukunst die allgemeine Weltschrift, bis ins 15. Jahrhundert die umfassende Chronik der Menschheit. Die Erfindung der

Buchdruckkunst ist das größte Ereignis der Geschichte, allen Umsturzes Mutter, Erneuerung menschlicher Ausdrucksmittel von Grund auf."

Wenn wir bewundernd der Erfindungen Gutenbergs gedenken, sollte nicht vergessen werden, daß Gutenbergs Kollege Bi Cheng bereits 1045 den Druck mit beweglichen Lettern erfunden hatte. Er hatte allerdings nicht den Erfolg Gutenbergs, weil er im Gegensatz zu letzterem nicht wenige Buchstaben, sondern viele Tausende von Wortsymbolen und Begriffszeichen als Lettern anfertigen mußte. Doch beide, Bi Cheng, der Schmied und Gutenberg der Goldschmied, sind die Pioniere der Druckkunst. Da wir von beiden Denkmäler besitzen, sollen beide zusammen dem Leser präsentiert werden (Abb. 38).

Gutenberg hatte sein Wirken lange Zeit geheimgehalten. Doch ließ sich eine solche Erfindung nicht lange als Geheimnis wahren. Schon zu Lebzeiten Gutenbergs wurden Druckereien gegründet. So entstanden Werkstätten in Straßburg, Köln, Augsburg, Ulm, Basel, Nürnberg, Leipzig, Lübeck und an anderen Orten (Abb. 39). Einer der bekanntesten Drucker und Verleger war Anton Koberger in Nürnberg. In seinem Großbetrieb mit 24 Druckpressen

Abb. 39. Eine Druckerei aus dem Anfang des 17. Jahrhunderts

beschäftigte er 100 Arbeiter. Er verlegte vornehmlich mit Holzschnitten bebilderte Werke, wie die berühmte *Weltchronik* von Schedel.

Schon um 1500, etwa 30 Jahre nach dem Tode des Erfinders, existierten in 250 Orten Europas 1000 Druckereien. In dieser Zeit entstanden 35000-38000 verschiedene Druckwerke in Einzelauflagen von 100-1800 Exemplaren und einer Gesamtauflage von 10 Millionen Bänden. Die Drucke aus dieser Frühzeit des Buchdrucks - von 1440-1500 - bezeichnet man als Inkunabeln. Sie erzielen im Antiquariatshandel hohe bis astronomische Preise.

Mit Beginn des Buchdrucks stieg der Papierbedarf ins Unermeßliche. Die um 1500 in Deutschland existierenden Papiermühlen - etwa 25-50 - konnten den Papierbedarf der etwa 100 Druckereien kaum noch decken.

Ab jetzt wurden aus drucktechnischen Gründen besondere Ansprüche an die Qualität des Papieres gestellt, auf die sich die Papiermühlen und der Papierhandel einstellen mußten. Der Papierer mußte weiße Lumpen verwenden und diese wohl etwas länger dem Fäulnisprozeß unterwerfen als es bisher üblich war. Man bekam sehr bald den Einfluß verschiedener Faktoren auf die Papierqualität zu spüren. So war bei Frost getrocknetes Druckpapier weißer als anderes und auch besser für den Druck geeignet.Man unterschied daher Sommer- und Winterpapier. Statt der starken Leimung, die sich bei Schreibpapieren bewährt hatte, mußte man bei Druckpapieren milder leimen, vor allem, wenn im Buch Kupferstiche gebracht wurden. Für den Druck von Radierungen eignete sich sogar völlig ungeleimtes Papier am besten. Druckpapier sollte weder zu dunkel, noch zu weiß sein, weder zu rauh, noch zu glatt und weder zu stark noch zu dünn. Die Holzschneider wünschten mittelstarkes, gelbliches, gut geleimtes Papier, die Kupferstecher und Radierer ein weiches, ungeleimtes Papier und die Steindrucker ein stark geleimtes, hochgeglättetes Druckpapier. Mit dem Buchdruck setzte also eine starke Spezialisierung bei der Papierherstellung ein.

Vier Jahrhunderte Suche nach neuen Faserrohstoffen

Wenn schon bald nach Gründung der ersten Papiermühlen eine gewisse Verknappung an Hadern eintrat, stieg der Bedarf an Lumpen nach Erfindung der Buchdruckkunst ins Unermeßliche. Schon 1366 hieß es in einem Dekret des venezianischen Senats, „daß zum Wohle und Nutzen des Papiers, das in Treviso hergestellt wird und das sehr stark zum Wohlstand unserer Gemeinde beiträgt, daß keineswegs Hadern aus dem Venezianischen an einen anderen Ort als Treviso gelangen sollen."

In Genua wurde anfangs des 15. Jahrhunderts das Sammeln von alten Seilen und Stricken als Privileg vergeben. Ab jetzt fuhr in allen Städten und Dörfern der Länder Europas der Lumpensammler umher und machte durch lautes Pfeifen auf seine Sammlertätigkeit aufmerksam. In Nürnberg wurden die Lumpen durch Frauen eingesammelt, wobei jede einen ihr eigentümlichen Schrei ausstieß. Schaltete sich eine Fremde ohne behördliche Sammelgenehmigung in das Geschäft ein, durften ihr von zugelassenen Sammlerinnen die Lumpen abgenommen werden. Wildes Sammeln konnte sogar gerichtlich bestraft werden. Die Lumpenhändler lieferten jedoch den Rohstoff auch nicht immer der ihnen zugeteilten Papiermühle ab, sondern überließen ihn oft zu einem höheren Preis einer konkurrierenden Mühle. Auf Vertragstreue ihrer Zubringer konnte sich also eine Papiermühle nicht verlassen. Da trotz Ausfuhrverboten viele Hadern über die Grenze in Nachbarländer verschoben wurden, setzte man gegen die Grenzgänger bewaffnete Posten ein (Abb. 40). Zwar durften Hadern gegen hohen Zoll exportiert werden, doch fanden gerissene Geschäftsleute stets einen Ausweg. Einer bestand darin, die Lumpen zu Halbstoffen zu verarbeiten und diese zu exportieren. Auf dieser anders eingeordneten Rohware ruhte nämlich kein Zoll. So wurden von Böhmen aus lange Zeit *maskierte* Lumpen nach Holland ausgeführt, von wo aus sie dann als hochwertiges Papier nach Deutschland zurückkamen.

Ein deutscher Papiermacher beleuchtete diese Situation einmal statistisch. Er nahm an, daß in einer großen Stadt jährlich mit 3000 Toten zu rechnen sei. Für die herkömmliche Beerdigung würden für Totenhemden in 10 Jahren 90000 Pfund feine Leinwand benötigt, „daraus herrliches Papier gemacht werden könnte". Daher sei es unverantwortlich, diesen wertvollen Rohstoff den Würmern zu überlassen. In England wurde 1666 diese stille Rohstoffquelle genutzt, indem die Verwendung leinener Totenhemde verboten wurde.

Abb. 40. Lumpenschmuggel war in allen Ländern streng verboten, besonders in Frankreich

Stattdessen empfahlen die Behörden wollene Totenhemde. Man versprach sich davon einen Anfall von 200000 Pfund Leinenlumpen. Um das Aufkommen an Lumpen möglichst vollständig zu erfassen und gerecht auf die Papiermühlen zu verteilen, wurden über die Jahrhunderte hinweg bis Mitte des 19. Jahrhunderts immer wieder neue Lösungsmöglichkeiten erprobt, wie die Gründung öffentlicher Sammelstellen, von Organisationen des Handels und Kontrollstellen. Doch schien alles vergebens zu sein. Vieles an diesem Schwarzmarkt jener Zeit erinnert an den heutigen Drogenhandel.

Gelegentlich versuchten Papiermacher, die traditionellen Hadern durch andere Faserrohstoffe zu ersetzen. Meist handelte es sich um weltfremde Vorschläge, die keine Lösung brachten. Ernst zu nehmen war hingegen ein *Lagebericht* des französischen Zoologen René Antoine Réaumur, den er 1719 der französischen Akademie einreichte. Darin führte er aus: „Die amerikanischen Wespen bilden ein sehr feines Papier, ähnlich dem unsrigen. Sie lehren uns, daß es möglich ist, Papier aus Pflanzenfasern herzustellen, ohne Hadern oder Leinen zu gebrauchen; sie scheinen uns geradezu aufzufordern zu versuchen, ebenfalls ein feines und gutes Papier aus gewissen Hölzern herzustellen. Wenn wir Holzarten ähnlich denen besäßen, welche die amerikanischen Wespen zu ihrer Papierherstellung benutzen, so könnten wir das weißeste Papier herstellen." Als Réaumur einem französischen Papierfabrikanten ein

Stück eines Wespennestes zeigte, prüfte dieser die Probe und bezeichnete sie als das Erzeugnis seines Konkurrenten aus Orléans!

Um jene Zeit mehrten sich die Vorschläge für einen Austausch von Lumpen durch andere Rohstoffe. Seba, ein flämischer Naturforscher, nannte als Ersatz gewisse Algenarten, Guèttard, ein Schüler Réaumurs schlug die Fasern einer Süßwasseralge vor, der Schwede Stakel empfahl Sägespäne als Rohmaterial und Kircher aus Amsterdam den Asbest, der heute in hohem Maße als krebsauslösend gilt. Im Jahr 1762 kam schließlich ein Buch mit dem Titel *Die Kunst, Papier zu machen* heraus, in dem sich ein ganzes Kapitel nur mit Ersatzstoffen für Hadern befaßte.

Hatte es sich bisher nur um Vorschläge und Hinweise für Lumpenersatzstoffe gehandelt, so nahm sich der *Doctor der Gottesgelehrsamkeit und Weltweisheit* Jacob Christian Schäffer des Problems mit großem Erfolg an. Er war zwar Theologe, aber daneben ein Naturforscher hohen Ranges. Es ist unverständlich, daß dieser *deutsche Linné,* der *Regensburger Humboldt* und großes Universalgenie, nahezu in Vergessenheit geraten konnte. Bei uns ist sein Name nicht einmal im *Großen Brockhaus* vermerkt, in den USA hingegen in der entsprechenden *Colliers Encyclopedia* sehr wohl. In dem amerikanischen Buch über Papiergeschichte von Dard Hunter wird Schäffer als *Pionier der Papierforschung* und als großer Naturforscher gewürdigt, der *mehr als irgendeiner seiner Vorgänger für die Papiertechnik tat* (Abb. 41).

Wer war Schäffer, dieser große und fast vergessene Genius? Er wurde am 30. Mai 1718 als Sohn eines evangelischen Pfarrers in Querfurt in Sachsen geboren, studierte unter ärmlichsten Verhältnissen Theologie und wurde 1779 Superintendent in Regensburg. Hier widmete er sich vornehmlich naturwissenschaftlichen Studien auf den Gebieten Botanik, Zoologie, Mineralogie, Geologie und Physik. Neben theologischen Schriften gab er ein vierbändiges Werk über die in Bayern und der Pfalz vorkommenden Pilze mit 330 prächtig kolorierten Kupferstichen und eine dreibändige Abhandlung über Insekten neben vielen weiteren Publikationen heraus.

Schäffer war auch ein tüchtiger Praktiker. Er konstruierte eine „dreyfach nützliche Sägemaschine zum Holz- und Steinschneiden“, eine „bequeme und der Wirtschaft in allen Rücksichten höchst vorteilhafte Waschmaschine“, einen „holzsparenden, höchst vorteilhaften Backofen“ und andere Geräte. Weit über die Grenzen Bayerns hinaus war sein Museum mit Sammlungen von Vögeln, Insekten, Pflanzen und Mineralien bekannt. Es wurde auch von einem gewissen Johann Philipp Moeller besucht, der am 12. September 1786 *per posta* über die Steinerne Brücke aus Leipzig hereinkam. Bei diesem Moeller handelte es sich um Goethe aus Weimar, der sich inkognito auf dem Wege nach Italien befand.

Jene Forschungen und Publikationen, die Schäffer weltbekannt machten, bezogen sich auf Papier, das er aus Holz und Pflanzen herstellte. Auf diese

Abb. 41. Der Superintendent, Forscher und Erfinder Jacob Christian Schäffer

Arbeiten bezieht sich auch vornehmlich die große Zahl von Ehrungen, die ihm aus dem In- und Ausland zuteil wurden. In den Buchhandlungen Regensburgs, von denen eine bereits Tausende von Titeln führte, verspürte Schäffer den kulturfördernden Einfluß und Nutzen des Papiers und in den Papiermühlen machte man ihn mit dem Mangel an Lumpen bekannt, der eine Ausweitung der Papiererzeugung hemmte. Als praktisch veranlagter Forscher machte er sich daher schon früh Gedanken über einen Ersatz der Hadern durch neue Papierrohstoffe. Er selbst schreibt dazu:

„Diese allgemeine Papiernoth und der für das gemeine Wesen, für die Landeseinkünfte, Wissenschaften und Handlung daraus entstehende nicht geringe Schaden und Nachtheil, brachten mir vor einigen Jahren dasjenige in Erinnerung, was verschiedene Gelehrte in Ansehung des Papierzeuges, vor Gedanken gehabt und vor diesfalsige Vorschläge getan haben. Sie haben geglaubt, und mit vieler Wahrscheinlichkeit dargethan: dass man beym Papiermachen keineswegs nur allein und nothwendig an die Lumpen oder leinenes Zeug gebunden sey, sondern dass sich eben sowohl und eben so gut aus einer Menge anderer Sachen, als aus den bisher gewöhnlichen Lumpen, Papier machen lassen müsse."

Schäffer wundert sich, dass gelegentlich zwar Vorschläge zur Verwendung anderer Rohstoffe zur Papierherstellung gemacht wurden, z. B. von Réaumur, doch niemals Versuche durchgeführt wurden. Er fährt fort:

„Diese allerdings zu bedauernde Vernachlässigung der Versuche ermunterte mich demnach vor drey Jahren, an dieselben mit allem Eifer Hand zu legen. Und es schien, als ob mich, da ich eben mit diesem Gedanken umging, die Natur selber hierzu auffordern wollte. Ein Ohngefähr brachte mich im Spazierengehen an einen Ort ohnweit unserer Stadt, wo auf der einen Seite die Wiesen von der Samenwolle der Schwarzpappel oder Alber und auf der anderen Seite die Wiesen von der Samenwolle des Wollgrases ganz weiss aussahen. Ich erblickte dieses nicht so bald, als mir der Gedanke beyging: sollte sich aus einer dieser beyden Wollarten und vielleicht aus einer jeden Papier machen lassen? Ich säumte nicht, mit beyden zugleich die Versuche zu machen."

Das war der Anfang von Schäffers Versuchen, für Lumpen einen Ersatz zu finden. In einem Zeitraum von acht Jahren folgten Versuche mit einer Vielzahl von pflanzlichen Materialien, wie Stengeln, Blättern, Hölzern und dergleichen. In einer handbetriebenen Hammermühle wurden die Stoffe mazerisiert und auf bekannte Weise verarbeitet. In einigen Fällen wurden den Stoffen Kalkmilch zugegeben. Das führte zwar zu einer Erleichterung der Mazerisierung, aber auch zu einer Braunfärbung des Papiers. Nach Schäffers Angaben kam es ihm vorerst nicht darauf an, ein Papier hoher Weiße und Beschreibbarkeit herzustellen, sondern nachzuweisen, daß sich die Lumpen gut durch andere Materialien ersetzen lassen. Er war der Ansicht, daß sich danach ohnehin eine Verbesserung der Eigenschaften erzielen lasse. Wie das Titelblatt seines Buches zeigt (Abb. 42), waren einige Papiere ohne jeden Zusatz von Lumpen hergestellt, während andere einen gewissen Anteil daran enthielten. Auch waren einige zwecks Verbesserung der Beschreibbarkeit geleimt.

Im Jahre 1765 erschien dann der erste Band der berühmten Schäffer'schen Buchreihe *Versuche und Muster ohne alle Lumpen oder doch mit einem gerin-*

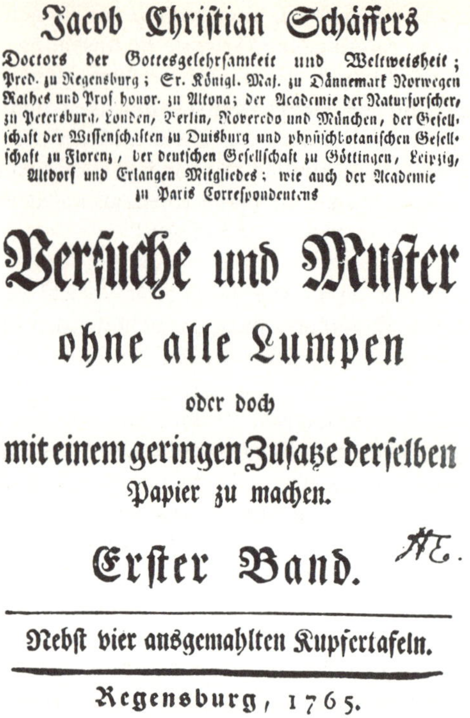

Jacob Christian Schäffers

Doctors der Gottesgelehrsamkeit und Weltweisheit; Pred. zu Regensburg; Sr. Königl. Maj. zu Dännemark Norwegen Rathes und Prof. honor. zu Altona; der Academie der Naturforscher, zu Petersburg, London, Berlin, Roveredo und München, der Gesellschaft der Wissenschaften zu Duisburg und physischbotanischen Gesellschaft zu Florenz, der deutschen Gesellschaft zu Göttingen, Leipzig, Altdorf und Erlangen Mitgliedes; wie auch der Academie zu Paris Correspondentens

Versuche und Muster

ohne alle Lumpen

oder doch

mit einem geringen Zusatze derselben

Papier zu machen.

Erster Band.

Nebst vier ausgemahlten Kupfertafeln.

Regensburg, 1765.

Abb. 42. Titelseite von Schäffers Werk *Versuche und Muster* ... aus dem Jahre 1765

gen Zusatz desselben Papier zu machen. Bis 1771 folgten weitere 5 Bände des Werks. Alle enthielten Proben der hergestellten Papiere und auch Kupferstiche. Nach den Angaben in seinem Werk stellte Schäffer Papiere her aus: Pappelwolle, Säge- und Hobelspänen, Weiden- und Espenholz, Hopfenranken, Weinreben, Flechten, Hanfschäben, Brennesseln, Waldreben, Aloe, Weidenrinde, Stroh, Rohrkolben, Blaukohlstrunken, Asbest als Zusatz, Graswolle, Distel- und Klettenstengeln, Maiblümchen, Torf, Seidenpflanzen, Fichte, Gartenpappel, Feldmelde, Beifuß, Mais, Tannenzapfen, Ginster, Erdäpfeln, Dachschindeln und aus vielen weiteren Pflanzen und Pflanzenteilen.

Wie Schäffer vorhersah, blieb die Kritik der konservativen Papiermacher an seinen Versuchen nicht aus. Der bekannte Papiermacher Keferstein führte in einer Gegenschrift aus, daß die von Schäffer vorgeschlagenen Rohstoffe nicht *in Consideration* kämen. Zum Schluß seiner Kritik führt er aus: „Zum Unglück ist auch hier zu Lande das Holz so rar, dass man die Weiden und

Espen lieber zu anderem Gebrauch widmet, als Papier daraus zu machen. Wir werden also beym Alten bleiben und bloss aus Lumpen Papier fertigen . . ..“ Gegen diese Kritik ging Schäffer in einer Erwiderung scharf vor. Daß er im Recht war, zeigt die weitere Entwicklung der Papierindustrie, die dem frühen Pionier und Forscher viel zu verdanken hat.

Die Arbeiten und Vorschläge Schäffers inspirierten viele Papiermacher, Papiere nach seinen Angaben aus verschiedensten Stoffen herzustellen. So wurden in verschiedenen Ländern um 1800 Papier und Pappe in geringem Umfang aus Stroh hergestellt. Im Jahre 1784 wurde das erste nicht aus Lumpen hergestellte Papier für die Herausgabe eines Buches verwendet. Es war aus Gras gefertigt. In England erhielt Thomas Greaves eine Silbermedaille, weil er Papier aus Weidenzweigen und grünen Nesseln hergestellt hatte. Einen völlig anderen Weg ging Justus Claproth. Er gab 1774 eine Schrift heraus, die den Titel trug: *Eine Erfindung aus gedrucktem Papier wiederum neues Papier zu machen.* Wir haben es mit dem ersten Bericht über das Recycling von Altpapier zu tun, das heute wieder von sehr großer Bedeutung ist. Diese Idee griff um 1800 Matthias Koops aus London auf. Er war Praktiker wie Schäffer und arbeitete außer über das De-inking von Altpapier über die Herstellung von Papier aus Stroh und Holz. Über seine Arbeiten gab er drei Bücher heraus, für die er Papier aus eigener Herstellung verwendete.

All die Versuche und Vorschläge in verschiedenen Ländern führten nicht zu einem Ersatz oder auch nur zu einer Einschränkung des Bedarfs an Lumpen. Der Bedarf an Hadern nahm sogar noch erheblich zu. Da auch die preußischen Papiermühlen stark unter Mangel an Lumpen litten, erließ Friedrich d. Gr. im Jahre 1764 ein *Geschärftes Edikt* gegen die Ausfuhr von Lumpen und Materialien, die für die Herstellung von Papierleim benötigt wurden, wie *Abschnitzel von Pergament, Häute und Schaaf-Füsse* (Abb. 43).

Inzwischen war in den Vereinigten Staaten von Nordamerika eine blühende Papierwirtschaft entstanden. Allerdings herrschte ein drückender Mangel an Lumpen. Man suchte dem Übel mit vielen Mitteln beizukommen. So wurden gute Papiermacher vom Militärdienst befreit und in größeren Orten Kommittees zur Erfassung der Hadern eingesetzt. Die Aufkäufer wandten immer raffiniertere Methoden an, um zum Erfolg zu kommen. So verteilten sie an die Kinder Zinnpfeifen, an die Männer Tabak und an die Frauen passende Geschenke für den Haushalt. Auch Buchgeschenke wurden von den Lumpenkäufern zur Belebung des Geschäfts eingesetzt. Für vier Pfund Lumpen gab es so die berühmte *Geschichte von Robinson Crusoe, der 28 Jahre auf einer unbewohnten Insel lebte.* Insgesamt waren in den USA 2500 Lumpenhändler eingesetzt. Doch sie vermochten den Bedarf nicht zu decken.

Eine interessante Episode der Lumpenbeschaffung wurde 1855 durch einen Artikel eines Dr. Deck im *Syracuse Standard* ausgelöst. Er wies darauf

Geschärftes
EDICT,
daß hinführo
zum Besten derer einländischen
Pappier-Mühlen,
weder
Lumpen noch Pappier-Spähne,
Abschnitzel von Pergament
und
andern Häuten,
Schaaf-Füsse,
und andere dergleichen
zum Leimmachen erforderliche Materialien,
bey der hierin festgesetzten Strafe,
weiter aus dem Lande geführet und debitiret werden sollen.

De Dato Berlin, den 4. Julii, 1764.

Stettin,

Abb. 43. Edikt Friedrichs d. Gr. gegen den Export von Lumpen, Papier- und Pergamentabfall

hin, daß Amerika für seine 800 Papiermühlen 405 Mill. Pfund Lumpen benötigte. Zu der Deckung dieses Bedarfs könnten zweifellos die Mumien Ägyptens beitragen, deren jede in etwa 30 Pfund Leinen eingewickelt sei. Da die Ägypter auch ihre heiligen Bullen, Katzen, Ibisse und Krokodile als Mumien mit Leinwandbandagen beigesetzt hätten, könnten auch diese verwertet werden. Da in den USA ein Pfund Lumpen 4–6 Cents koste und Mumienleinen zu 3 Cents je Pfund beschafft werden könne, sei sein Vorschlag durchaus praktikabel. Dabei war die Idee der Papierherstellung aus Mumienleinen durchaus nicht neu. So heißt es in einem Bericht eines Arztes aus Bagdad aus dem Jahre 1140: „Die Beduinen und Fellachen suchen die alten Totenstädte auf, um Bekleidungsstreifen zu finden, in die die Toten eingehüllt wurden, und wenn diese für die eigene Bekleidung nicht mehr benutzt werden können, verkaufen sie diese an Mühlen, die daraus Papier für den Nahrungsmittelmarkt machen".

Als während des amerikanischen Bürgerkrieges Papier besonders knapp war, griff der Mühlenbesitzer Standwood die Idee des Dr. Deck auf. Er ließ mehrere Schiffsladungen Mumien aus Ägypten kommen und machte aus den Leinenumhüllungen und Papyrusresten Packpapier für Lebensmittel. Allerdings wurde durch die Mumien eine Choleraepidemie eingeschleppt, da es zu jener Zeit noch keine Bestimmungen über die Desinfektion von Lumpen gab. In seinem makabren Mumiengeschäft hatte Stanwood allerdings einen ernsten Konkurrenten. Es war die ägyptische Eisenbahn, die ihre Lokomotiven mit Mumien heizte.

Die durch den Mangel an Lumpen bedingte Versorgungskrise der Papierwirtschaft währte von der Zeit Gutenbergs bis etwa Mitte des 20. Jahrhunderts, also etwa vier Jahrhunderte. Ab dann änderte sich aufgrund neuer Erfindungen die Situation grundlegend.

Papier im Vorfeld der Industrialisierung

Papier wurde in China und auch noch 400 Jahre nach seiner Einführung in Europa stets nach derselben Methode hergestellt: Der Rohstoff - Lumpen oder Baumrinde - wurde durch Stampfen in Einzelfasern zerlegt, aus deren Suspension in Wasser mit einem Sieb das Blatt geformt, entwässert und getrocknet wurde.

Doch wurden im Laufe der Zeit einige Verbesserungen eingeführt, die die Technik wesentlich vereinfachten und die Papiermühle alter Art einer Industrialisierung näherbrachten.

Eine der wichtigsten Erfindungen war die des *Holländers,* eines Mazerisierungsgerätes, das das Stampfwerk ergänzte oder zunehmend ersetzte. Wie der Name des Gerätes vermuten läßt, kam es zunächst in Holland auf. Doch der Name des Erfinders ist uns nicht bekannt. Wie in anderen Fällen, wird es sich nicht um die *fertige Erfindung* eines Einzelnen gehandelt haben, sondern um eine, die in Stufen bis zur endgültigen Gestaltung heranreifte. Da Holland kaum Gewässer zum Antrieb von Wasserrädern hatte, bediente man sich der Windkraft. Doch Windmühlen lieferten nicht genügend Energie zum Betrieb der Stampfwerke. So suchte man als Ersatz der Stampfwerke nach einem Zerfaserungsgerät, das mit weniger Energie betrieben werden konnte. Diese Entwicklung führte zum *Holländer.* Im Schrifttum wird seine Erfindung auf das Jahr 1711 festgelegt. Doch schon 1682 berichtete der Kaiserliche Rat Johann Joachim Becher in seinem Buch *Närrische Weisheit und weise Narrheit* über seine holländische Reise: „Ich habe aber eine neue Art von einer Papier-Mühle zu Serndamm in Holland gesehen/welche ohne einigen Stämpffel gehet/sondern durch eine Waltze in kurtzer Zeit und mit leichter Mühe die Lumpen zu einer Pappe gepresst werden/welches sehr compendiös und wohl Anmerckens würdig".

Die Vorteile des Holländers gegenüber dem bisherigen Stampfwerk waren offensichtlich. Der Ersatz des Stampfprinzips durch das Walzprinzip führte zu einer deutlichen Herabsetzung des Kraftbedarfs und zu einer beachtlichen Leistungssteigerung. So schreibt der bekannte Papiermacher Keferstein: „Der Holländer in Freiburg macht in einem Tag so viel Zellstoff wie 8 Stampfen in 8 Tagen". Der Holländer bestand im wesentlichen aus einem länglichen Trog mit mittlerer Trennwand, der auf einer Seite eine hölzerne Laufwalze mit etwa 30 Eisenmessern besaß, die den Stoff gegen eine eiserne

Bodenplatte beförderte und je nach Einstellung der Spaltbreite die Fasern quetschte oder schnitt. Durch Wahl der Mahldauer und Spaltbreite konnten die Eigenschaften der Faser und damit des Papiers beeinflußt werden. Um das Herausschleudern des Faserstoffs durch die rotierende Messerwalze zu verhindern, wurde das Gerät durch eine Haube verschlossen.

Das neue Mahlgerät setzte sich nur sehr zögernd durch. Man verwies darauf, daß das alte Stampfgerät bessere Papiere liefere. Vor allem sei das damit hergestellte Papier nicht so brüchig wie das Holländer-Papier. Dieser Unterschied erklärte sich daraus, daß im Stampfwerk die Faserbündel in ihrer Längsrichtung gequetscht und zerteilt wurden, während der Holländer die Faserbündel auch quer zerriß. Man führte weiter aus, das nach dem Stampfverfahren gewonnene Papier sei weicher und lasse sich besonders gut für Kupferdrucke verwenden. Da die Eisenbemesserung der Holländerwalze durch abgespaltene Eisenteilchen eine Verunreinigung und Verfärbung des Papiers verursachte, ersetzte man sie und die eiserne Bodenplatte durch eine nicht korrodierende Legierung aus Kupfer, Messing und Silber.

Trotz aller Einwände setzte sich der Holländer auch außerhalb seines Ursprungslandes durch. Diese Entwicklung ist deutlich an der Änderung der Einrichtung einer der größten deutschen Papiermühlen erkennbar, wie Tabelle 3 zeigt.

Im Jahre 1760 hatte eine der größten Papiermühlen Frankreichs alle Stampfen aufgegeben und durch 12 Holländer ersetzt, die 20 Bütten mit Faserstoff versorgten. Auch in den USA setzte sich der Holländer durch. So arbeitete 1775 eine Papiermühle in Massachusetts mit 2 Holländern und 2 Bütten, aus denen am Tage 5000 Blatt Papier geschöpft wurden.

Eine weitere Verbesserung der Papierherstellung brachte 1789 die Erfindung der Lumpen- und Papierbleiche durch den französischen Grafen Berthollet. Sein Verfahren basierte auf der wissenschaftlichen Vorarbeit des schwedischen Chemikers Karl Wilhelm Scheele, der 1774 das Chlor und dessen Bleichwirkung entdeckte. Berthollet entwickelte die Geräte für den Großbetrieb zum Bleichen von Lumpen. Bisher hatte man ein Papier von einer gewissen Weiße dadurch erhalten, daß man die Lumpen längere Zeit in Faulgruben beließ. Doch weiß im heutigen Sinne war das so erhaltene Papier

Tabelle 3. Änderung der Einrichtung einer deutschen Papiermühle

Jahr	Zahl der Stampfen	Zahl der Holländer	Zahl der Bütten
1716	25	0	4
1777	19	3	4
1829	8	4	4

nicht. Es hatte einen grauen Ton, den man in Kauf nahm oder durch Bläuemittel etwas aufhellte. Durch die Chlorbleiche der Lumpen ergaben sich viele Vorteile. Da man eine bisher nicht erhaltene Weiße des Papiers erreichte, konnte man auf die zeitraubende und unangenehme Faulgrubenbehandlung verzichten. Diese Maßnahme erbrachte auch wirtschaftlichen Nutzen, da der Stoffverlust in der Faulgrube zwischen 10% und 20% betragen hatte, jener in der Chlorbleiche aber nur 3% betrug. Zwar verursachte die Handhabung mit Chlor anfangs Gesundheitsschäden, doch verbesserte man die Technik in verhältnismäßig kurzer Zeit. Die Herstellung von Chlor wurde in den Papierwerkstätten meist in einem besonderen Gebäude nach dem klassischen Verfahren aus Braunstein, Schwefelsäure und Kochsalz vorgenommen. Zu einem wesentlichen Fortschritt führte 1799 das Patent des französischen Bleichereibesitzers Charles Tennant, der das Chlor an trocknes Kalkhydrat zum festen und transportablen Chlorkalk band. Die Chlorbleiche trug auch zur Ausweitung der Rohstoffbasis bei. Bunte Leinen- und Baumwollumpen konnten jetzt nämlich mit verwendet werden, da sie ja durch die Bleiche weiß wurden. Die Chlorbleiche führte allerdings auch zu Schäden, da chlorgebleichtes Papier mit der Zeit durch abgespaltene Salzsäure stark angegriffen wurde. Durch solche Schäden an Büchern haben Bibliotheken große Schäden erlitten. Noch heute versucht man, solcher Schäden durch Behandlung der Bücher mit gasförmigem Ammoniak Herr zu werden.

Die wichtigste Erfindung im Zeitalter des Lumpenpapiers ist die der Papiermaschine. Sie ist eng mit dem Namen des Franzosen Nicolas Louis Robert verbunden. Dieser begnadete Erfinder war nach langer Militärzeit Lektor in der bekannten Pariser Großdruckerei von François Didot. Er bewährte sich dort so, daß Didot ihn als Aufseher und Werkmeister in seiner Papiermühle Esonnes bei Paris einsetzte. In jener Zeit, als die französische Revolution zu Unruhen und Arbeitsniederlegungen im ganzen Lande führte, mußte sich auch Robert mit häufigen Streiks seiner 300 Arbeiter abfinden. Legten die Büttengesellen die Arbeit nieder, wirkte sich der Papiermangel auch auf die Arbeit in der Druckerei und den Verlag der Firma Didot aus. Robert befaßte sich in dieser Situation daher mit dem Gedanken, die unzuverlässigen Papierarbeiter durch eine Maschine zu ersetzen. Eine solche Papiermaschine wurde dann auch nach Anleitungen Roberts in der Werksschlosserei gebaut. Robert nahm 1798 auf dieses Gerät auf 15 Jahre das historische Patent Nr. 329 (Abb. 44). Wesentlicher Bestandteil der Anlage war das endlose und feinmaschige Langsieb aus dünnem Kupferdrahtgewebe von 340 cm Länge und 64 cm Breite, das über der mit Papierstoff gefüllten Bütte über eine vordere Brustwalze und einer hinteren Umkehrwalze lief. Die Beschickung der Siebbahn mit Papierstoff aus der Bütte wurde durch ein Schöpfrad vorgenommen. Alles in allem handelte es sich um eine schon ziemlich weit ausgereifte Apparatur. Mit ihr wurden in Didots Papiermühle

Abb. 44. Die von Nicolas Louis Robert 1799 erfundene Langsiebpapiermaschine

im Jahre 1800 bis zu 5 m lange und 60 cm breite Papierbahnen in laufendem Betrieb hergestellt. Nach diesem Erfolg schloß Robert mit Didot einen Vertrag ab, der Didot die Verwertung der Erfindung für 27 400 Franken sicherte. Die Erfindung Roberts zeichnete sich nach E. Raithelhuber durch folgende Merkmale aus: „Der mechanisch betriebene Stoffauflauf mit einem Schöpfrad, die fortlaufende Blattbildung auf einem endlosen, breiten Langsieb, die selbsttätige Bahnentwässerung mittels Schüttelung der Brustwalze und des vorderen Siebteils, die Regelbarkeit der Bahndicke und ihres Entwässerungsgrades durch die Änderung der Siebtischneigung und des Druckes im Spalt der Walzenpresse und schließlich die selbsttätige Aufwicklung und Abnehmbarkeit der weitgehend entwässerten und bis 5 m langen Papierbahn mittels einer rasch auswechselbaren Wickelwalze."

Die Robertsche Papiermaschine ersetzte 3-4 Schöpfbütten. Danach kann ihre Tagesleistung etwa 250-300 kg betragen haben. Als nachteilig wurden empfunden: die manuelle Bedienung der Kurbel, das Fehlen von Wasserzeichen im Papier und die Unhandlichkeit der noch feuchten langen Papierbahn.

Da Didot das für die Weiterentwicklung der Papiermaschine benötigte Kapital in Frankreich nicht auftreiben konnte, bat er seinen englischen

Schwager John Gamble, die Maschine in England zum Patent anzumelden und einen kapitalkräftigen Partner zu suchen. Beides glückte. Als interessierter Teilnehmer bot sich bei Übernahme eines Drittels des Patents der Papiergroßhändler Fourdrinier an. Jetzt wurden die Entwicklungsarbeiten in der Werkstatt John Halls in Dartford fortgesetzt, wobei sich der einfallsreiche Mechaniker Bryan Donkin - ein Schwager Hall's - besonders bewährte. Ihm wurde von Fourdrinier die Konstruktion einer größeren Maschine mit einer Sieblänge von 8,25 m und einer Breite von 1,22 m übertragen. Diese erste in England gebaute Papiermaschine enthielt viele Neukonstruktionen und unterschied sich wesentlich von der Robert'schen Maschine. Sie enthielt eine Naßpresse mit endlosem Filztuch, eine Gautschwalze, Deckelriemen und Rührwellen im Stoffkasten. Die Maschine Donkins bewährte sich ausgezeichnet im Dauerlauf. Sie kann daher als erste betriebsfertige Papiermaschine der Welt bezeichnet werden. Eine weitere Papiermaschine Donkins wurde 1805 in der Papiermühle Two Waters aufgestellt. Ihr Langsieb maß 7,5 m, bei einer Breite von 1,52 m. Die Laufgeschwindigkeit betrug 6 m/min.

Ein ebenfalls großer Konstrukteur im Bau von Papiermaschinen war der Engländer J. Dickinson. Im Jahre 1809 baute er in seiner eigenen Werkstatt eine Rundsiebpapiermaschine. Die von ihm gemachten Erfindungen haben den Bau moderner Papiermaschinen wesentlich beeinflußt. Hier sind zu nennen: Das Saugrundsieb, die Saugwalze unter dem Langsieb, das endlose Filztuch und der dampfbeheizte Zylinder. Die führende Rolle im Bau von Papiermaschinen kam jedoch Donkin zu. Dieser setzte von 1804–1820 41 Papiermaschinen ab und bis 1862 sogar 300. Über die Mechanisierung der englischen Papierindustrie gibt die Tabelle 4 Auskunft.

In England kamen auch die ersten Egoutteure auf, die die Anbringung von Wasserzeichen auf Papierbahnen ermöglichen. Indessen liegt Deutschland im Bau und in der Anwendung von Papiermaschinen weit zurück. So arbeiten dort 1840 nur 25 Papiermaschinen, in England hingegen 250 und in

Tabelle 4. Zahl der Papiermaschinen und Bütten in der englischen Papierindustrie und deren Leistung

Jahr	Papiermaschinen			Bütten		
	Zahl	Produktion t/Jahr	t/Jahr je Maschine	Zahl	Produktion t/Jahr	Produktion je Bütte t/Jahr
1805	6	557	93	760	16502	21,7
1835	82	24475	298	430	11215	26
1865	390	103700	265	109	3310	30,4
1900	428	647764	1513	104	3886	37,4

Frankreich 120. Zwar stieg die Zahl in Deutschland bis 1846 auf 117, doch 25 Einheiten davon waren englischer Herkunft.

Der erfolgreichste deutsche Hersteller von Papiermaschinen war zweifellos der gelernte Drechsler und Dreher Johann Jakob Widmann in Heilbronn. Er lieferte insgesamt 30 Papiermaschinen ins In- und Ausland. Auch der Papierfachmann Gustav Schäuffelen (1798–1848) war einer der deutschen Pioniere des Papiermaschinenbaus. Aus seiner Werkstatt gingen 21 Papiermaschinen in alle Welt. Da beiden Firmen nicht die geeigneten Werkzeugmaschinen zur Verfügung standen, besaßen ihre Maschinen nicht die Perfektion der englischen. Als im Revolutionsjahr 1848 die Wirtschaft von einer starken Krise geschüttelt wurde, mußte Widmann seinen Betrieb schließen. Er wanderte mit seiner 11köpfigen Familie nach Amerika aus. Auch G. Schäuffelen mußte seine Maschinenproduktion einstellen.

Auch die schon genannte französisch-englische Gruppe der Konstrukteure von Papiermaschinen wurde vom Schicksal hart getroffen. Robert wurde nach dem Konkurs von Didots Papierfabrik arbeitslos und war den Rest seines Lebens als Volksschullehrer tätig. Für seine bahnbrechende Erfindung hatte er, alles in allem, nur 2400 Franken bekommen. Hart war auch der Schicksalsschlag, der die Brüder Fourdrinier traf. Als dereinst reiche Großkaufleute hatten sie selbstlos die kostspieligen Versuche zur Entwicklung der Papiermaschine bezahlt; doch 1810 ging ihre Firma in Konkurs. In Würdigung ihrer Verdienste wird bis auf den heutigen Tag die Langsiebmaschine in den angelsächsischen Ländern *Fourdrinier-Maschine* genannt.

Die Herstellung der Maschinenpapiere beeinflußte auch die Art der Leimung. In China und Arabien hatte man das Papier oberflächlich mit pflanzlichen Stoffen geleimt. Danach kam um 1275 in Italien die tierische Leimung auf. Durch Kochen von Schafsfüßen, Knochen und Lederabfällen wurde jener Leim gewonnen, in dessen Lösung die Papierbogen getaucht und dann gepreßt und getrocknet wurden. Die Wirkung dieser Leimung beruhte darauf, daß die Hohlräume des Papiers so verschlossen wurden und daher die Tinte nicht durchschlug oder seitlich auslief. Während Schreibpapiere in dieser Weise geleimt wurden, war dies bei Druckpapieren nicht erwünscht. Sie wurden nur schwach oder überhaupt nicht geleimt, um ein schnelles Trocknen der Druckfarbe zu gewährleisten. Bei Maschinenpapieren war eine Oberflächenleimung mit Tierleim schwer durchführbar.

Eine geeignete Lösung des Problems brachte die Methode der Büttenleimung, die Moritz Friedrich Illig im Jahre 1805 erfand. Die durch eine Verseifung von Kolophonium entstandene Harzseife wurde zum Faserbrei in die Bütte gegeben und danach Aluminiumsulfat zugefügt. Der dabei ausflokkende Leim zieht auf die Faser auf und gibt dadurch den erwünschten Leimungseffekt. Auf diese Weise ist die Leimung in den Ablauf der Papierherstellung eingebunden.

CULVER SERVICE

Abb. 45. Eine amerikanische Rotationspresse von 1846

Wenn im 18. Jahrhundert und besonders in der ersten Hälfte des 19. Jahrhunderts zahlreiche und wichtige Fortschritte in der Mechanisierung der Papierherstellung zu verzeichnen waren, war die Papierwirtschaft noch weit von einer Industrialisierung entfernt. Zwar hatte die Papiermaschine die Handfertigung von Papier bald überholt, doch die Maschinen leisteten im Verhältnis zu den heutigen Papiergiganten sehr wenig. Während sich die Laufgeschwindigkeiten heutiger Papiermaschinen bald einem Wert um 2000 m/min nähern, mußte man sich in der ersten Maschinengeneration mit 6-10 m/min begnügen. Die Papierbetriebe im Vorfeld der Industrialisierung waren zudem noch recht arbeitsintensiv. Das galt auch für die Mechanisierung in der Druckindustrie. Zwar hatte die Rotationspresse zu einer wesentlichen Vereinfachung des Druckvorgangs geführt, doch brachte sie keineswegs die Einsparung an Fachkräften, die man sich erträumt hatte (Abb. 45). Eine Industrialisierung der Papierwirtschaft wurde vor allem durch den Mangel an Rohstoff verhindert. Auch der niedrige Papierbedarf von 1-3 kg/Kopf - gegenüber 150-250 kg/Kopf in heutiger Zeit - konnte einer Industrialisierung nicht förderlich sein. Auch das Fehlen weiterer Voraussetzungen weist darauf hin, daß die Papierwirtschaft bis zur Mitte vorigen Jahrhunderts noch nicht reif für eine Industrialisierung war.

Holz wird Papierrohstoff

Seit Réaumur 1719 unter Hinweis auf den Bau der Wespen auf die Möglichkeit verwies, daß Holz Rohstoff der Papierherstellung sein könne, wurden viele Versuche in dieser Richtung unternommen. Doch eine praktische Lösung wurde nicht gefunden, bis der sächsische Webermeister Friedrich Gottlob Keller 1844 nach einem spielerischen Versuch der Durchbruch gelang. Es heißt, Keller habe am Schleifstein in einem Brett festgeklemmte Kirschkerne abgeschliffen, um daraus für seine Kinder eine Kette zu machen. Dabei habe er beobachtet, daß sich beim Trocknen eines milchigen Tropfens ein feines Papierblättchen bildete. Diese Beobachtung veranlaßte Keller zu intensiven Experimenten über das Schleifen von Hölzern. Mit diesen Arbeiten verhalf der Webermeister der Papierindustrie zu einer Sternstunde. Das Verfahren Kellers beruhte darauf, daß er Holz unter Zugabe von Wasser unter Druck an einen rotierenden Schleifstein preßte und dabei einen Faserstoff gewann (Abb. 46). Im Jahre 1840 nahm der Erfinder auf seine Schleifmaschine ein deutsches Patent und 1845 in Sachsen ein Privileg auf ein Verfahren zur Gewinnung eines Papiers aus seiner Holzfaser bei einem Zusatz von 50–60% Lumpenpapier.

Mit dem Patent allein war aber noch nicht der gewünschte Fortschritt erzielt. Schon 40 Jahre vorher hatte man in ähnlicher Weise fein gemahlene Sägespäne dem Lumpenpapier beigemischt und ein rohes Papier erhalten, das sich lediglich für Verpackungszwecke und Tapeten eignete. Es war daher naheliegend, statt der kurzfaserigen Sägespäne einen längerfaserigen Holzstoff zu verwenden. Es ist daher nicht verwunderlich, daß gleichzeitig und unabhängig von Keller im Jahre 1839 der Kanadier Charles Fenerty in Nova Scotia sich mit gleichen Versuchen befaßte wie der sächsische Webermeister. Nachdem er 1841 aus Holzschliff ein Papier gebildet hatte, fand er jedoch nicht die Unterstützung der kanadischen Papierindustrie. Seine Verdienste wurden erst sehr spät erkannt: Im Jahre 1987 ehrte man ihn durch Herausgabe einer Briefmarke, die das Bildnis Fenertys zeigt, zusammen mit einigen Emblemen der Holzschliffindustrie.

Keller hatte das Glück, daß sich mit Heinrich Voelter ein tüchtiger Papiermacher für sein Verfahren interessierte und im Jahre 1846 das Patent der Holzschliffherstellung übernahm. Voelter, von Haus aus Kaufmann, erwies sich bald auch als großer Techniker und Erfinder. Schon vorher hatte er sich

Abb. 46. Original des Kellerschen Holzschleifers

als Mitarbeiter einer Papierfabrik um die Einführung des Holländers und der Papiermaschine verdient gemacht. Mit großem Elan widmete er sich jetzt der Weiterentwicklung des Kellerschen Verfahrens. Die ersten von ihm gebauten Holzschleifer waren noch recht primitiv, doch konnte mit dem erzielten Faserstoff erstmals eine Zeitung gedruckt werden, der *Schwäbische Merkur* in Stuttgart. Voelter hatte das Glück, daß ihn bei seinen Entwicklungsarbeiten der tatkräftige Mechaniker J.M. Voith unterstützte, der schon vorher beim Bau von Papiermaschinen seine geniale Befähigung bewiesen hatte.

Ein großer Nachteil des Kellerschen Verfahrens war, daß der etwas grobe Faserstoff zu viele Splitter enthielt. Wurden diese Splitter durch feine Siebe ausgeschieden, so verblieb für die Papierherstellung zu wenig Feinstoff. Die weitere Forschung mußte sich daher auf die Verminderung des Grobstoffs beziehen. Für diese Aufgabe suchte Voelter den Erfinder Keller zu interessieren und auch finanziell zu verpflichten. Doch Keller, der von dem erhofften Gewinn seiner Erfindung wenig verspürte, empfand dazu keine Lust. Hingegen fand Voith einen Weg, die Nachteile der Voelterschen Schliffgeräte zu überwinden. Der von ihm entwickelte *Defibreur* lieferte einen Stoff mit mehr Feinstoff und weniger Splittern. Ein weiteres von Voith entwickeltes Gerät, der *Raffineur*, zerteilte den Grobstoff und trug damit beachtlich zur Rentabilität der Schlifftechnik bei. Nach diesem Durchbruch nahm das Interesse der Papierindustrie beachtlich zu. Der lebenserfahrene Voelter erhielt für diese Entwicklung viele Ehrungen, auch wenn viele der entscheidenden Entwicklungen von Voith stammten. Zu dieser Zeit setzte sich die Schliffherstellung endgültig durch. Bis 1870 wurden in Deutschland 120 und in Amerika 112 Holzschleifereien von 40–100 PS Antriebsleistung aufgestellt. Für die Forstwirtschaft waren die Erfindungen von Keller, Voelter und Voith von besonderem Nutzen. Hölzer minderer Stärke, also bis zu 6 cm Durchmesser, die bisher als Brennholz verkauft wurden, brachten jetzt als Papierholz höheren Gewinn.

In der Entwicklungsgeschichte des Holzschliffs gibt es auch ein etwas trübes Kapitel. Es betrifft das seltsame Verhalten Voelters gegenüber seinem erfolgreichen Freund J.M. Voith. Voelter trennte sich 1864 von ihm und ließ den von Voith erfundenen Raffineur in einem anderen Werk nachbauen. Außerdem ließ er das Voithsche Gerät ohne Kenntnis seines Freundes durch ausländische Patentanmeldungen schützen.Es ist verständlich, daß dieser Mangel an Berufsethos, bei dem es sich um geistigen Diebstahl handelte, zwischen beiden Partnern zu Verstimmungen führte. Wenn sich beide 1872 auch in einem neuen Vertrag wieder einigten, wirkte das wenig rühmliche Verhalten Voelters doch nach. Durch diese Beurteilung Voelters sollen keineswegs dessen technischen Qualitäten geschmälert werden. An dem Erfolg hatten alle drei - Keller, Voelter und Voith - ihren Anteil. Und dieser Erfolg war achtunggebietend. Um 1879 waren 340 Holzschleifer in Betrieb und in Deutschlands Holzschliffindustrie verarbeiteten 4800 Arbeiter 80000 t Nadelholz. Von der Erfindung Kellers bis zur Betriebsreife wurden etwa 20 Jahre benötigt. Danach ging die Entwicklung rasant weiter. Während im Jahre 1867 ein Vielpressenschleifer von 60 kW nur 1 t Holzschliff am Tage herstellte, schaffte 1960 ein moderner Voith-Stetigschleifer von 2500 kW etwa 48 t Holzschliff am Tag. Der Pressenschleifer wurde für kleinere Betriebe empfohlen, der kräftige und leistungsfähige Stetigschleifer hingegen für große Werke. Der Stetigschleifer wurde im Jahre 1922 von der Firma Voith eingeführt. In ihm wird ein senkrechter Holzstapel durch umlaufende Ketten stetig gegen den in Wasser tauchenden Schleifstein gepreßt. Hinsichtlich apparativer und stofflicher Daten sei auf das Fachschrifttum verwiesen. Doch sei vermerkt, daß der Holzschliff vornehmlich aus Fichtenholz gewonnen wird. Die hohe Ausbeute von 90–98% und die gute Bleichbarkeit mit Natriumperoxid und Wasserstoffperoxid in Gegenwart von Wasserglas als Stabilisator haben den Holzschliff zu einem beliebten Faserstoff der Papierwirtschaft gemacht. Die wichtigste Verwendung findet er für Zeitungsdruckpapier, allerdings mit einem Zusatz an langfasrigem Zellstoff. In der klassischen Zusammensetzung besteht Zeitungspapier aus 80% Schliff und 20%

Tabelle 5. Die wichtigsten Holzschliffarten

Schlifftyp	Benennung	Schliff-temperatur	Leistungsaufnahme (kW)	kWh/t Schliff
SGW (1843)	Stone groundwood (Steinschliff)	80-90 °C Rundholz	3500	1400-1800
PGW (seit 1965)	Pressure groundwood (Druckschliff)	110-130 °C Rundholz	4000-6000	1400-1800
TMP (seit 1960)	Thermo mechanical pulp (thermomechanischer Holzschliff)	120-130 °C Hackschnitzel Mahlscheiben	7000	2200

Zellstoff. Neuerdings gewinnen die PGW- und TMP-Schliffe an Bedeutung (Tabelle 5).

Nicht jedes Holz läßt sich gut schleifen. Am geeignetsten sind Fichte und Tanne, auch noch Pappel und Espe. Die Kiefer macht erhebliche Schwierigkeiten, vor allem, wenn das Harz nicht hinreichend gealtert ist. Hingegen läßt sich die Kiefer gut nach dem Braunschliffverfahren, d.h. nach vorherigem Dämpfen, in einer Ausbeute von 70-82% verarbeiten. Der braune Schliff hat gute Festigkeitseigenschaften und wird vornehmlich für Verpackungswaren verwandt.

Wie sich aus dem Fließschema für Holzschliff (Abb. 47) ergibt, wird der rohe Schliff in besonderen Sortierern vom Grobstoff befreit, der in Kegelrefinern zu Feinstoff verarbeitet wird. Solche Refiner verschiedenen Typs sind die dem Holländer folgenden Generationen von Mazerationsgeräten. Einige Typen, wie die Bauer-Mühle und der Asplund-Defibrator, lassen die Gewinnung von Schliff aus Hackschnitzeln zu, wie sie beispielsweise aus dünnem Durchforstungsholz oder Sägewerkabfällen gewonnen werden. Dieser *Hackschnitzelschliff* wird nach Einweichen der Schnitzel in Wasser oder Dämpfen in einer Ausbeute bis 90% gewonnen. Da dieser Schliff nicht aus Stammholz, sondern aus Abfällen gewonnen wird, trägt er zu einer wesentlichen Ausnützung des Holzes bei. Weitere Schliffverfahren setzen eine chemische Behandlung des Holzes oder der Hackschnitzel voraus. Die Namen solcher moderner Verfahren werden nach angelsächsischem Brauch meist mit abgekürzten Bezeichnungen wiedergegeben, wie das *TMP-Verfahren* (Thermomechanical pulp) oder das *CTMP-Verfahren* (Chemi-thermomechanical pulp). Jene Verfahren, bei denen Chemikalien eingesetzt werden, seien bei den *Halbzellstoffen* besprochen.

Die Erfindung des Holzschliffs gab der Papierindustrie starke Impulse. Doch für sich allein war er für Papiere noch kein idealer Rohstoff. Bei seiner Verwendung für Zeitungsdruckpapier mußte er mit 20% langfaserigem Zell-

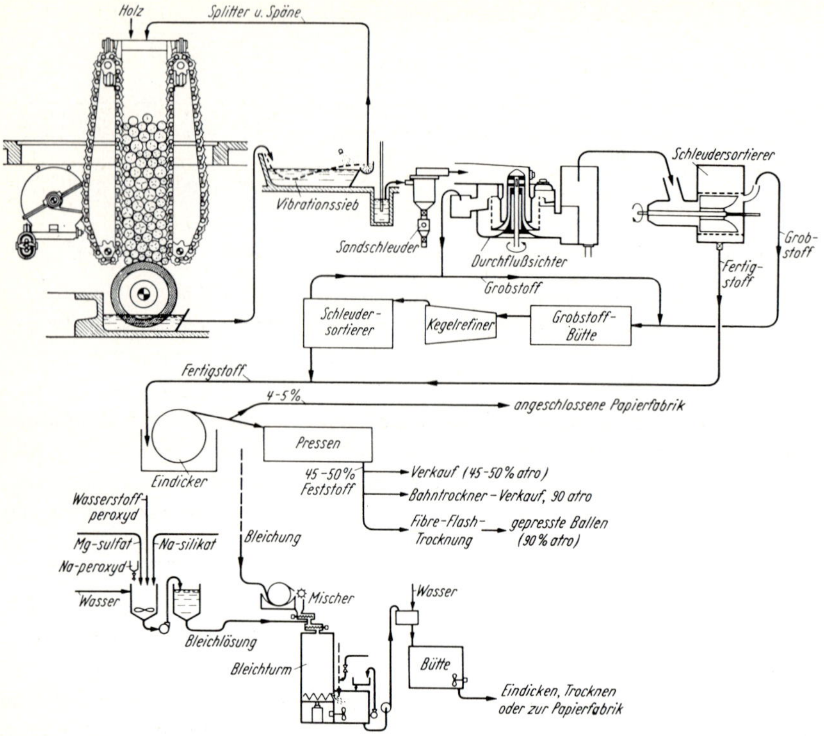

Abb. 47. Schema eines Holzschliffwerkes mit Bleichanlage

stoff versetzt werden. Dafür kam anfangs das Lumpenpapier in Betracht. Doch dessen Menge war begrenzt. Also mußte für das Lumpenpapier ein langfasriger Ersatz geschaffen werden. Während der Schliff noch alle Nebenbestandteile der faserbildenden Zellulose enthält, sollte der neue Stoff möglichst keine inkrustierenden Bestandteile mehr enthalten, also möglichst ligninfrei sein. Dieser Stoff, der Zellstoff, muß chemisch gewonnen werden, da nur so das Lignin aus dem Faserverband entfernt werden kann.

Der erste so gewonnene Zellstoff wurde von den englischen Chemikern Hugh Burgess und Charles Watt im Jahre 1851 durch Kochen von Holzschnitzeln in Alkalilauge bei hoher Temperatur unter Druck gewonnen. Für die Herstellung dieses *Natron- oder Soda-Zellstoffs* wählten die Erfinder sonst wenig genutzte Hölzer, wie Pappel und Hemlock aus. Der Druck des „London Journal“ auf dem so gewonnenen Papier erwies dessen Tauglichkeit. Unter Leitung von Burgess wurden daraufhin größere Produktionsanlagen gebaut. Doch begegneten die Erfinder großen Vorbehalten und vorgefaßter Ablehnung. Aus Enttäuschung verließen sie England und versuchten ihr Glück in Amerika. Dort befaßte sich die 1863 gegründete American Wood Paper Company mit der Auswertung des Alkaliverfahrens. In einer für damalige Zeiten ungewöhnlich großen Anlage in Manayunk stellte man täglich 20 t Zellstoff her. Doch die Firma hielt ihr Vorhaben finanziell nicht durch.

Das nächste Verfahren zur Gewinnung von Zellstoff aus Holz war der Sulfitprozeß. Der Erfinder Benjamin C. Tilghman wurde zu seinen Studien an Holz durch eine zufällige Beobachtung während seiner Experimente über die Einwirkung von Schwefeldioxid auf Fette angeregt. Er hatte diese Versuche im Jahre 1857 in Paris in einem Holzfaß durchgeführt. Dabei bemerkte er, daß die konischen Holzpflöcke, mit denen er Löcher im Faß verschlossen hatte, durch Einwirkung des Schwefeldioxids weich und zottig wurden. Die Bedeutung dieser Beobachtung wurde ihm erst Jahre später klar, als er in Amerika mit Problemen der Papierindustrie in Berührung kam. Er untersuchte nun systematisch die Reaktion von Holz mit Schwefeldioxid. Dabei erhielt er rotgefärbte Fasern und fand, daß die Rotfärbung durch Schwefelsäure verursacht wurde, die sich aus schwefliger Säure gebildet hatte. Um die stark saure Reaktion zu vermeiden, ließ er Calciumbisulfit auf das Holz einwirken. Dabei erhielt er brauchbare Fasern, die sich hervorragend für Papier eigneten. Doch hatte Tilghman dauernd Schwierigkeiten mit seinem undichten Kochgerät. Nachdem er 20000 $ und zwei Jahre harter Arbeit in seine Versuche investiert hatte, verlor er den Mut und brach seine Experimente ab.

Wo Tilghman seine Arbeit beendet hatte, setzten sie die Schweden Carl Daniel Ekman und George Fry fort. Ekman war 1871 Manager der Bergvik Papiermühle und beschäftigte sich mit der Bleiche von Holzschliff mit Hilfe von Schwefeldioxid unter Druck. Als er den Schliff mit einer Lösung von Magnesiumbisulfit kochte, erhielt er unerwartet einen brauchbaren Zellstoff. Die Firma Bergvik gehörte damals einem englischen Werk, das auch Papiermühlen in England hatte. In einem dieser Werke installierte Ekman als Consultant im Jahre 1883 eine Anlage zur Gewinnung von Sulfitzellstoff. Weitere Anlagen baute er in Amerika auf. In etwa der gleichen Zeit – 1872–1874 – verkaufte der Chemiker Alexander Mitscherlich, Chemieprofessor an der Forstakademie Hannoversch-Münden, feinsten, weißen Zellstoff, den er nach dem Sulfitverfahren gewonnen hatte. Nachdem Mitscherlich im Laboratorium Erfolg gehabt hatte, stellte er in der Rissmüllerschen Düngefabrik in Münden einen großen Kessel auf, um in größerem Maßstabe Zellstoff zu gewinnen. Dabei machte er die Erfahrung, daß Versuche im großen oft anders ablaufen als im kleinen Maßstab. Schon bei der Wahl des Kochermaterials begannen die Schwierigkeiten. Da Stahl von der sauren Kochlauge angegriffen wurde, verwandte Mitscherlich als Material für den Kocher Kupfer. Doch Kupfer verfärbte den Zellstoff. Deshalb wurde es durch Blei ersetzt. Doch die Bleiplatten verbogen sich. Schließlich wählte der Erfinder eine druckfeste und säurebeständige Steinauskleidung. In ähnlicher Weise machte die Bereitung einer gleichmäßigen Kochlauge von Calciumsulfit Schwierigkeiten. Doch 1877 hatte Mitscherlich alle Bedingungen der Kochung fest im Griff. Im gleichen Jahre verkaufte er die ersten 10 t-Wagenladungen seines Zellstoffs. Doch jetzt mußte der Erfinder sich gegen Vorwürfe seiner vorgesetzten Behörde zur Wehr setzen. Ihm wurde eröffnet, daß der Betrieb einer Zellstoffabrik unvereinbar mit der Würde eines Hochschullehrers sei. Die Forstbehörde beklagte sich, daß der Abdampf der Anlage das Wild vergräme und Baumschäden verursache. Danach wurde Mitscherlich in eine große Zahl von Prozessen verwickelt. So verklagten ihn zwei süddeutsche Firmen auf über eine Million Mark Schadensersatz, weil entgegen seiner vertraglichen Zusage sich im Interessengebiet dieser Firmen andere Zellstoffwerke niedergelassen hatten. Dieser Schaden war jedoch durch den Wortbruch eines zur Geheimhaltung verpflichteten Ingenieurs entstanden. In anderen Fällen verriet ein ehemaliger Assistent Geheimnisse an Interessenten. Mitscherlich mußte auch erleben, daß seiner Erfindung die Priorität aberkannt wurde. Formal war er demnach nicht Ersterfinder. Doch hatte er der Papierwirtschaft einen großen Dienst erwiesen, zumal sein Verfahren technisch ausgereift war. Mit ihm begann in Deutschland die Herstellung von chemisch aus Holz gewonnener Zellulose.

Das Sulfitverfahren eignete sich vornehmlich für Fichte, nicht hingegen für die harzreiche Kiefer. Doch nach dem von Carl F. Dahl im Jahre 1884 erfundenem Sulfatverfahren läßt sich auch die Kiefer leicht zu Zellstoff verarbeiten. Bei diesem Prozeß werden die Holzschnitzel mit einer alkalischen Lösung gekocht, die zum Ausgleich für Alkaliverluste einen Zusatz von Natriumsulfat erhält. Nach der Kochung wird die Ablauge *(Schwarzlauge)* nach Eindampfen verbrannt und das zurückbleibende Salz aus Alkalicarbonat und Natriumsulfid wiederverwendet. Um das Natriumcarbonat in das für die Kochung benötigte Natriumhydroxid umzuwandeln, wird die Lösung der Salzschmelze mit gelöschtem Kalk umgesetzt *(kaustiziert)*. Entsprechend folgender Gleichung wird so das NaOH im Recycling-Verfahren für die nächste Kochung zurückgewonnen:

$$Na_2CO_3 + Ca(OH)_2 \rightleftarrows 2\,NaOH + CaCO_3.$$

Der entstandene Kalk fällt in Form von Schlamm aus, wird durch Drehfilter abgetrennt und zur Wiederverwendung zu CaO verbrannt. Nach diesem Kreisprozeß wird die zur Wiederverwendung geeignete *Weißlauge* erhalten. Sie enthält etwa 8–9% NaOH, 2% Na_2S und geringe Mengen an Natriumsulfat und Natriumcarbonat. Durch den erwähnten Kreisprozeß wird also das Natriumhydroxid auf billige Weise regeneriert, der Alkaliverlust durch Zusatz von billigem Natriumsulfat ausgeglichen und die etwa 50% der aus

Holz herausgelösten Bestandteile über die *Schwarzlauge* als Heizmaterial verwendet. Der erhaltene Sulfatzellstoff *(Kraftzellstoff)* ist zwar dunkel, doch sehr fest und besonders für Packpapier und als Deckpapier für Pappen geeignet. Nach Bleichung ist der Sulfatzellstoff allgemein in der Papierwirtschaft verwendbar. Das Sulfatverfahren war besonders für die skandinavischen Länder von Vorteil, weil es die Verwertung der Kiefer für die Zellstoffgewinnung zuließ, die mengenmäßig bis zur Hälfte des Waldbestandes ausmachte.

Nachdem sich Holz als Rohstoff der Zellstoff- und Papierindustrie durchgesetzt hatte, begann nach kurzer Zeit ein rasanter Aufstieg dieser Industrie. Das holzarme England verlor auf diesem Gebiet seine Bedeutung, und holzreiche Länder, wie Schweden, Finnland, Kanada und die Vereinigten Staaten wurden die großen Exportländer.

In Schweden setzte zwischen den alten Sägewerken und den neuen Zellstoffabriken ein erbitterter Kampf um Rohstoffe und Arbeitskräfte ein. Ein Massensterben an Sägewerken war die Folge. Für das damals wichtigste Holzindustriegebiet der Welt, den Raum um Sundsvall, ergibt sich die Strukturänderung überzeugend aus Tabelle 6.
Diese Entwicklung in Richtung zur chemischen Holzverarbeitung ging inzwischen weiter. Früher herrschte die Ansicht, die Papierfabrikation müsse direkt am Markt in den Verbraucherländern angesiedelt sein. Deshalb beschränkten sich die skandinavischen Länder bevorzugt auf den Export von Zellstoff. Inzwischen haben sie aber mit großem Erfolg die Produktion von Papier aufgenommen, insbesondere von Massenpapieren, wie Zeitungsdruckpapier. Auch in der Rohstoffnutzung trat eine bemerkenswerte Änderung ein.

Die Bereitung kochfertiger Hackschnitzel aus Papierholzstämmen ergibt sich aus Abb. 48. In der meist verwendeten Entrindungstrommel wird durch Reibung Holz an Holz die Rinde entfernt. Die entrindeten Stammabschnitte werden in einer Hackmaschine mit rotierenden Messern in Hackschnitzel verwandelt, die in einer Schleudermühle weiterzerkleinert werden. Die Hackspäne werden oft außen gelagert (Farbtafel 15).

Bis nach dem 2. Weltkrieg herrschte die Ansicht, nur Nadelhölzer seien für

Tabelle 6. Strukturänderungen der holzverarbeitenden Industrien im Raum von Sundsvall, Schweden

1880	1910	1938
39 Sägewerke	31 Sägewerke 5 Sulfitzellstoffwerke 1 Sulfatzellstoffwerk	12 Sägewerke 6 Sulfitzellstoffwerke 2 Sulfatzellstoffwerke 1 Holzschliffwerk 1 Faserplattenwerk

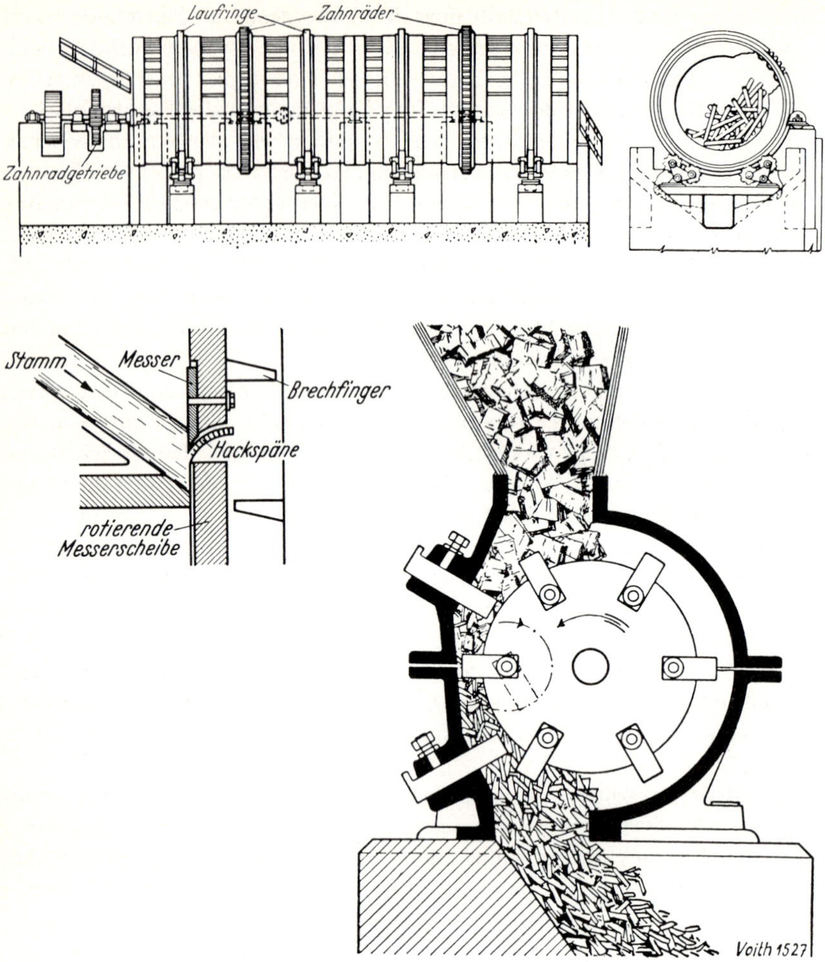

Abb. 48. Schema einer Entrindungstrommel, einer Hackmaschine zur Herstellung von Hackschnitzeln und Schleudermühle zur Zerkleinerung grober Hackschnitzel

die Zellstofferzeugung interessant. In Schweden vernichtete man sogar ganze Birkenwälder durch Besprühen mit Chemikalien. Doch zeigten Forschungsergebnisse, daß die dickwandige Laubholzfaser dem Papier besondere und erwünschte Eigenschaften verleiht. Diese Erkenntnis führte zu einer Aufwertung der Laubhölzer. Schon vorher hatten Forschungen ergeben, daß sich Laubhölzer hervorragend zur Herstellung von *Halbzellstoff* eignen. Bei diesem Fasertyp wird der Aufschluß mit neutraler oder alkalischer Lauge so gesteuert, daß ein Teil der inkrustierenden Begleitstoffe der Zellulose in der Faser verbleibt. Dadurch steigt die Ausbeute auf Werte zwischen 60% und 90%. Besonders bekannt wurden das Kaltnatronverfahren und der Neutralsulfithalbzellstoff (NSSC-Stoff), die beide aus Laubhölzern gewonnen werden. Bei diesen Verfahren kommt es darauf an, durch milden chemischen Angriff eine Ausbeuteminderung möglichst zu vermeiden und gleichzeitig den Verbund der Fasern so zu lockern, daß eine leichte Defibrierung möglich ist. In letzter Zeit wurden viele weitere Verfahren bekannt, die sich meist durch die Art der Defibrierung unterscheiden (Abb. 49). Solche Neuentwicklungen, die eine höhere Ausbeute anstrebten, wurden vor allem durch den allmählich spürbaren Mangel an Nadelholz gefördert. So stellte man in Kanada das normale Sulfatverfahren auf höhere Faserausbeuten um. Zunächst gab man sich bei dem Halbzellstoffverfahren mit einer Ausbeute von 62% zufrieden. Doch dann führte man das Ultra-Hochausbeute-Sulfitverfahren ein, das Ausbeuten von 82–90% gab. Dieser SCMP-Stoff (Sulfitchemical-mechanic pulp) ersetzte den reinen Sulfitzellstoff im Zeitungsdruckpapier, ohne dessen Qualität zu mindern. Im Jahre 1979 wurde die erste CTMP-Anlage (Chemi-thermo-mechanical pulp) in Schweden erstellt. Bei diesem Verfahren werden die Hackschnitzel nach Behandlung mit Na-sulfit in Scheibenrefinern behandelt und geben in einer Ausbeute um 90% einen hervorragenden Faserstoff, der nicht nur für Zeitungsdruckpapier, sondern auch für Tissue, Schreib- und Druckpapier sowie für Karton und Fluff eingesetzt wird. In Europa dürfte die Produktion von CTMP-Stoff etwa 400000 t betragen. Diese Zahl dürfte aber bei weitem zu niedrig geschätzt sein, denn nach neuesten Angaben des Verbandes Schwedischer Zellstoff- und Papierfa-

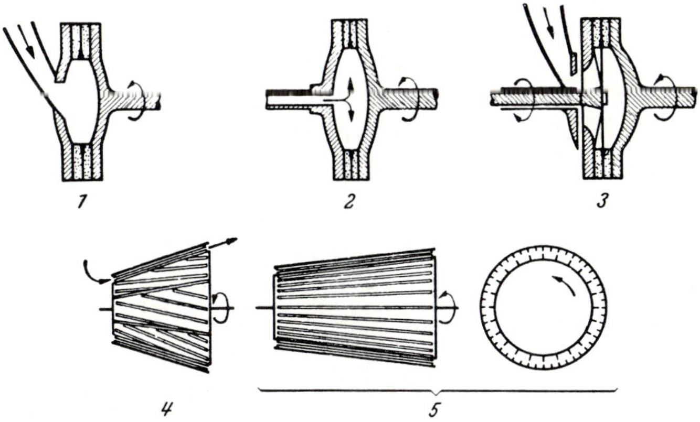

Abb. 49. Verschiedene Typen von Scheiben- und Kegelrefinern

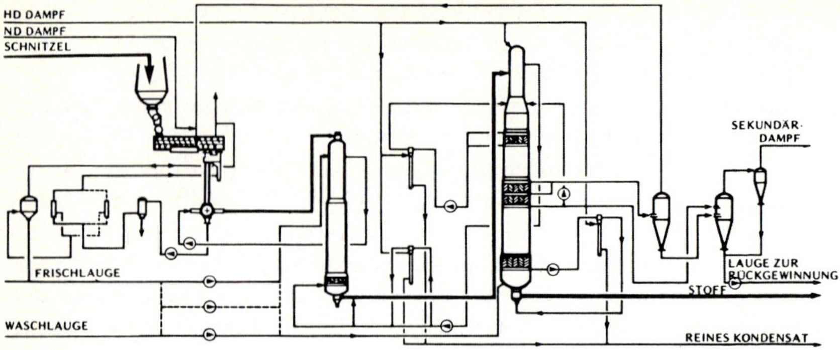
HD DAMPF
ND DAMPF
SCHNITZEL
SEKUNDÄR-DAMPF
FRISCHLAUGE
LAUGE ZUR RÜCKGEWINNUNG
STOFF
WASCHLAUGE
REINES KONDENSAT

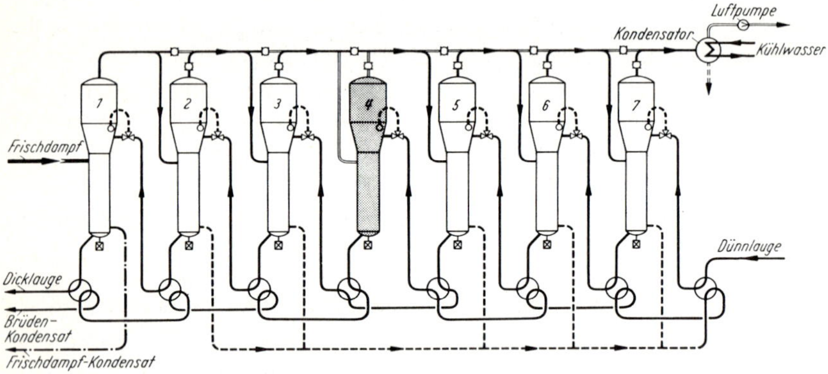
Luftpumpe
Kondensator
Kühlwasser
1
2
3
4
5
6
7
Frischdampf
Dünnlauge
Dicklauge
Brüden-Kondensat
Frischdampf-Kondensat

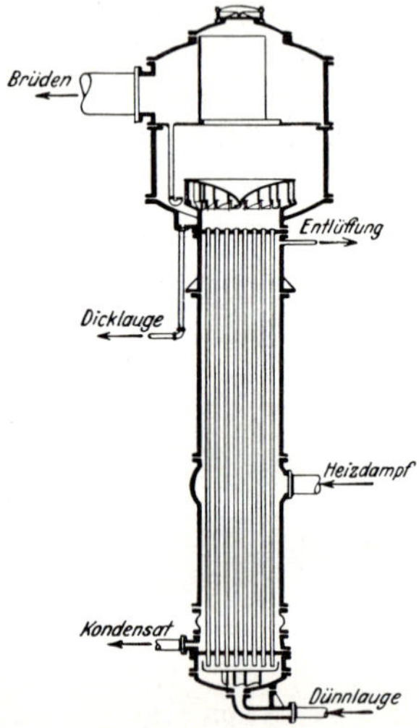
Brüden
Entlüftung
Dicklauge
Heizdampf
Kondensat
Dünnlauge

briken rechnet man in Schweden bis 1989 mit einer Verdoppelung der Produktion von CTMP-Holzstoffen auf 1,6 Mill. Jahrestonnen.

Seine steigende Verwendung für Feinpapiere beruht auf vielen Vorteilen dieses Faserstoffs. Er gibt bessere Festigkeitswerte, höheren Weißgrad, ist harzfrei und gibt bei der Herstellung von Feinpapieren als Zumischung eine Verbesserung des spezifischen Volumens sowie der Biegefestigkeit und des Aufnahmevermögens gegenüber Füllstoffen.

In Europa hat sich von den 90%-Ausbeute-Stoffen die schon erwähnte TMP-Faser durchgesetzt. Ihre Herstellung ist verhältnismäßig einfach. Nach Vorerwärmung der Hackschnitzel in einem Vorwärmer mit Dampf unter Überdruck bei 120° bis 130 °C werden die Schnitzel einem Scheibenrefiner zugeführt, von dem meist nur eine Mahlscheibe beweglich ist. Der feinzerfaserte Stoff ist vielseitig verwendbar. Dieses Verfahren ist vor allem dort zu empfehlen, wo auf Abfälle von Sägewerken zurückgegriffen werden kann. Als Nachteil wurde gelegentlich der hohe Energiebedarf von 7000 MJ/t Holzstoff empfunden. Doch neuerdings gelang es, 70% der Abfallwärme aus dem Refiner für die Papiermaschine zurückzugewinnen. Da der TMP-Stoff geeignet ist, wertvollen Zellstoff teilweise oder sogar voll zu ersetzen, nimmt seine Produktion weltweit ständig zu.

Der bevorzugte Prozeß für Vollzellstoffe ist heute das Sulfatverfahren. Es wird auf breiter Basis auf Nadel- und Laubhölzer angewandt. Statt der stationären Kocher wird der Aufschluß zunehmend für Sulfat- und Sulfitzellstoffe in turmhohen, kontinuierlich arbeitenden Kochern (Kamyr-Kocher) vorgenommen (Abb. 50). Heute wird bereits weltweit die Hälfte allen Zellstoffs mit diesem Kochertyp hergestellt (Abb. 51). Durch Zugabe einer geringen Menge an Anthrachinon hat man beim Sulfatverfahren und auch beim NSSC-Prozeß eine Ausbeuteerhöhung erhalten. Beim Sulfatverfahren wird der Stoff nach Abtrennung der Lauge zerfasert, sortiert (Abb. 52), gebleicht und bei der Verarbeitung in einem integrierten Werk in die angeschlossene Papierfabrik gepumpt. Es gibt jedoch auch Werke, die Exportzellstoff herstellen, den sie in besonderen Transportern auch nach Übersee verfrachten. Meist wird der Zellstoff auf Langsiebmaschinen geformt und durch Längs- und Quermesser auf Format geschnitten und in Ballen verpackt. Einige Firmen gewinnen den Zellstoff in Flockenform. Die Zellstoffproduktion ist heute nur in Großbetrieben mit hoher Kapazität rentabel, vor allem, weil die Investitionen sehr hoch liegen.

Eine wichtige Stufe in der Zellstoff- und Halbzellstoffproduktion ist die Bleiche. Sie bezweckt die Entfernung des im Stoff verbliebenen Restlignins.

◀ *Abb. 50.* Schema einer kontinuierlichen Zellstoffherstellung im Kamyr-Kocher, eine Mehrstufen-Eindampfanlage für Ablauge und Eindampfkörper

Abb. 51. ***a*** Kontinuierlicher Kocher, System KAMYR mit Vorimprägnierung, Tagesleistung 1100 t

Abb. 51. ***b*** Reaktor für die Sauerstoff-Delignifizierung

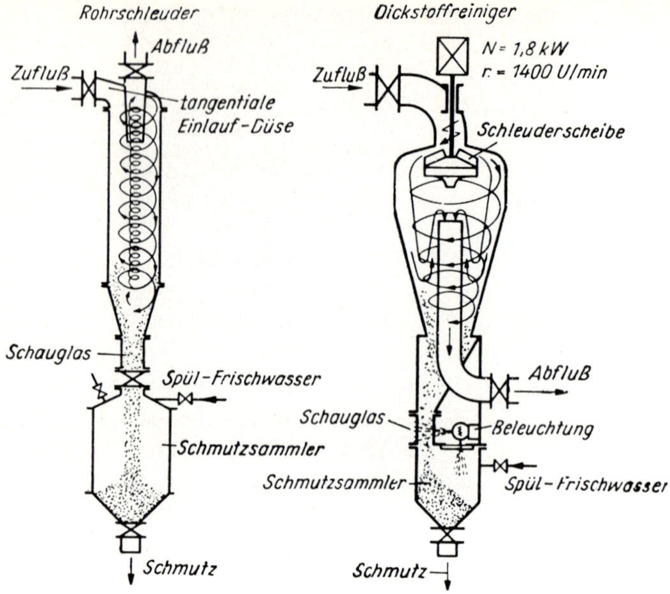

Abb. 52. Rohrschleuder und Dickstoffreiniger zur Abtrennung von Schmutz aus Fasern

Heute wird die Bleiche meist in mehreren aufeinander folgenden Stufen durchgeführt. Zur Kennzeichnung werden die Anfangsbuchstaben der einzelnen Behandlungen in ihrer Reihenfolge angegeben und zwar bedeutet:

C Chlorierung,
E alkalische Extraktion,
H Hypochloritbleiche,
D Chlordioxidbleiche,
P Peroxidbleiche.

So werden im Schrifttum folgende Bleichverfahren der Praxis angegeben:

CEDH, CEHD, CEHEH, CEHDE, CEHDH, und ECEH.

Neuerdings bleicht man auch nach den Systemen CEHDP, CEDED und CEHPH. Bei der Bleiche unter Verwendung von Chlor bilden sich aus dem Lignin giftige Chlorphenole und andere Chlorverbindungen, die in der biologischen Stufe der Abwasserreinigung nicht abgebaut werden. Wie giftig sie auf den Fischbestand wirken, zeigte ein Vergleich der Abwässer von ungebleichtem Sulfatzellstoff und denen von chlorgebleichtem Sulfatzellstoff. Im ersten Fall wurde noch 100 m vom Einlauf in das Meer ein völlig normaler

Barschbestand festgestellt, während bei den Bleichwässern noch 8 Kilometer vom Einlauf entfernt große Schäden an Fischen und Miesmuscheln verursacht wurden. Derartige Schäden scheinen in jener Zeit, als man die Zellstoffablauge und auch die Bleichabwässer ungeklärt ins Meer fließen ließ, gehäuft vorgekommen zu sein. Wahrscheinlich waren die darin enthaltenen giftigen Chlorverbindungen die Ursache der rätselhaften *Haff-Krankheit,* von der 1924, 1932/1933 und dann wieder 1940 etwa 1000 Fischer nach dem Verzehr von Fischen und Aalen befallen wurden. Um derartige Schäden zu vermeiden, flockt man die chlorierten Verbindungen und andere Verunreinigungen mit Kalk, Polyiminen und anderen Mitteln aus und verbrennt sie mit dem Schlamm. Auch gibt es Verfahren, die Giftstoffe mit Aluminiumoxid oder Ionenaustauschern zu entfernen und diese zu regenerieren. Da sich aus chlorierten Phenolen in der Hitze leicht die sehr giftigen Dioxine bilden, muß die Verbrennung bei Temperaturen über 1000° durchgeführt werden. Nach neueren Erkenntnissen kann die Zerstörung der Dioxine auch bei niederen Temperaturen erfolgen, wenn die Erhitzung anaerob erfolgt. Auch eine Beseitigung durch Mikroorganismen oder Bestrahlung ist denkbar. In der letzten Zeit nehmen die Bestrebungen zu, wegen der genannten Nachteile überhaupt kein Chlor mehr für die Bleiche zu verwenden. Als Bleichmittel wurden daher in steigendem Maße Chlordioxid, Ozon, Stickstofftetroxid und Wasserstoffperoxid vorgeschlagen, oft in Verbindung mit Sauerstoff. Das in großen Mengen verwendete Wasserstoffperoxid wird fast ausschließlich nach dem Anthrachinon-Autoxidationsverfahren hergestellt und zwar entsprechend folgender Formulierung aus Luftsauerstoff und Wasserstoff mit Hilfe eines Anthrachinon-Derivates als Reaktionsträger:

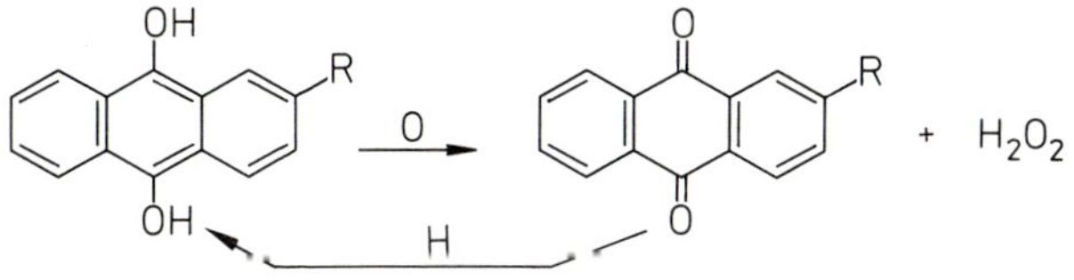

Wasserstoffperoxid dient vor allem zur Bleichung holzhaltiger Faserstoffe und Altpapier. Die Verwendung von Ozon zur Bleichung kam trotz vieler Bemühungen nicht über das Stadium von Pilotanlagen hinaus. Nach bisherigen Versuchen käme eine Ozon-Bleichung allenfalls für Zellstoffe mit niedrigem Ligningehalt in Betracht.

Neuerdings hat sich die Sauerstoff-Delignifizierung – und zwar ausschließlich aus Gründen des Umweltschutzes – als Vorbleiche durchgesetzt. Im Jahre 1986 wurden bereits 10% der Weltproduktion an gebleichtem Zellstoff auf diese Weise gewonnen. Von 1978–1986 wurden allein 50 Anlagen mit einer Jahresproduktion von 9 Mill. t Faserstoff in Betrieb genommen.

Abb. 53. Dampfkessel für Sulfitablauge mit Chemikalienrückgewinnung

Die Bleiche bzw. Vorbleiche mit Sauerstoff ist ein einfaches Verfahren, durch das aus Kraftzellstoff etwa die Hälfte des Lignins herausgelöst wird, sodaß für die Endstufe bei Verwendung von Chlor nur geringe Mengen davon eingesetzt werden müssen. Die Endbleiche kann auch mit Natriumhypochlorit und Chlordioxid durchgeführt werden. Ein großer Vorteil der Sauerstoffbleiche ist demnach, daß nur noch geringe Mengen an organischen Chlorverbindungen in die Bleichabwässer gelangen. Die Erzeugung von Sauerstoff kann billig im eigenen Betrieb durchgeführt werden. Das Bleichmittel kann aber auch in flüssigem Zustande geliefert werden. Wegen der Herabsetzung der Bleichkosten und Verminderung der Umweltgefährdung wird die Sauerstoffbleiche zunehmend zu einer Standardmethode der Zellstoffindustrie. Riesige Sauerstoffbleichtürme mit Kapazitäten von über 700 t/Tag an Kraftzellstoff sind heute deshalb Wahrzeichen umweltfreundlicher Zellstoffwerke (Abb. 51 b).

Da bei der Zellstoffkochung etwa die Hälfte der Holzsubstanz in die Ablauge geht, ist man bemüht, dafür eine Verwertung zu finden. Besonders gilt das für das Lignin, das im Holz zu etwa 25–30% vorkommt. Zwar hat man aus der Sulfitablauge Alkohol *(Sulfitsprit)* und Vanillin gewinnen können, doch fehlt ein Verfahren der Massenverwertung, obwohl die Zahl entsprechender Patente unübersehbar groß ist. Man kann es schon als befriedigend erachten, daß durch die Laugenverbrennung ein erheblicher Teil der benötigten Energie der Zellstoffwerke gedeckt werden kann (Abb. 53). Das Lignin in den Ablaugen des Sulfat- und Sulfitaufschlusses ist bereits stark verändert und nicht mehr so reaktionsfreudig wie das native. Man hat daher versucht, durch Organosolv-Aufschlüsse neben reinem Zellstoff natives Lignin als Chemierohstoff zu gewinnen und zugleich umweltgefährdende Abwässer und Abgase zu vermeiden. Als Aufschlußlösungen wurden Metyhl- und Äthylalkohol, Essigsäure, Äthylacetat, Chloräthanol und andere Lösungsmittel vorgeschlagen. Im Jahre 1986 wurde sogar eine halbtechnische Anlage von der Technocell AG aufgestellt, die nach dem MD-Organosolv-Verfahren mit Methanol/Wasser, Natronlauge und Anthrachinon arbeitet und 1000 t Zellstoff im Jahr erzeugen soll.

Man glaubt, daß sich das Verfahren bei Erfolg für kleinere und mittlere Betriebe eignen wird. Da jedoch keine ungewöhnlich wertvollen Produkte gewonnen und der Betrieb als feuergefährlich einzustufen ist, dürfte kaum mit einem Erfolg zu rechnen sein. Die Annahme, daß kleine Betriebe wirtschaftlicher als große seien, ist gewiß nicht stichhaltig. Dieses Experiment hat China bereits auf dem Gebiet der Stahlerzeugung unter Mao mit hohen Kosten hinter sich gebracht. Nach überspannten Hoffnungen erlitt die Technologie der kleinen Betriebe kläglich Schiffbruch.

Die beste Ligninverwertung besteht zur Zeit darin, es in den Faserstoffen zu belassen, also die Gewinnung von Faserstoffen mit hoher Ausbeute anzustreben. Als Nebenprodukt in einer Menge von über eine Million t gewinnt man beim Sulfataufschluß der Kiefer das Tallöl (schwedisch *tall* = Kiefer) und das Sulfatterpentinöl. Tallöl besteht überwiegend aus Harzsäuren und Fettsäuren vom Typ der Leinölfettsäuren. Es wird in großen Mengen fraktioniert destilliert. Die dabei anfallenden Harzsäuren werden bei der Herstellung von Papierleimen, in der Kautschuksynthese und für viele andere Zwecke verwendet. Die Fettsäuren werden nach Veresterung mit mehrwertigen Alkoholen zu Lacken und Farben verarbeitet. Das als Nebenprodukt anfallende Sulfatterpentinöl dient heute in großen Mengen als Ausgangsmaterial für die Synthese von Riechstoffen, Insektiziden und Fungiziden. Die aus Terpentinöl hergestellten Terpenharze werden für Klebmassen und andere Produkte verwendet.

Die Chemie und der Aufbau des Holzes

Für die Wissenschaft und Technik ist die Kenntnis vom anatomischen und chemischen Aufbau des Holzes von großer Bedeutung. Betrachtet man den Querschnitt eines Holzstammes, so erkennt man von außen zum Zentrum folgende Schichten (Abb. 54):

1. die Außenrinde oder Borke,
2. die Innenrinde oder den Bast,
3. das Kambium, eine sehr schmale Zone lebender Zellen, von denen aus das Dickenwachstum erfolgt,
4. den eigentlichen Holzteil mit den durch die Jahresringe gekennzeichneten Zuwachszonen,
5. das Mark.

Die Jahresringe geben die Grenze zwischen dem weniger dichten Frühjahrsholz und dem dichteren Sommerholz an. Die Zahl der Jahresringe gibt Aufschluß über das Alter des Baumes und der Abstand zwischen den Ringen über den Volumzuwachs in der jeweiligen Wuchsperiode. Diese für den Forstmann wichtigen Daten werden an dem Bohrkern vorgenommen, den man mit dem Zuwachsbohrer erhält. In den Tropen ist die Ausbildung von Wachstumsringen von Regen- und Trockenperioden abhängig und kann daher unterbleiben oder mehrfach im Laufe des Jahres auftreten.

Ist das Dickenwachstum des Holzes weit fortgeschritten, so wird der innere, tote Teil des Stammes nicht mehr für die Wasserleitung benötigt. Er füllt sich zunehmend mit Luft. In ihm werden mit fortschreitendem Alter Ballaststoffe abgelagert, wie Gerbstoffe, Harze und andere Inhaltsstoffe. Diese Ablagerung ist oft mit einer Dunkelfärbung dieser Zone verbunden. Man nennt sie „Kernholz". Die Kernholzbildung ist zwar eine Funktion des Alterns, hängt aber auch von der geographischen Breite ab. So setzt die Kernbildung bei der Kiefer in Südschweden mit 25 Jahren, in Mittelschweden mit 40 Jahren und in Nordschweden mit 75 Jahren ein.

Die mikroskopische Untersuchung von Hölzern läßt verschiedene Zellarten erkennen, die bei Nadel- und Laubhölzern recht unterschiedlich sind (Abb. 54). Bei Nadelhölzern besteht der Holzteil vorwiegend aus Tracheiden, die mindestens 90% des Holzteils ausmachen. Es sind langgestreckte Röhren mit meist viereckigem Querschnitt, die an den Enden geschlossen sind. Ihre

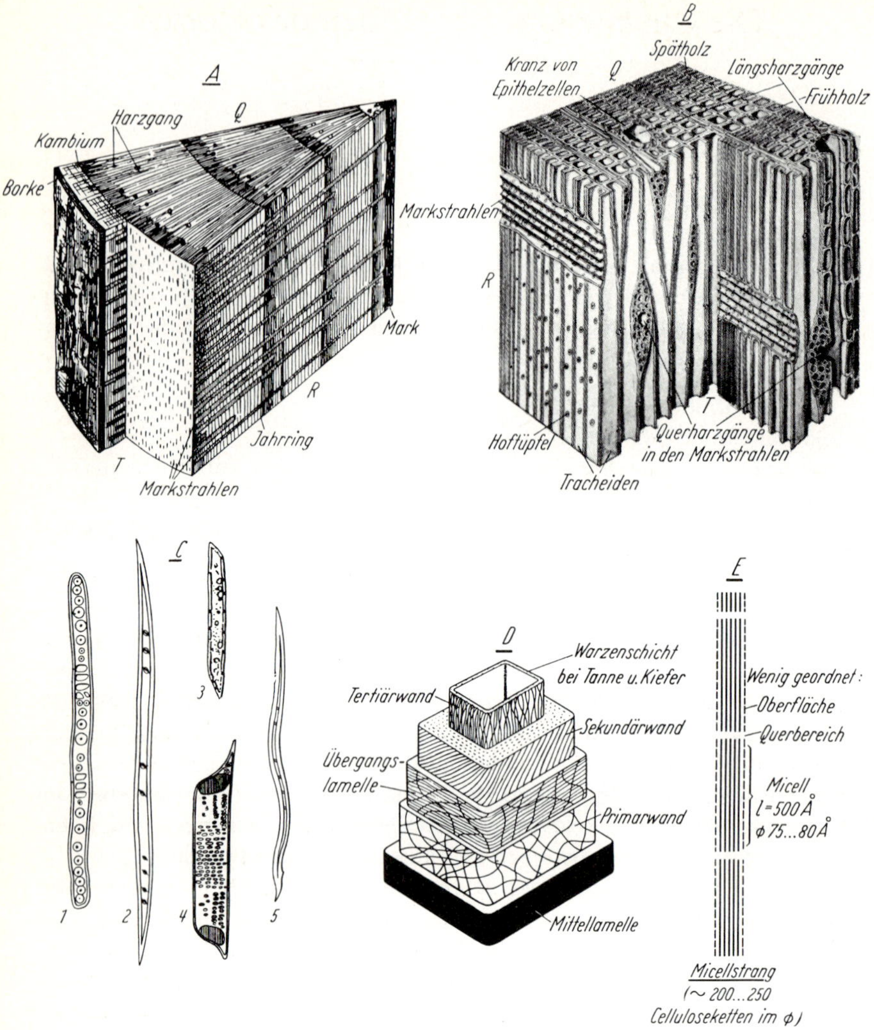

Abb. 54 A–D. Anatomischer Aufbau des Holzes und der Holzfaser.
A Keilstück einer 4jährigen Kiefer. ***B*** Ausschnitt einer Kiefer mit Harzgängen.
C Fasertracheide aus dem Frühholz *(1)*, aus dem Spätholz der Kiefer *(2)*,
Markstrahlparenchymzelle der Rotbuche *(3)*,
Gefäß der Rotbuche mit ringförmiger Durchbrechung *(4)*,
verdickte Libriformfaser der Rotbuche *(5)*
D Schema einer Holzfaser nach Meier. ***E*** Schema vom Aufbau eines Micellstrangs

Tabelle 7. Die Volumprozente einiger anatomischer Elemente in verschiedenen Hölzern

Holzart	Faserzellen	Markstrahlzellen	Parenchymzellen	Gefäße
Fichte	95,3	4,7		
Kiefer	93,1	5,5	1,4 (Harzgänge)	
Birke	64,8	10,5		24,7
Buche	37,4	27,0	4,6	31,0

Länge beträgt bei der Tanne etwa 3-4 mm, bei der Kiefer 3-3,5 mm. Neben den Tracheiden besitzen die Nadelhölzer noch sehr wenige dünnwandige Parenchymzellen, die lebendes Protoplasma enthalten und der Speicherung von Reservestoffen dienen. Weitere Zellelemente der Nadelhölzer sind die Markstrahlen und die radial und vertikal verlaufenden Harzkanäle.

Das charakteristische Merkmal der Laubhölzer sind die Gefäße oder Tracheen. Sie stellen lange Röhrenkanäle dar, die den Holzkörper durchziehen. Ihre Wandung ist oft von spiral- oder netzartigen Versteifungsleisten abgestützt. Der Festigkeit des Holzes dienen Sklerenchym- oder Libriformzellen. Da die Art und die Dimension der Zellarten für die Zellstoffindustrie von großer Bedeutung sind, seien deren Volumprozente für einige Holzarten angegeben (Tabelle 7).

Den ersten Einblick in die Chemie der Holzsubstanz gab der Befund von H. Braconnot (1819), daß sich Holz mit starken Säuren zu Kohlenhydraten abbauen läßt, wobei ein Teil ungelöst zurückbleibt. Damit wurde bewiesen, daß Holz keine einheitliche Substanz ist. Weitere Fortschritte brachten die grundlegenden Arbeiten von A. Payen (1838). Nach aufeinanderfolgender Behandlung von Holz mit Salpetersäure, Alkali, Alkohol und Äther erhielt er einen Rückstand der Zusammensetzung $C_6H_{10}O_5$, den er als Cellulose ansah. Den in Lösung gegangenen Teil nannte Payen *inkrustierende Substanz.* Auch F. Schulze (1857) erhielt Cellulose nach Behandlung des Holzes mit Kaliumchlorat und Salpetersäure. Den in Lösung gegangenen Teil nannte er erstmals *Lignin.* E. Fremy (1868) unterschied bereits drei verschiedene Substanzen im Buchenholz: unser heutiges Lignin (20%), unsere heutigen Hemicellulosen (leicht verunreinigt mit Lignin) (40%) und die Cellulose (40%). An dieser Einteilung hielt man auch Anfang unseres Jahrhunderts noch fest. Die Menge des Lignins gab der Schwede Klason nach Differenzbestimmung mit 30% an. Ab 1925 wurde das Gebiet der Cellulose und ab etwa 1935 das des Lignins intensiv erforscht.

Bei der Konstitutionsbestimmung der Cellulose spielte dessen Hydrolyse zu Glucose eine große Rolle. Tollens (1914) hielt die Cellulose für ein polymeres Anhydrid der Glucose mit der Summenformel $(C_6H_{10}O_5)_x$ und nahm

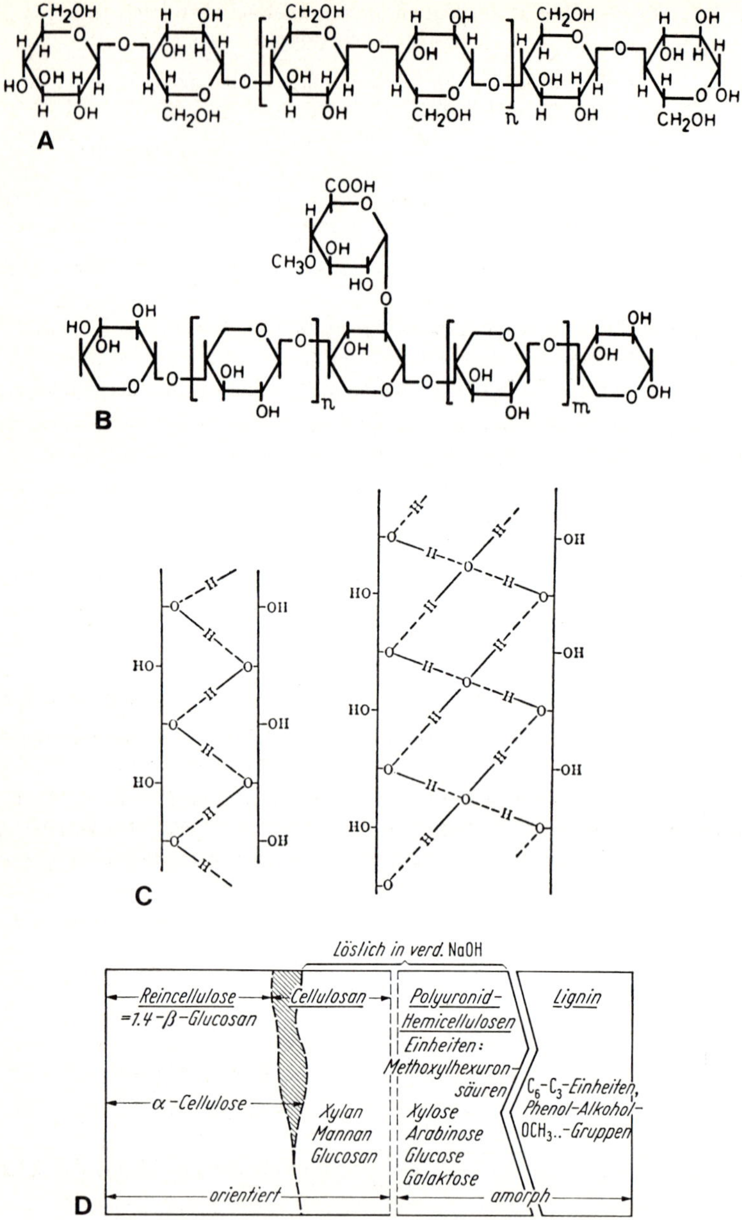

Abb. 55. ***A*** Formel der Cellulose, ***B*** des *sauren* Birkenxylans, ***C*** Wasserstoffbindungen zwischen Celluloseketten (*links:* trockne Cellulose, *rechts:* feuchte Cellulose). ***D*** Schema der Zellwandbestandteile

für sie die Konstitution eines großen Rings an. Für die weitere Erforschung stand die Ausbeute an Glucose im Vordergrund. Monier-Williams (1921) erhielt bei der Hydrolyse eine Ausbeute von 90%. Als man aus methylierter Cellulose 99% Trimethylglucose erhielt, schien der Beweis erbracht, daß die Cellulose ausschließlich aus Glucose aufgebaut ist.

Einen Schritt weiter führten die Arbeiten von Haworth (1925/1927). Er fand, daß die Glucose nicht die Furanose-, sondern die Pyranoseform besitzt und daß beim acetolytischen Abbau vornehmlich acetylierte Cellobiose entsteht. Aus dem Röntgendiagramm der Cellulose ergab sich, daß die Länge der Elementarzelle 10,25 Å betrug. Dieses war genau die Länge der Cellobiose. Demnach ist Cellobiose die immer wiederkehrende Einheit in der Cellulosekette (Abb. 55).

Für die Charakterisierung einer Cellulose ist ihre mittlere Kettenlänge in Glucoseeinheiten, der sog. Durchschnittspolymerisationsgrad (DP) von Bedeutung. Er kann nach verschiedenen Methoden bestimmt werden, meist viskosimetrisch. Der DP-Wert hängt von der Herkunft der Cellulose und der Art der Gewinnung ab. Einen Hinweis gibt die Tabelle 8.

Neuerdings hat man in milde gewonnenen Cellulosen aus Nadel- und Laubholz DP-Werte von 4000–5000 gefunden, bei Cellulose aus Farnen sogar solche von 10000. Ein klareres Bild über die DP-Werte von Cellulosen verschiedener Herkunft erhält man durch Aufnahme der DP-Verteilungskurven (Abb. 56).

Um die Natur der Cellulose zu verstehen, reicht nicht die Kenntnis der Cellulosekette und ihres DP-Wertes aus. Wichtig sind die Nebenvalenzbindungen zwischen den Celluloseketten, die sog. *Wasserstoffbrücken,* die sich entsprechend Formel C (Abb. 55) zwischen den H- und einem O-Atom benachbarter Hydroxylgruppen zweier Celluloseketten ausbilden, die durch gestrichelte Linien angedeutet sind. Bei feuchter Cellulose bilden sich diese Brücken zwischen den Hydroxylgruppen der Cellulose und dem Wasser aus. Selbst die Moleküle des Wassers werden durch Wasserstoffbindungen zusammengehalten. Ohne diese Nebenvalenzkräfte wäre Wasser selbst bei

Tabelle 8. DP-Werte verschiedener Cellulosen

Holzart	Gewinnungsart der Cellulose	DP-Wert
Picea abies	Nitrierung von Holz	1400
Pinus taeda	Nitrierung von Holz	2400
Populus tremuloides	Nitrierung von Holz	2900 bzw. 5000
Eucalyptus regnans	Nitrierung von Holz	2400
Pinus silvestris	Oxydation mit Chlorit bzw. Chlordioxid	1500
Picea abies	Milder Sulfataufschluß	3100–3600

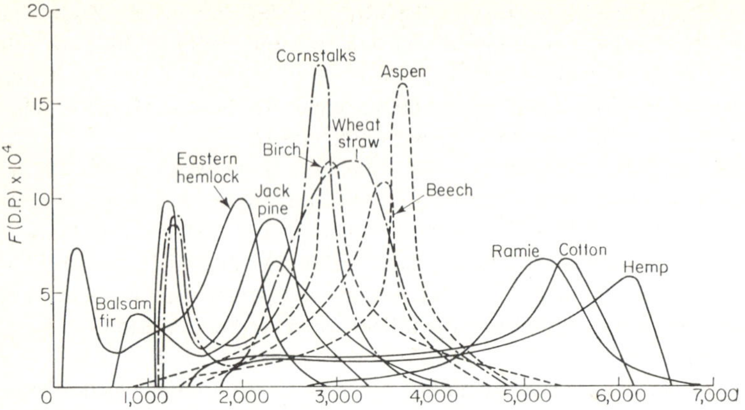

Abb. 56. DP-Verteilungskurven verschiedener Cellulosen

sehr tiefen Temperaturen ein Gas. Eine Folge ist, daß Leben ohne diese Nebenvalenzkräfte auf der Erde unmöglich wäre.

Von den übermolekularen Einheiten der Cellulose sind die Mikrofibrillen mit einem Durchmesser von etwa 250 Å gut unter dem Elektronenmikroskop erkennbar. Eine solch streng geordnete Mikrofibrille wird durch Ultraschall in Elementarfibrillen von etwa 75 Å Durchmesser zerlegt. Diese enthalten im Abstand von etwa 500 Å einen lockeren Querbereich, der bei der Hydrolyse bevorzugt angegriffen wird. Dabei entstehen spindelförmige Micelle von gleicher Dicke wie die Elementarfibrille (Abb. 54E).

Den Aufbau einer Holzfaser zeigt Abb. 54D. Sie besteht aus der vorwiegend Lignin enthaltenden Mittellamelle, der Primärwand, der Übergangslamelle, der mehrschichtigen Sekundärwand und der das Lumen umgebenden Tertiärwand. Der verschiedene Verlauf der Fibrillen in den einzelnen Schichten ergibt sich aus Abb. 54E, in der die Teilabbildung B den Aufbau des Kiefernholzes und in D den einer Faser wiedergibt.

Der stofflich chemische Aufbau des Holzes ist im Formelschema der Abb. 55D übersichtlich wiedergegeben. Im orientierten, d.h. kristallinen Teil, ist außer der α-Cellulose (unlöslich in verdünnter Natronlauge) der in verdünnter Natronlauge lösliche Cellulosan-Anteil wiedergegeben. Der amorphe Hemicellulose-Anteil enthält kurzkettige Kohlenhydrate aus Xylose, Arabinose, Glucose, Galaktose und Methoxylhexuronsäure. Die amorphen Hemicellulosen wie auch die kristallinen sind in verdünnter Natronlauge löslich. Als Beispiel einer Hemicellulose sei die Formel des sauren Birkenxylans angegeben (Abb. 55B).

Die Summe von Cellulose und Hemicellulose bezeichnet man als „Holocellulose“. Grob definiert kann man die Holzsubstanz demnach als die

Tabelle 9. Zusammensetzung einiger Hölzer und Gräser

Pflanze	Cellulose (%)	Hemicellulose (%)	Lignin (%)	Xylan (%)	Mannan (%)
Picea abies	43	27	29	7,6	10,3
Pinus silvestris	44	26	29	7,2	7,6
Betula verrucosa	40	39	21	24,6	0,5
Maisstengel	43	43	14	23,3	0
Weizenstroh	42	36	22	22,6	0

Summe von Holocellulose + Lignin auffassen. Wie sich aus Tabelle 9 ergibt, bestehen hinsichtlich des Cellulosegehalts verschiedener Hölzer und Gräser keine großen Unterschiede, wohl aber hinsichtlich des Gehalts an Hemicellulose und Lignin. Der Aufbau des Lignins wurde erst vor etwa 20 Jahren geklärt. Diese amorphe Substanz umhüllt die Cellulosestränge wie der Zement im Beton die eisernen Armierungsstäbe. Die Arbeiten einer Reihe von Forschern, besonders von K. Freudenberg, hatten ergeben, daß Lignin aus methoxylhaltigen Phenylpropan-Einheiten aufgebaut ist, die durch Äther- und C-C-Bindungen verknüpft sind und daß das Koniferen-Lignin 15–16% Methoxylgruppen, das Laubholz-Lignin hingegen 20–22% enthält. Die Ursache dieses Unterschieds liegt darin begründet, daß Nadelholzlignin vorwiegend Guajacyl-Bausteine, Laubholzlignin hingegen Syringyl-Bausteine enthält (Abb. 57 A). Durch verschiedene Abbaumethoden wurden Phenylpropan-Bruchstücke und dimere Verbindungen erhalten. Weiteren Aufschluß über die Konstitution des Lignins erbrachten Versuche mit Modellverbindungen und biogenetische Untersuchungen. Unter Berücksichtigung aller Ergebnisse stellte K. Freudenberg eine Formel des Lignins auf, die alle Reaktionen des Lignins zu erklären vermochte (Abb. 57 C). Eine besondere Stütze für die Ligninformel waren biogenetische Versuche. K. Freudenberg und K. Kratzl erhielten unabhängig voneinander nach Einführung von C^{14}-markiertem Coniferin in junge Kiefern radioaktives Lignin, das sich bei allen Abbauversuchen wie natives Lignin verhielt. Diese Ergebnisse und die anderer Forscher ergaben, daß die Biogenese von der Glucose aus zur Shikimisäure führt und von dort über verschiedene hydroaromatische Zwischenstufen zur ersten aromatischen Stufe, der Phenylbrenztraubensäure, die bereits die Propan-Seitenkette enthält. Der weitere Weg führt über die Einführung der Phenolgruppe in 4-Stellung sowie in 3-Stellung bzw. 5-Stellung und Methoxylierung der Phenolgruppen in 3- und 5-Stellung zu den unmittelbaren Vorstufen des Lignins, die nach Radikalreaktionen das Makromolekül des Lignins geben. Eine Verteilungsanalyse mit Hilfe der UV-Spektren ergab, daß sich 60–90% des gesamten Lignins in der Mittellamelle befinden und 10 bis 20% in der lumennahen Zellwand.

		Hauptanteil im Lignin von
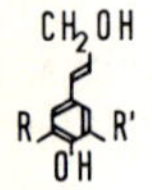	1. R=R'=para-Cumaralkohol	Gräsern
	2. R=OCH_3, R'=H Coniferylalkohol	Koniferen
	3. R=R'=OCH_3= Sinapylalkohol	Laubhölzern

A

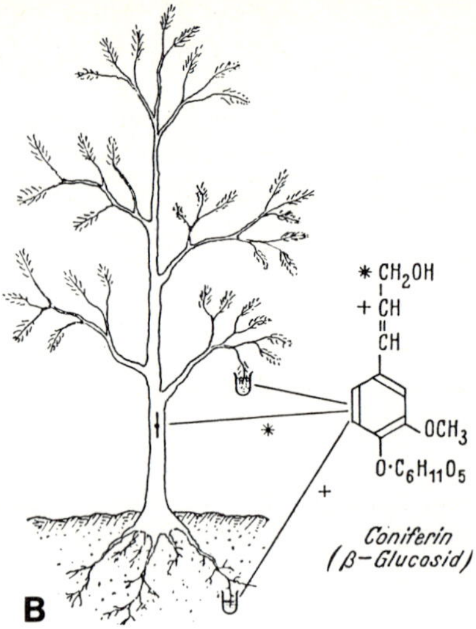

B

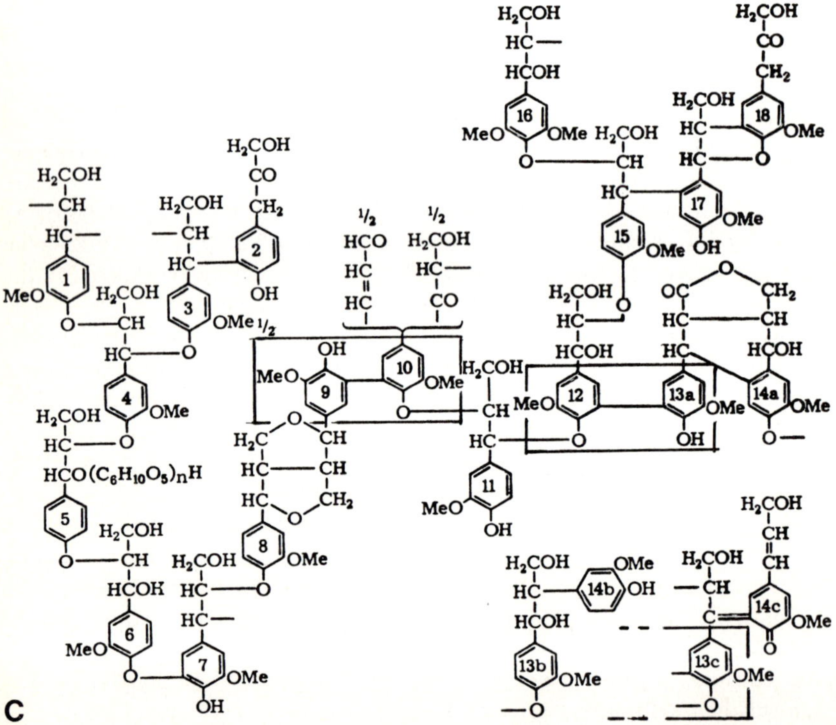

C

In das Lignin (Abb. 57C) ist zu 0,5% eine Coniferylaldehyd-Einheit eingebaut. Sie reagiert mit Phloroglucin-Salzsäure zu einem tiefrot-violetten Farbstoff. Diese Farbreaktion eignet sich hervorragend zum Nachweis von Lignin, beispielsweise in Papieren. Beim Sulfatverfahren werden die Phenoläther-Gruppen in p-Stellung zum Phenol gespalten. Dadurch wird das große Molekül in kleinere Einheiten zerlegt, die unter Phenolatbildung in Lösung gehen. Daneben treten bei der Kochung noch weitere und komplizierte Reaktionen ein. Durch Reaktion mit dem Natriumsulfid bilden sich Mercapto- und Disulfidgruppen, die weiterreagieren können. Beim Sulfitaufschluß von Hölzern tritt an das α-C-Atom der Propan-Seitenkette eine Sulfogruppe. Dadurch wird das Lignin löslich. Doch bei Hölzern mit phenolischen Inhaltstoffen, wie Tannin bei Eichen oder Pinosylvin bei der Kiefer, reagieren diese mit dem α-ständigen Hydroxyl der Propan-Seitenkette und blockieren diese Stelle, so daß bei solchen Hölzern kein Sulfitaufschluß möglich ist.

◂ ***Abb. 57A–C.*** Schema zur Chemie des Lignins. ***A*** Bausteine des Lignins. ***B*** Einführung von radioaktivem markiertem Coniferin durch die Nadel einer jungen Kiefer oder deren Wurzel und dessen Umwandlung zu radioaktivem Lignin. ***C*** Formel des Lignins nach Karl Freudenberg. (Biphenyl-Einheiten umrandet)

Vom Halbstoff zum Papier

Die bisher besprochenen Fasern-Schliffarten, Halbzellstoffe und Zellstoffe, werden als *Halbstoffe* bezeichnet, aus denen nach weiterer Aufbereitung der *Ganzstoff* für die Papierherstellung bereitet wird. Da die Reißlänge der natürlichen Faser bei etwa 40000 m liegt, sollte es prinzipiell möglich sein, ein Papier mit so hoher Reißlänge zu erzeugen. Doch liegt der Wert meist nur um 8000 m. Dieser niedrigere Wert hängt damit zusammen, daß die Festigkeit des Papiers von mehreren Faktoren abhängt, nämlich von morphologischen, chemischen, physikalischen und topochemischen Eigenschaften. Entgegen früherer Ansicht besteht nur ein unwesentlicher Zusammenhang zwischen Faserlänge und Festigkeit bzw. Berstfestigkeit von Papieren. Für die Verbesserung der Festigkeitsdaten kommt der Fibrillierung durch Mahlung eine viel größere Bedeutung zu als der Faserlänge. So nehmen Reißlänge und Berstfestigkeit bei der Mahlung zu, obwohl gleichzeitig eine gewisse Faserkürzung stattfindet.

Wesentlich ist jedoch der Einfluß der Faserlänge auf die Fortreißfestigkeit. Daher können die kurzfasrigen Laubholzzellstoffe für bestimmte Zwecke nicht mit den langfasrigen Nadelholzzellstoffen konkurrieren. Von beträchtlichem Einfluß für den Charakter eines Papiers ist die Zellwanddicke, oder, genauer gesagt, das Verhältnis von Zellwanddicke zum Lumen. Man unterscheidet Fasern vom Bändchen- und Röhrentyp nebst dazwischenliegenden Übergangstypen. Diese Bezeichnungen wurden gewählt, weil dünnwandige, großlumige Fasern nach der Isolierung und Delignifizierung zu einem Band kollabieren, dickwandige Fasern hingegen mehr oder weniger ihre Röhrenform beibehalten. Die Fasern vom Bändchentyp geben Papiere hoher Dichte, relativ geringer Opazität, gleichmäßiger Oberfläche, hoher Reißlänge und Berstfestigkeit. Papiere aus Fasern vom Röhrentyp hingegen sind voluminös, relativ grob und porös. Der morphologische Faktor vermag also viele Eigenschaften des Papiers zu erklären. So beruht die höhere Berst- und Falzfestigkeit von Papieren aus skandinavischen Zellstoffen und solchen aus Zellstoffen der amerikanischen Nordstaaten gegenüber jenen aus den langfasrigen der Südstaaten Nordamerikas auf der Tatsache, daß erstere aus dünnwandigen Fasern, letztere jedoch aus mehr dickwandigen - wenn auch größerer Länge - bestehen. All diese Zusammemhänge sind in Abb. 58 dargestellt.

Als wichtigster chemischer Faktor für die Papierfestigkeit ist der Gehalt an

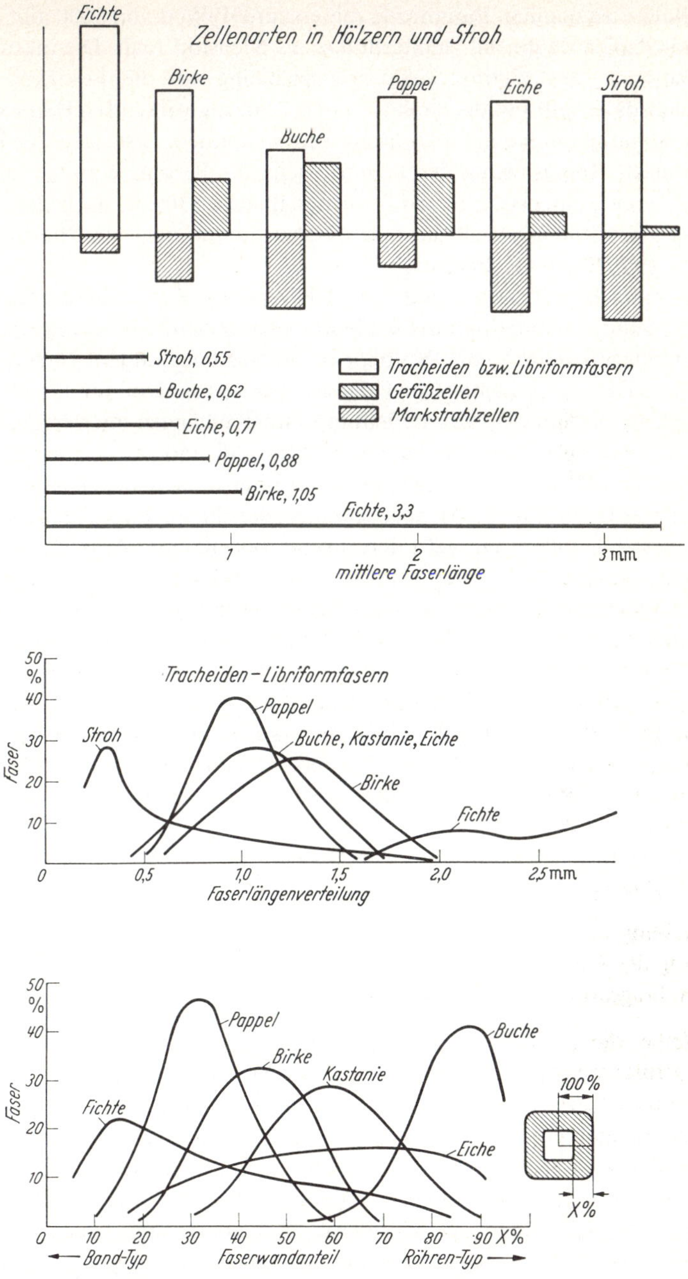

Abb. 58. Morphologie von Fasern einiger Laubhölzer

Hemicellulose zu nennen. Baumwolle mit einem DP-Wert von 3000 gibt kein sehr festes Papier, da ihr die Hemicellulose als Klebstoff fehlt. Die inkrustierende Substanz, das Lignin, wirkt sich nachteilig auf die Festigkeit des Papiers aus, da es selbst hydrophob ist und die günstig wirkenden Hemicellulosen so einhüllt, daß sie nicht wirksam werden können. Erst nach der Bleiche, also nach Herauslösung des Lignins, steigt die Festigkeit an. So ist die Reißlänge von Fichtensulfatzellstoff vor der Bleiche 8300 m, nach der Bleiche hingegen 11150 m. Auch die Falzfestigkeit nimmt nach der Bleiche zu, nämlich von 2830 auf ca. 4000.

Der Ligningehalt fördert jedoch die Steifheit des Papierblattes. Das ist auch der Grund, weshalb ligninreiche NSSC-Halbzellstoffe bevorzugt für die steife Mittellage (fluting) von Wellpappen Verwendung finden. Neben den morphologischen und chemischen Faktoren gibt es topostrukturelle, die für die Festigkeit von Papieren von Bedeutung sind. Sie hängen mit der Zugänglichkeit der Mikrofibrillen an der Oberfläche und anderen Eigenschaften zusammen. Die Kenntnis all dieser Zusammenhänge zwischen Faseraufbau und Papierfestigkeit hat die Mitverwendung oder die alleinige Verwendung von Laubholzzellstoffen sehr gefördert. Früher war man der Ansicht, daß für Zeitungsdruckpapier ein Anteil von etwa 80% Nadelholzschliff und 20% Nadelholzzellstoff erforderlich sei, doch heute werden beide Faserarten mehr oder weniger durch PGW-, TMP- und CTMP-Faserstoffe ersetzt, ohne daß die Qualität des Zeitungsdruckpapiers leidet. Selbst für Feinpapier werden die 90%-Ausbeute-Stoffe eingesetzt. Damit ist neuerdings ein wichtiger Durchbruch in der Verwendung und Versorgung mit Halbstoffen erfolgt. Statt der früher fast ausschließlich verwendeten Nadelholzstoffe hat die Verwendung von Laubholzfasern, wie die von Birke und Eukalyptus, beachtlich zugenommen.

Die Herstellung des Papiers aus den Halbstoffen gliedert sich in folgende einzelne Phasen:

1. Herstellung des *Ganzstoffes*,
2. Bildung des Papierblattes,
3. Vollendungsarbeiten am fertigen Papierblatt.

Jene Werke, die selbst Halbstoffe, wie Schliffarten und Zellstoff herstellen und zu Papier verarbeiten, werden als *integrierte Werke* bezeichnet. In ihnen wird die Suspension der Fasern direkt in die angeschlossene Papierfabrik gepumpt. Zunehmend beziehen jedoch viele Papierfabriken Marktzellstoff aus Skandinavien, Nordamerika und auch aus Brasilien. Diese Halbstoffe werden trocken angeliefert. Früher wurden die Halbstoffe im Kollergang vorzerkleinert. Dieser besteht aus zwei schweren Läufersteinen, die in ungleichem Abstand von der Achse in einer Pfanne - auch *Teller* genannt - kreisen. Der Zellstoff wird zwar im Kollergang durch Zerlegung in einzelne Fasern

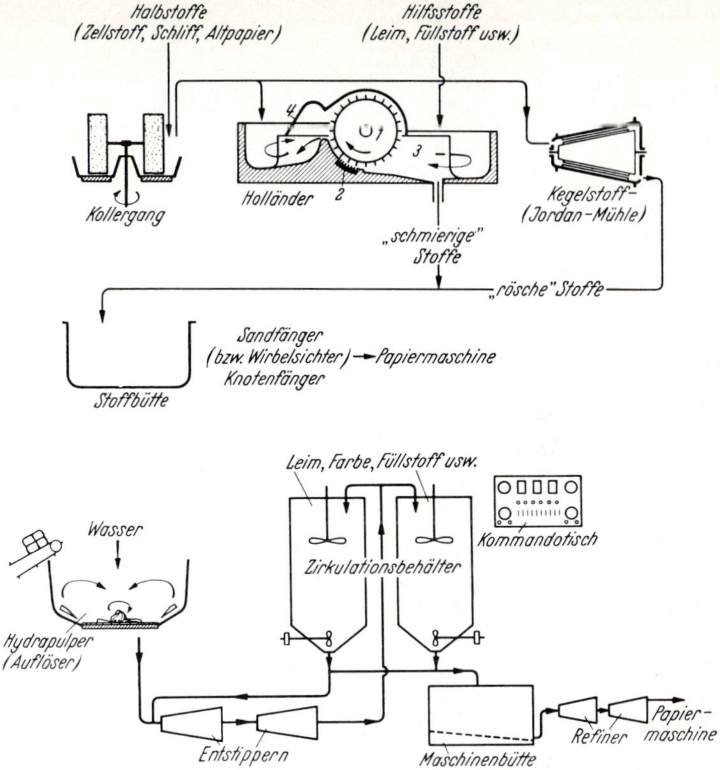

Abb. 59. Herstellung des *Ganzstoffs* für die Papierherstellung nach der klassischen Methode *(oben)* und nach kontinuierlichem Arbeitsverfahren *(unten)*

gut für die Mahlung vorbereitet, doch ist der Kraftbedarf verhältnismäßig hoch, und außerdem leidet die Festigkeit der Faser. Diese herkömmliche Art der Aufbereitung des Halbstoffs ist heute fast durchweg durch eine kontinuierliche Arbeitsweise abgelöst worden (Abb. 59). Dabei wird der Halbstoff in Stoffauflösern (Hydrapulper) soweit aufgelöst, daß er pumpfähig wird. Die Fasersuspension ist aber noch nicht reif für die Papierformung, sondern muß noch in Kegelrefinern gemahlen und mit Leim, Farbe, Füllstoffen und anderen Zusätzen versetzt werden. Als Leim dient vornehmlich verseiftes Maleinatharz *(verstärkter Harzleim)*. Der fertige Vollstoff gelangt dann über den Stoffauflauf auf die Papiermaschine. In der Regel handelt es sich um eine Langsiebpapiermaschine *(Fourdrinier-Maschine)* (Abb. 60). Sie besteht aus folgenden wichtigen Abschnitten:

- Siebpartie, - Pressenpartie, - Trockenpartie.

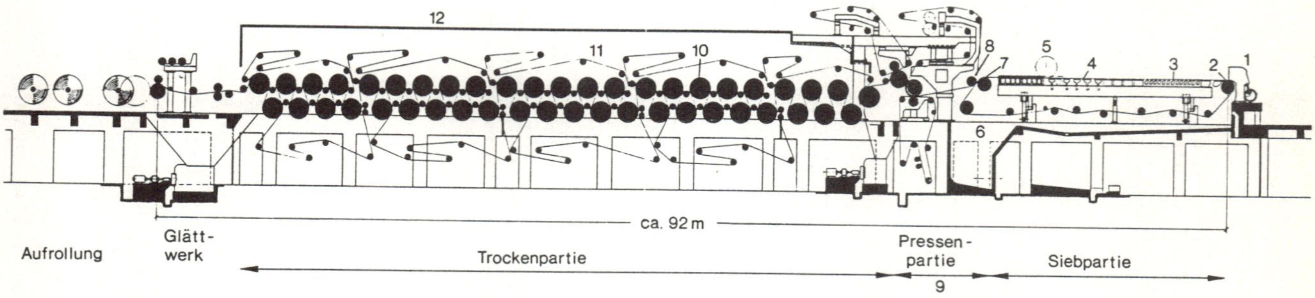

Abb. 60. Druckpapiermaschine. *Technische Daten*: Länge der Papiermaschine: 92 m, Siebbreite: 7150 mm, Papierbreite am Roller: 7400 mm, Betriebsgeschwindigkeit: 500-1000 m/min, Konstruktionsgeschwindigkeit: 1200 m/min, Produktionskapazität: 300 t/24 h, Erzeugnis: Streichrohpapiere 35-80 g/qm *1* = Stoffauflauf, *2* = Brustwalze, *3* = Foilpartie, *4* = Saugkästen, *5* = Egoutteur, *6* = Sieb, *7* = Siebsaugwalze, *8* = Abnahmesaugwalze, *9* = Presspartie, *10* = Trockenzylinder, *11* = Filz, *12* = Haube

Die beiden ersten werden auch unter der Bezeichnung *Naßpartie* zusammengefaßt. Die Stoffaufläufe sorgen für eine gleichmäßige Beschickung der Siebpartie mit der Faserstoffsuspension. Dort wird der größte Teil des Wassers auf einem umlaufenden Sieb durch Sauger entfernt. Wie sich aus Abb. 60 ergibt, nimmt der Feststoffgehalt der Fasersuspension von anfangs <1% auf 10% zu. Durch die folgende Siebsaugwalze wird der Feststoffgehalt der Papierbahn auf ca. 25% und durch die Naßpressen auf ca. 40% erhöht. Die weitere Trocknung der Papierbahn auf 95% Feststoffgehalt wird in der Trokkenpartie durch dampfbeheizte Trockenzylinder übernommen. Letztere sind mit endlos umlaufenden Trocknungsfilzen verbunden, die durch heiße Zylinder laufend getrocknet werden. Zum Schluß folgen Kühlwalze, Glättwerk, Längsschneider und Rollapparat. Die Anzahl der Zylinder richtet sich nach der gewünschten Papiersorte und reicht von 12–48 und mehr bei Zeitungsdruckpapier.

In den letzten Jahren wuchsen die Papiermaschinen zu wahren Giganten (Abb. 61 und 62). Vor allem nahm die Bahngeschwindigkeit und die Bahnbreite gewaltig zu. Diese Entwicklung ist in Tabelle 10 wiedergegeben. Eine der wichtigsten Neuerungen war der Einbau von Saugwalzen. So ist die Gautsche am Ende der Naßpartie heute als Saugwalze ausgebildet. Sie bringt den Trockengehalt der Papierbahn von 12–14% auf etwa 18–21%. Auch die

Tabelle 10. Die zunehmenden Siebbreiten und Arbeitsgeschwindigkeiten von Papiermaschinen

Jahr	Siebbreite (m)	Max. Geschwindigkeit (m/min)	
1799	0,64	5	
1803	0,80	5	
1827	1,50	10	
1840	1,50	15	
1867	1,50	30	
1880	2,50	60	
1889	3,00	80	
1903	4,00	140	
1912	5,10	210	
1919	5,90	305	
1921	7,70	365	
1934	8,15	426	
1954	7,00	610	
1985	–	1860	Tissue
1986	5,34	2200	Tissue
	9,45	1550	Zeitungsdruckpapier
1988	7,4	1400	LWC-Papier

Abb. 61. Feinpapiermaschine mit Duoformer F (Doppelsiebformer) der Firma Voith. Siebbreite 9450 mm, Produktionskapazität 845 t/24 h

Pressen werden in gleicher Weise mit Saugwalzen ausgestattet. Gewisse Schwierigkeiten hatte bisher die Überführung der nassen Papierbahn in die Pressenpartie bereitet. Diese werden nunmehr dadurch umgangen, daß die Papierbahn hinter der Sauggautsche durch eine Vakuumwalze angesaugt und übernommen wird. Diese *Saugbahnüberführung* (Pick-up) schuf erst die Vor-

Abb. 62. Langsiebpapiermaschine, Endpartie

aussetzung für hohe Bahngeschwindigkeiten. Während die Papiermaschinen früher offen waren und die Halle in Wasserdampf hüllten, sind sie heute durchweg mit Hauben versehen (Abb. 61 und 62). Statt der bis zu 200 m langen Fourdrinier-Papiermaschine benutzt man mitunter die Selbstabnahmemaschine. Sie dient zur Herstellung von Tissue für Hygiene-Papiere (Toilettenpapier, Handtuchpapiere, Servietten usw. Pappen werden auf Langsieb und Mehr-Rundsiebmaschinen erzeugt. Man hat viele Versuche unternommen, die klassische Langsiebpapiermaschine durch andere Typen zu ersetzen, doch hat sich ihr Aufbauprinzip bis heute bewährt. Nach Steenberg erfährt die konventionelle Langsiebmaschine schwerlich grundlegende Änderungen, weil die in der Welt laufenden 6000 Papiermaschinen eine riesige Investition darstellen, die auf Neuheiten bremsend wirkt. Da die Lebensdauer einer Maschine etwa 50 Jahre betrage, sei es jedoch naheliegend, von Zeit zu Zeit eine Modernisierung vorzunehmen. Diese lasse sich meist ohne große Schwierigkeiten bei konventionellen Maschinen vornehmen. In den letzten Jahren wurden vielfach ältere Maschinen auf eine größere Laufgeschwindigkeit umgebaut. Mehrfach übernahmen chinesische Papierfabriken gebrauchte europäische Papiermaschinen. Da neue Werke nicht in dem Maße wie alte an die Tradition gebunden sind, können sie auf Neuerungen eher eingehen.

Ein wichtiges Gebiet der Papierwirtschaft ist das Verpackungswesen. Bei der Herstellung von Karton oder Pappe werden Langsieb-, Rundsieb- oder kombinierte Langsieb-/Rundsiebmaschinen verwendet. Bei der Rundsiebmaschine wird von der in einen Trog mit der Fasersuspension tauchenden Siebtrommel die Faser aufgenommen, während durch das Sieb hindurch die Entwässerung vor sich geht. Danach wird das Vlies durch eine umlaufende Filzbahn übernommen. Durch Anordnung mehrerer Siebtrommeln hintereinander können mehrlagige Pappen mit Flächengewichten von 200–1000 g/m^2 erhalten werden. Bevorzugter Rohstoff ist Altpapier.

Ein weiteres wichtiges Erzeugnis der Verpackungsindustrie ist Wellpappe (Abb. 63). Ihre Bedeutung ergibt sich schon daraus, daß 100 Werke der BRD 1986 etwa 2,5 Mill. t = 4,4 Mrd. m^2 Wellpappe zu einem Wert von 3,9 Mrd. DM erzeugten. Für die Mittellage *(Fluting)* wird vornehmlich Altpapier benutzt. Für hohe Qualitäten bevorzugt man Halbzellstoff aus Laubholz. Als Decklage dient meist ungebleichter Sulfatzellstoff (Kraftliner). Wie Papiere werden auch Karton, Pappe und Wellpappe für besondere Zwecke oberflächenveredelt.

Über die Bedeutung von Papier und Pappe auf dem Verpackungsmarkt liegt eine amerikanische Studie aus der Zeit um 1982 vor. Danach dominieren Papiere, einschließlich Vollpappe und Wellpappe, mit einem Umsatzanteil von 42%. Es folgen Dosen mit 20%, Kunststoffe aller Art mit 15%, gefolgt von Glas mit 9%, sowie Folien und Spezialverpackungen mit jeweils 7%.

Einen großen Anteil an der Papierproduktion haben die Hygienepapiere, wie Babywindeln, Papiertaschentuch, Papierhandtücher und Toilettenpapier. Die Artikel für Frauen- und Babyhygiene werden vornehmlich aus reinem, gebleichten Zellstoff hergestellt. Für andere Produkte werden Krepp und Tissue verwandt. Der Krepp wird auf der Papiermaschine durch Stauchung des

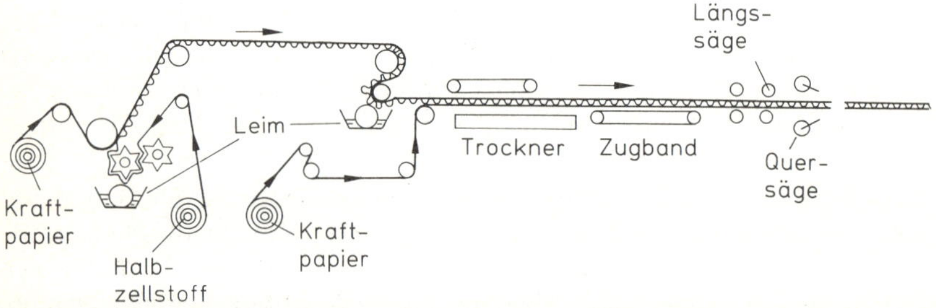

Abb. 63. Schema der Herstellung von Wellpappe

halbtrocknen Papiers innerhalb der Trockenpartie und anschließendes *Festbügeln* gewonnen. Die Herstellung von Tissue wird meist auf einer Spezialmaschine vorgenommen, deren wesentliche Teile eine Presse, ein großer Trockenzylinder und ein Kreppschaber sind. Dieses weiche, feine Papier kann aus zwei Schichten, aber auch mehrschichtig aufgebaut sein.

Seit 1938 werden in Deutschland alle im Geschäftsleben verwendeten Papiere, wie Schreibmaschinenpapier, Durchschlagpapier, Karteikartons und Postkarten, nur noch in Norm-Formaten hergestellt. Jedes DIN-Papierformat (DIN = Deutsche Industrie-Normen) wird durch einen großen Buchstaben und eine angehängte Ziffer bezeichnet. Der Buchstabe kennzeichnet die Formatreihe, während die Ziffer angibt, wie oft das Format der Größe 0 zu falten ist, um das betreffende neue Format zu erhalten. Ein Format DIN A 4 wird also durch viermaliges Falten des Formats DIN A 0 erzeugt. Der Urformatbogen hat die Fläche von 1 m^2. Bei allen DIN-Formaten beträgt das Verhältnis der langen zur kurzen Seite $\sqrt{2}$. Demnach ist die lange Seite des DIN A 0 Bogens 1189 mm und die der kurzen 841 mm. Das DIN-Format wurde als praktisches Maß von vielen Staaten übernommen, z.B. der Schweiz, Belgien, Holland, der UdSSR, Finnland, Schweden und China.

Das Proportionsverhältnis $1:\sqrt{2}$ für DIN-Papierformate ist keineswegs neu. Es wurde schon 1389 in der Marmorplatte zu den *Statuti del Populo* von Bologna als Grundlage für einige Papierformate festgelegt. An dieses bisher älteste Reglement für Papierformate hielt sich im Jahre 1399 eine französische Vorschrift und später die des Kaisers Karl V. für die holländischen Papierfabrikanten. Am 3. November 1798 wurden diese genormten Formate durch ein französisches Gesetz festgelegt. Im Jahre 1912 ging W. Ostwald in seiner Publikation *Die Weltformate I für Drucksachen* nochmals ausführlich auf die Einheit der Flächenmaße ein.

Wie in der BRD der Deutsche Normenausschuß (DNA), arbeiten weltweit nationale Normenausschüsse in der ISO *(International Organization for Standardization)* zusammen. Dieser Organisation trat der Deutsche Normenausschuß 1951 als Mitglied bei. In der Deutschen Demokratischen Republik (DDR) wurden 1961 die DIN-Normen durch sog. *DDR-Standards* ersetzt, die vielfach den DIN-Normen entsprechen. Die Papiermasse wird bei Bogenpapieren in kg je 1000 Bogen (Ries) und bei Rollenpapieren in g/m^2 wiedergegeben.

Tabelle 11. Einige Papiersorten, Kennzeichnung und Verwendung

Papiersorte	Kennzeichnung, Verwendung
Aquarellpapier	holzfrei, radierfest, rauhe Oberfläche, manchmal hadernhaltig
Banknotenpapier	mit Wasserzeichen und anderen Fälschungssicherungen, wie eingelegten Metallfäden, aus Baumwollkämmlingen, auch Hadern (Farbtafel 8)
Bibeldruckpapier (Dünndruckpapier)	holzfrei, stark füllstoffhaltig, niedriges Flächengewicht
Dachpappe	Pappe, mit Bitumen getränkt, besandet
Dekorpapier	30–120 g/m^2, kunstharzimprägniert, bedruckt, z. B. mit Holzmaserung für Möbel
Druckpapier	über 60 g/m^2, holzfrei und holzhaltig, ausreichende Opazität, Festigkeit, Steifigkeit und Glätte, auch gestrichen, für Telefon-, Kurs- und Adreßbücher
Elektroisolierpapier	aus Zellstoff, frei von Füllstoffen, Metall, Salzen und Säuren, meist mit Kunstharzen imprägniert. Bei Kabelpapieren: hohe Längsfestigkeit. Kondensator-Papier: 6–7 g/m^2, porenfrei, dicke 0,006–0,012 mm
Feinpapier	oft mit Hadern, holzfrei, für höchste Ansprüche
Filtrierpapier	aus weichem, gebleichten Zellstoff, z. T. naßfest, Mahlung und Kreppung wichtig
Fotopapier	naßfest, dimensionsstabil, frei von Eisen, Kupfer usw. heute: beidseitig mit Polyäthylenfolie geschichtet
Illustrationsdruckpapier	meist holzhaltig, ungeleimt, füllstoffhaltig, stark satiniert, für den Rotationsdruck
Karton	150–600 g/m^2, durch Aufeinanderpressen nasser Papierbahnen, für Faltschachteln, Feinkartonagen, Papierbecher, für Milch- und Saftverpackungen
Kraftpapier	Verpackungspapier, für Papiersäcke. Kraftliner für Wellpappe. Kraftseidenpapier: unter 30 g/m^2, Einwickelpapier

Tabelle 11. *(Fortsetzung)*

Papiersorte	Kennzeichnung, Verwendung
Kreppapier	erhöhte Dehnbarkeit durch Stauchen, Kreppsack- (Clupak), Krepp Hygiene : Toilettenpapier, Handtücher usw.
Kunstdruckpapier	zweiseitig gestrichen, geschlossene Oberfläche (Farbtafel 13)
Löschpapier	füllstoffrei, voluminös, saugfähig, aus Baumwolle/Linters, und Zellstoff
LWC-Papier (Light weight coated)	zweiseitig gestrichen, holzhaltiges Rollenpapier für Zeitschriften, Kataloge, unter 72 g/m^2
Offsetpapier	rupffest, dimensionsstabil, nicht staubend, holzfrei oder holzhaltig, gestrichen und ungestrichen
Pappe	über 600 g/m^2, Holzpappe aus Holzstoff, Graupappe aus Altpapier
Pergamin	sehr fein gemahlen, stark satiniert, transparent, Einschlagpapier, Schutzumschläge, Kuvertfenster
Recyclingpapier	grau (von restlicher Druckerschwärze), für Zeitungsdruck-, Kopier-, Hygienepapier
Selbstdurchschreibpapier	unter Druck entwickelt sich Farbe, für Unterschriften von Zahlungsbelegen usw.
Synthesepapier	aus synthetischen Fasern (Polyamid, Polyester, Zellwolle), Bindemittel, Füllstoffe; für Landkarten, Ausweise, Dokumente, Textilien
Teebeutelpapier	hochporös, naßfest, geschmacksneutral, 12–16 g/m^2, aus Manilafaser
Tissue (Hygienepapier)	aus einer oder mehreren Lagen dünnem, feingekrepptem Vlies, weich, schmiegsam, saugfähig, aus Zellstoff, de-inktem Altpapier, oder Schliff; für Servietten, Toilettenpapier, Küchenrollen usw.
Zigarettenpapier	ungeleimtes Papier 18–24 g/m^2, aus Leinen- und Hanffasern; heute auch aus besonderen Zellstoffsorten. Zur Steigerung der Glimmfähigkeit hat das Papier einen Füllstoffanteil von über 30%

Recycling von Altpapier

Die Wiederverwendung von Altpapier ist keine Errungenschaft unseres Jahrhunderts. Im Jahre 1774 erschien in Göttingen ein auf Recyclingpapier gedrucktes Büchlein des Rechtsgelehrten Professor Dr. Justus Claproth mit dem Titel *Eine Erfindung, aus gedrucktem Papier wiederum neues Papier zu machen und die Druckfarbe völlig herauszuwaschen.* Hierzu schrieb Johann Christian Wiegleb im *Handbuch der allgemeinen Chemie* von 1781:

> „Endlich ist auch hierbey die Erfindung des Herr Professors Claproth in Göttingen nicht zu vergessen, dass alles bedruckte Papier wieder zu neuem brauchbaren umgearbeitet werden kann, wovon die Hauptsache darin besteht, dass Papier eingeweicht, mit etwas Kalch, Walkererde und Wasser gestampfet werde, um dadurch die Druckfarbe aufzulösen und auszuwaschen, woraus aus dem übrigbleibenden Papierstoff wieder ein brauchbares Druckpapier werden kann."

Die Erfindung Claproths war gewiß interessant in einer Zeit, als das Papier noch aus den knapp gewordenen Lumpen bereitet wurde. Nach der Verwendung von Holz als Papierrohstoff stieß die Wiederverwendung von Papier auf wenig Interesse. Sie beschränkte sich auf die Herstellung von Graupappe und billigem Schrenzpapier, das für einfache Tüten und Rückeneinlagen in Bucheinbänden Verwendung fand.

Heute läuft die Versorgung mit Altpapier über den Altpapierhandel (Farbtafel 14). Ihm obliegt das Sammeln des Altpapiers und der Vorsortierung in verschiedene Qualitätsklassen. Diese Vorsortierung ist von großer Bedeutung, denn nicht jedes Abfallpapier ist für den jeweiligen Zweck geeignet. Lange Zeit wurde nur durch Handarbeit sortiert. Später führte man sie an laufenden Bändern durch. Um die Erkennung von holzhaltigem Papier in den Papierballen zu vereinfachen, besprühte man sie mit Reagenzien, die holzhaltiges gut anfärbten. Diese Handsortierung wurde durch die Maschinensortierung abgelöst, die zwar nicht so sorgfältig arbeitete wie die Handsortierung, aber weit leistungsfähiger ist. Durch die Vorsortierung werden grobe Verunreinigungen, sog. *Ungehörigkeiten,* wie Heftklammern, Holzwolle, Leder, Gummischnüre und dergleichen, entfernt. In modernen Sortieranlagen mit magnetischen Metallabscheidern, Schüttelsieben, Zerfaserern und Entstippern kann bei hohem Durchsatz ein verhältnismäßig schmutzfreier Faserstoff erhalten werden, der jedoch noch Druckerschwärze und Papierzusätze enthält.

Die Entfernung der Druckerschwärze, das sog. *De-inking,* ist eine besonders schwierige Verfahrensstufe. Mit diesem Problem befassen sich sehr viele Patente und Empfehlungen. Da die Druckerschwärze außer Ruß noch Bindemittel, besonders Firnis, enthält, müssen auch diese durch das De-inking entfernt werden. Meist erreicht man das mit Natronlauge, Soda oder Kalk. Statt in Kugelkochern nimmt man diese Behandlungen heute im Stoffauflöser, dem *Pulper* vor, der eine milde Behandlung der Faser ohne wesentliche Herabsetzung des DP-Wertes vornimmt. Beispielsweise wird das Altpapier in Ballenform in den Pulper eingeführt, innerhalb kurzer Zeit defibriert und mit Kalk versetzt. Diese Behandlung findet bei 65–88 °C statt. Die groben Verunreinigungen werden am Boden des Pulper abgeführt und der durch Druckerschwärze grau gefärbte Faserbrei zur Entfernung des Rußes in einer Mehrstufenwäsche mit Kalk, Ton oder Kaolin behandelt. Eine abschließende Bleichung mit Calciumhypochlorit trägt zur Verbesserung der regenerierten Faser bei. Der so gewonnene Stoff soll nach Zusatz von 20% Zellstoff ein gutes Rotationspapier geben. Die Nachteile dieses Verfahrens sind ein hoher Faserverlust und ein stark verunreinigtes Abwasser.

Heute ist dieses konventionelle Verfahren der Aufbereitung von Altpapier durch kontinuierlich arbeitende Prozesse weit überholt. Kernstück dieser modernen Verfahren ist die Entfernung der Druckerschwärze durch das Flotations- oder De-inking-Verfahren. Diese Schaumschwimmtechnik wurde aus der Hüttentechnik übernommen. Dort wurde sie seit 1917 zur Trennung von wertvollen Erzen und Mineralien von der Gangart verwendet. Dazu wird das Gestein frei gemahlen und in Wasser mit Kohlenwasserstoffen versetzt, die vornehmlich die wertvollen Erzpartikeln benetzen. Durch Zugabe von Flotationsmitteln wird die unterschiedliche Benetzbarkeit von Erz und Gangart noch verstärkt. Beim Durchblasen von Luft in Rührwerkszellen werden die Mineralien durch anhaftende Luftblasen nach oben in den sich sammelnden Schaum gehoben und abgeleitet, während die Gangart unbeeinflußt am Boden verbleibt. Dieses Trennungsprinzip der Flotation, das auf der unterschiedlichen Benetzbarkeit der einzelnen Gemengeteile beruht, läßt sich auch zur Abtrennung der carbophilen Rußteilchen von der hydrophilen Faser des Altpapiers verwenden. So läßt sich aus dem Altpapier mit Hilfe von 3% Harzseifen und 3% Kerosin die Druckerschwärze entfernen.

Bei der modernen De-inking-Methode (Abb. 64) führt man drei Arbeitsgänge durch:

1. die Stoffaufbereitung,
2. die Abtrennung der Druckfarbe,
3. die Nachbleiche.

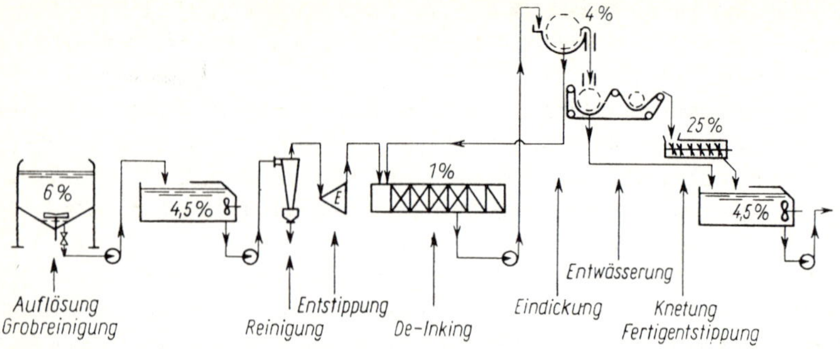

Abb. 64. Schema der Altpapieraufbereitung mittels einer Flotations-De-inking-Anlage

Die Ballen von Altpapier werden nach Zusatz von Hilfschemikalien bei 40-60 °C im Pulper zu einer Suspension von Faserstoff, Füllstoff, Druckfarben und Schmutz aufgelöst. An Chemikalien werden zugesetzt: 1% Natriumhydroxyd, 0,5-1% Wasserstoffperoxid, 1-3% Wasserglas als Stabilisator, 0,1-0,3% Komplexbildner zur Bindung von Mangan, Eisen und anderen Metallen, Tenside für die Flotation und 0,1-0,2% Dispergiermittel.

Die erstgenannten Chemikalien erleichtern die Auflösung der Papierstruktur und fördern eine Dispergierung der Druckfarbe sowie die Bleiche der Papierfasern. Durch eine Verweilbütte gelangt der Stoff in eine Rohrschleuder und einen Entstipper. Grobe Verunreinigungen werden bereits im Pulper und weitere in der Rohrschleuder ausgeschieden (Abb. 64). Nach der Entstippung folgt die Entfernung der Druckerschwärze in den Flotationszellen. Der dunkle Flotationsschaum mit der Druckfarbe kann eingedampft und verbrannt oder deponiert werden. Bei holzhaltigem Altpapier kann nach dem De-inking eine oxidative Bleichung mit Wasserstoffperoxid und notfalls eine Nachflotation und Nachwäsche erfolgen. So ist ein hochweißer Recyclingstoff herstellbar. Natürlich läßt der beschriebene Prozeß viele Abwandlungen und Ergänzungen zu. So kann durch Faserfraktionierung eine Trennung in lang- und kurzfasrige Fraktionen erreicht werden. Bei der Verwendung farbiger Altpapiere ist eine reduktive Nachbleiche mit Dithionit oder Formamidinsulfinsäure ratsam.

Nach dem Flotations-De-inking-Verfahren wurden 1982 weltweit 3,85 Mill. t Altpapier behandelt. In dieser Zeit waren 138 Anlagen in Betrieb. Von den 63 Anlagen in Europa wurden 49 für die Gewinnung von Fasern für Zeitungsdruckpapier, 32 für Tissue- und Kreppapier, 27 für Druck- und Schreibpapier und 15 für Karton eingesetzt. Seit 1982 wurde die Technik bedeutend weiterentwickelt.

Der Recyclingstoff kann 100%ig für die Herstellung von Karton verwendet werden. Bei Wellpappe hat man nicht nur die Wellage (Fluting) sondern auch den normalerweise aus Kraftpapier bestehenden Liner aus Altpapierstoff verwendet. Wie zu erwarten, erreichte die Recyclingwellpappe nicht die Festigkeiten der aus hochwertigen Faserstoffen hergestellten Wellpappe. Doch konnte durch Behandlung mit Formaldehyd und etwas Schwefeldioxid die Naßfestigkeit verbessert werden.

Die Fortschritte für die Regenerierung von Altpapier haben dessen Verwendungsmöglichkeiten wesentlich erweitert. So verwertet die Fiskeby Board A.B. in Schweden ab 1986 Altpapier, das früher wegen seines Gehaltes an Plastik und Aluminiumbeschichtung nicht verarbeitet werden konnte. Daraus stellt sie hochwertigen Karton im Gewichtsbereich 220–650 g/m^2 her, der als Verpackungsmaterial für Lebensmittel, Spielwaren, Werkzeuge und andere Zwecke dient. Etwa 60% des Recyclingkartons werden exportiert. Eine andere Firma stellt aus dem regenerierten Stoff zweischichtiges weißes, weiches Toilettenpapier her. Die Firma Temming A.G. in Glückstadt nahm 1987 auf ihrer neuen Papiermaschine PM4 die Produktion eines 100%igen Recyclingpapiers auf. Die Maschine von 4,60 m Breite soll mit einer Geschwindigkeit von 850 m/min 60000 t Recyclingpapier je Jahr ausstoßen. Das Erzeugnis ist für die Produktion von Fotokopierpapier und EDV-Tabellenpapier gedacht. Erhebliche Mengen von Recyclingpapier werden für Zeitungsdruckpapier eingesetzt. Ein Werk in Kanada errichtet eine De-inking-Anlage mit einer Kapazität von 170000 t/Jahr und legt seine Sulfitzellstoffabrik still, da es seine Produktion von 310000 t Zeitungsdruckpapier auf Recyclingpapier und TMP-Stoff umstellen will. Für ein Werk in den USA errichtet die Maschinenfabrik Voith in Heidenheim eine Altpapieraufbereitungsanlage mit einer Kapazität von 1000 t/Tag. Es ist die größte Anlage dieser Art, die die Firma Voith bisher erstellte.

Die Menge an verwertbarem Altpapier kann bedeutend ausgeweitet werden, wenn Wirtschaft und Behörden die Papierverwendung verwertungsfreundlicher gestalten, indem sie für Papiererzeugnisse keinen Kunststoff, keine schnellhärtenden Druckfarben und keine nichtbleichbaren Farben verwenden. Die Bundespost, die früher die Telefonbücher in nicht regenerierbarer Ausstattung herausbrachte, hat sich auf Wunsch der Papierindustrie umgestellt. Heute sind die Telefonbücher *recycle-freundlich* und tragen wesentlich zum Aufkommen an Altpapier bei.

Um zu zeigen, welche Bedeutung die Altpapierverwertung für die Papierwirtschaft hat, seien einige Informationen des Werkes Schongau der Haindl Papier GmbH wiedergegeben, die die größte Anlage für De-inking in Europa besitzt. Dieses Werk produziert vornehmlich Zeitungsdruckpapier. Die Jahresproduktion beträgt 365000 t (=1030 t/Tag). Für die maschinenglatten Zeitungsdruckpapiere wurden 1963 etwa 15% Altpapier eingesetzt, 1982 hingegen schon 50%. Daraus berechnet sich ein täglicher Verbrauch von 500 t

Altpapier. Da die Bereitung einer Tonne Holzstoff aus Frischholz viermal soviel Energie erfordert, wie die Gewinnung von einer Tonne Recyclingstoff aus Altpapier, ist der hohe Einsatz von Altpapier mit einer großer Einsparung von Energie verbunden. Sie beträgt etwa 450000 kWh/Tag. Auch die Umweltbelastung ist beachtlich. Würde das Werk Schongau die genannte Menge Altpapier nicht aufnehmen und müßte sie von den Kommunen und dem Landkreis deponiert werden, so müßten diese Stellen mit jährlichen Kosten von 10 Mill. DM rechnen. Schon diese Zahlen zeigen deutlich den Nutzen der Altpapierrückverwertung für die Papierwirtschaft und für die Umwelt.

Der Verbrauch an Altpapier in der Bundesrepublik betrug 1986 etwa 4,1 Mill. t. Diese Menge entspricht einem Anteil von 47% des gesamten Faserstoffbedarfs (Tabelle 12). Ein Vergleich mit dem Anteil an Altpapier in früheren Jahrzehnten (Tabelle 13) läßt einen starken Anstieg der Altpapierverwertung erkennen. Zweifellos hängt diese Ausweitung mit der stark angestiegenen Produktion an Papier und der Verknappung an Fasern zusammen. Die mengenmäßige Einbringung von Regeneratpapier in die verschiedenen Papiersorten zeigt Tabelle 14.

Tabelle 12. Rohstoffverbrauch der Papierindustrie der BRD (1986)

Altpapier	in 1000 t	%, bezogen auf Faserstoffe
Altpapier	4073	47,3
Zellstoff	3048	35,4
Holzstoff	1435	16,6
Lumpen und Linters	40	0,5
Sonstige Fasern	20	0,2
	8616	100,0
Hilfsmittel und Füllstoffe	1802	
Rohstoffe insgesamt	10418	

Tabelle 13. Altpapierverwertung in Deutschland

Jahr	%
um 1900	ca. 10
1915	10
1929	20
1935	25
1986 (BRD)	47

Tabelle 14. Die Verwendung von Recyclingpapier in verschiedenen Papieren in %

Verpackungspapiere, Pappen und Karton	85 und mehr
Zeitungspapier	50 und mehr
Technische und Spezialpapiere	35
Hygienepapiere	30 und mehr
Druckpapier	10

Tabelle 15. Altpapier: Verbrauch, Einsatzquote, Import und Export

Land	Verbrauch 1985 in 1000 t	Einsatzquote (%)	1986 in t Einfuhr	1986 in t Ausfuhr
Belgien/Luxemburg	225	27	57 313	4 223
BRD	3 991	43	478 996	948 508
Dänemark	223	69	34 633	22 327
Frankreich	2 209	41	57 574	97 083
Griechenland	150	46	–	–
Großbritannien	2 067	56	45 562	6 540
Irland	28	1- 00	49	107
Italien	2 009	44	420	129 571
Niederlande	1 158	61	201 690	238 739
Portugal	219	32	–	–
Spanien	1 669	57	83	97
EG	13 948	47	397 324	497 687
Finnland	283	4	14 792	46
Norwegen	120	7	3 486	48
Österreich	814	38	824	297 771
Schweden	756	11	38 208	40 402
Schweiz	449	44	7 194	69 125
EFTA	2 422	13	64 504	407 392
Australien	523	34		
Brasilien	1 100	27		
CSSR	396	31		
DDR	664	51		
Japan	10 442	51		
Kanada	1 442	10		
Polen	425	33		
Türkei	150	31		
UdSSR	2 800	28		
USA	14 535	23		
Übrige Länder	10 556	38		
Welt	59 403	31		

Einen Überblick über den Verbrauch, die Einsatzquote sowie die Ein- und Ausfuhr von Altpapier für die Länder der EG, der EFTA und anderer Länder bringt die Tabelle 15. Darin nimmt die BRD keineswegs die herausragende Stellung ein, die oft angegeben wird. Weit besser stehen die folgenden Länder als Altpapierverbraucher da: Dänemark, Großbritannien, Niederlande, Spanien, die DDR und die Tschechoslowakei. Es handelt sich fast durchweg um waldarme Länder. Andererseits liegen waldreiche Länder, wie Norwegen, Finnland und Kanada, weit am Ende der Tabelle. Aus diesem Zahlenmaterial ergibt sich, daß waldarme Länder auf das Recycling von Altpapier angewiesen sind. Damit ist Altpapier zu einem wichtigen Papierrohstoff geworden. In der Papierwirtschaft der Bundesrepublik ist Altpapier mit 43% der wichtigste Halbstoff der Papierindustrie. Bei steigendem Papierbedarf wird seine Bedeutung gewiß noch zunehmen.

Umweltprobleme der Zellstoff- und Papierindustrie

Wie schon erwähnt, hatte Professor Mitscherlich, der Erfinder des Sulfitzellstoffprozesses, beim Betreiben seiner Anlage in Hannoversch-Münden bereits mit Umweltproblemen zu kämpfen. Die starken Emissionen von Schwefeldioxid wurden von der Forstwirtschaft aus guten Gründen nicht hingenommen. In verstärktem Maße kamen Klagen in jenen Gebieten auf, in denen nicht kleine Versuchsanlagen, sondern große Industriebetriebe die Zellstoffgewinnung nach dem Sulfitverfahren aufnahmen. Ungehindert pufften die waldschädigenden, schwefeldioxidhaltigen Abgase in die Luft, und die Ablaugen verunreinigten die Luft und die Gewässer.

Oft wurde die Ursache der durch die Zellstoffindustrie verursachten Krankheiten nicht einmal erkannt oder glattweg geleugnet. So war es mit der berüchtigten *Haffkrankheit,* die zuerst 1924, dann 1932/33 und zuletzt 1940 am Frischen Haff auftrat. Von der akut auftretenden Krankheit wurden etwa 1000 Fischer befallen, von denen etwa 20 starben. Zunächst dachte man an eine Infektionskrankheit, verursacht durch das *Haffgift.* Dieses wurde in Grundfischen, vor allem in Aalen, angereichert. Die Fischer, die sich auf ihren Fangfahrten tagelang von diesen Fischen ernährten, wurden danach von der rätselhaften *Haffkrankheit* befallen. Sie galt als Berufskrankheit, die nach amtlicher Definition bei *Schwerarbeit leistenden Menschen* auftrat. Schließlich erkannte man einen Zusammenhang mit Sulfitablaugen zweier Königsberger Zellstoffwerke. Immer, wenn deren Abwässer die biologischen Filter für die Abwässer der Stadt Königsberg funktionsuntauglich gemacht hatten, tauchte das *Haffgift* auf und reicherte sich im Meerschlamm und in Grundfischen an. Als auslösenden Stoff hatte man Arsenwasserstoff in Verdacht. Nach heutigen Erkenntnissen könnten jedoch chlorierte organische Verbindungen aus der Chlorbleiche des Zellstoffs als *Haffgift* in Betracht kommen.

Es mag unverständlich erscheinen, daß noch vor 50 Jahren die Abwässer der Zellstoffindustrie direkt oder nach nur grober Reinigung in das Meer oder die Flüsse geleitet wurden. Die Folgen, wie Wasserverunreinigung, Fischsterben und Geruchsbelästigung, wurden in Kauf genommen. In solchen Fällen konnte der Verfasser in Ägypten und Südamerika riesiges Fischsterben beobachten. Oft ist nicht bekannt, daß bereits eine Ansammlung von Faserstoffresten auf dem Gewässergrund durch Zersetzung zu einer solch starken Sauerstoffverarmung führt, daß jegliches Leben erstirbt. Heute sind derart tote, schwefelwasserstoffhaltigen Grundgewässer gar nicht mehr so selten.

Während die Sulfatzellstoffwerke zwar die Luft verpesteten, aber den Hauptteil ihrer Ablaugen zur Rückgewinnung der anorganischen Aufschlußchemikalien verbrannten, wurden die Ablaugen der Sulfitzellstoffindustrie in das Meer und die Flüsse geleitet. Man kannte in diesem Bereich noch keine Ablaugenverbrennung. Da die Zellstoffausbeute um 50% - oft noch darunter lag - verließen somit aus einer Sulfitzellstoffabrik mit einer jährlichen Kapazität von 50000 t an Zellstoff Abwässer mit einer Schmutzfracht von ebenfalls 50000 t die Fabrik. Erst als während des 2. Weltkrieges in Schweden der Kohlepreis auf 30-40 $/t stieg, interessierte man sich für die Eindampfung der Sulfitablauge. Da bei der Gewinnung des Sulfitzellstoffs von 1 t Holz 560 kg Trockensubstanz in Lösung gehen, entspricht der Heizwert des Gelösten - berechnet auf eine Tonne Zellstoff - dem Heizwert von 685 kg Steinkohle. In der Sulfitablauge stecken also große Mengen an Energie. Diese Tatsache veranlaßte 1943 das schwedische Zellstoffwerk Hallstavik, die erste Anlage zur Eindampfung von Sulfitablauge zu errichten und anfallendes Schwefeldioxid in den Prozeß zurückzuführen. Andere Werke folgten dem Beispiel. Doch nach der Zufuhr billiger Kohle erlahmte das Interesse. Daher wurden um 1950 nur etwa 7,5% aller in Schweden anfallender Sulfitablauge eingedampft und nur 4,1% verbrannt. Die Differenz von 3,4% wurde als Straßenbindemittel verwandt. Eine rühmliche Ausnahme machte das Werk Skutskär, das nach dem Natriumbisulfitverfahren arbeitete. Es dampfte die Ablauge ein und verbrannte den Feststoffanteil. Nach einem eigenen, fein ausgeklügeltem System gewann das Werk neben der Energie einen großen Teil des eingesetzten Schwefels zurück. Doch in aller Welt blieben Zellstoffwerke eine Quelle der Umweltverschmutzung. Besonders unheilvoll war die Situation am Baikalsee in der UdSSR. Dieser größte und tiefste See war allgemein wegen seiner hervorragenden Wasserklarheit und seines Fischreichtums bekannt. Doch als 1966 an seinem südlichen Ufer ein Zellstoffwerk errichtet wurde, das ungereinigte Abwässer in den klaren See leitete, wurde das Wasser derart verschmutzt, daß Naturschützer wegen völliger Verunreinigung des Sees und Vernichtung des Fischbestandes die Regierung alarmierten. Ähnlich war die Situation in vielen anderen Ländern der Welt.

Schon lange vorher und verstärkt nach solchen Vorfällen wandten sich Bürgerinitiative gegen diese Verunreinigung der Flüsse. Auch in der Zellstoffindustrie selbst setzte sich die Erkenntnis durch, daß es so nicht weitergehen könne. Im Jahre 1963 errichtete die Harzberger Papierfabrik eine biologische Anlage zur Wasserreinigung. Es soll die erste in der deutschen Papierindustrie gewesen sein. Aufgrund öffentlichen Drucks, staatlicher Auflagen und auch eigener Einsicht hat sich die Zellstoff- und Papierindustrie verstärkt dem Umweltschutz zugewandt. So wurden Zellstoffwerke stillgelegt oder auf weniger belastende Faserrohstoffe umgestellt, wie Halbzellstoff und Altpapier. Auch das schon etwas in den Hintergrund geratene Magnesiumbisulfitverfahren kam wieder zu Ehren. Dieser Aufschlußprozeß hat viele Vorteile und ähnelt in vielem dem Sulfatverfahren. So lassen sich Nadel- und Laubhölzer sowie Sägewerksabfälle verarbeiten. Wie beim Sulfatverfahren kann die eingedampfte Ablauge als Heizmaterial erheblich zur Energieversorgung eines solchen Werkes beitragen. Nach einigen Angaben des Schrifttums kann ein solches Werk durch Verbrennung der Ablauge und der von Rinde sogar den gesamten Energiebedarf decken. Besonders bemerkenswert ist die hohe Rückgewinnung der Aufschlußchemikalien. Nach Angaben der Zellstoffindustrie kann man mit einer Rückgewinnung von 90% Magnesium und 80% Schwefel rechnen. Die Emission an Schwefeldioxid wird also beachtlich reduziert. Es ist daher verständlich, daß viele Zellstoffwerke schon aus Gründen des Umweltschutzes dieses Verfahren eingeführt haben. Nach Angaben einer Maschinenfabrik, die sich mit der Errichtung von Rückgewinnungsanlagen befaßt (Götaverken Energy, Göteborg), haben folgende Werke in der BRD das Magnesiumbisulfitverfahren durch diese Firma installieren lassen:

- Zellstoffabrik Waldhof, Werk Kelheim 1967,
- Zellstoffabrik Waldhof, Werk Mannheim 1968,
- Papierwerke Waldhof-Aschaffenburg (PWA), Werk Stockstadt 1975,
- dieselben, Werk Aschaffenburg 1980,
- Feldmühle AG, Werk Baienfurt 1986,
- Hannoversche Papierfabriken Alfeld, geplant 1988.

Diese Neuanlagen haben erheblich zur Minderung der Umweltschäden durch die Zellstoffindustrie beigetragen.

In diesem Zusammenhang scheint es angebracht, auf die Verunreinigung der Umwelt durch die Zellstoffindustrie vor einigen Jahrzehnten einzugehen. Als Beispiel sei auf die Verhältnisse in der Zellstoffabrik Waldhof hingewiesen. Da dieses Werk seit langer Zeit über 100 000 t/Jahr an Zellstoff herstellte und zwar in einer Ausbeute von etwa 50%, wurden nach alter Gepflogenheit 100 000 t Feststoffe mit den Ablaugen in das Flußsystem geleitet. Diese ungeheure Menge an organischer Substanz gelangte *den Bach hinunter* in den Rhein. Die Behörden legten lediglich Wert darauf, daß die Ablauge mindestens 1:500 verdünnt wurde. Eine sehr prekäre Situation entstand, als die Zellstoffabrik Waldhof 1950 den Bau eines Sulfatzellstoffwerkes in Mannheim plante. In dem Jubiläumsbericht *Spuren, 100 Jahre Waldhof* heißt es dazu:

„Die Stadt Mannheim erteilte die gewerbliche Genehmigung und die örtliche Presse pries dieses Riesenprojekt mit einer Aufrichtigkeit, die über jeden Verdacht erhaben ist. Allerdings fanden die Heidelberger Nachbarn das ganze höchst anrüchig, klagten gegen die befürchtete Luftverschmutzung und bekamen nach 12jährigem Streit am 17. Februar 1965 vor dem Verwaltungsgericht recht. Aus formalen Gründen! Mit der Geruchsfrage hatte sich das Gericht nicht beschäftigt. Das Bundesverwaltungsgericht aber hob dieses Urteil am 29. März 1966 auf und wies das Verfahren wieder zurück an die untere Instanz. Zu einer Entscheidung ist es jedoch nicht gekommen, weil die Heidelberger in einem Vergleich ihre Klage zurückzogen und Waldhof ihnen einen Teil der Kosten erstattete. Die Sulfatzellstoffabrik hätte also gebaut werden können. Nur hatte sich gegen Ende der 12jährigen Prozeßdauer die Erkenntnis durchgesetzt, daß es für Waldhof vorteilhafter war, den Sulfatzellstoff aus dem Ausland zu beziehen."

In der heutigen Zeit des Umweltdenkens mag es völlig unverständlich erscheinen, daß das Projekt einer Sulfatzellstoffabrik überhaupt ernsthaft erwogen wurde und von der Stadt Mannheim sogar begrüßt wurde; denn es ist allgemein bekannt, daß ein solches Werk zu den größten Umweltverschmutzern überhaupt gehört. Die widerlich kohl- und fäkalartig duftenden Abgase belästigen auf unerträgliche Weise ein weites Umfeld. Es heißt, daß den Heidelbergern diese Erkenntnis durch ihren Stadtrat Prof. Karl Freudenberg nahegebracht worden sei. Dieser habe während einer Sitzung eine kleine Phiole mit übelriechendem Mercaptan, einem der Duftstoffe der Sulfatabgase, zerbrochen und erklärt, der sich danach ausbreitende widerliche Gestank entspreche den Düften des Sulfatzellstoffwerkes bei entsprechender Windrichtung.

Im Zeitalter des Umweltdenkens hat sich vieles geändert. Die Zellstofffabrik Waldhof war eines der ersten Werke, das mit erheblichen Investitionen gegen die Umweltverschmutzung anging. Das Werk investierte 1968–1978 etwa 120 Mill. DM in den Umweltschutz. Es errichtete einen kontinuierlichen Zellstoffkocher und führte das Magnesiumbisulfitverfahren sowie eine Ablaugenverbrennung ein. Andere Firmen folgten mit ebenfalls erheblichen Investitionen. So gab die Feldmühle Aktiengesellschaft in den letzten 10 Jahren 50 Mill. DM/Jahr zur Verbesserung der Umwelt aus. Insgesamt wandte die deutsche Zellstoff- und Papierindustrie 15% aller Investitionen für Maßnahmen des Umweltschutzes auf. Zur Zeit sind das 100 Mill. DM/Jahr. Hinzu kommen 200 Mill. DM für den Betrieb und den Unterhalt.

Durch ständige Wiederverwendung des Wassers ist der Bedarf der Papierindustrie an Frischwasser beachtlich gesunken. Während zu Anfang des Jahrhunderts für 1 kg Papier noch 600–800 l benötigt wurden, waren es 1974 etwa 47 l, 1976 etwa 36 l und 1981 nur noch 21 l. Die Feldmühle-Aktiengesellschaft rechnet in ihren Betrieben im Durchschnitt mit 25 l/kg Papier, bei einigen Sorten sogar mit weniger als 10 l/kg. Das Werk Walsum der Haindl

Abb. 65. Werk Walsum der Haindl GmbH

Papier GmbH gibt für ihre neu installierte Papiermaschine PM 3 einen Frischwasserverbrauch von nur noch 5 m^3/t Papier an (Abb. 65).

Bei Fragen der Umweltforschung auf dem Zellstoffgebiet genießen heute Arbeiten über Bleichereiabwässer Priorität. Da weltweit angeblich 2 Mill. t Chlor für die Bleiche von Zellstoff verwandt werden, kommt der Bleiche als Giftquelle eine besondere Bedeutung zu. Skandinavische Forscher fanden, daß einige chlorierte aliphatische Verbindungen für die mutagene Wirkung und einige chlorierte Phenole für den toxischen Effekt der Bleichereiabwässer verantwortlich sind. Diese Verbindungen werden biologisch nur sehr schwer abgebaut. Man bemüht sich daher, Bakterien zu züchten, denen der Abbau dieser Verbindungen und des sehr toxischen Dioxins gelingt.

Heute wird die Reinigung der Abwässer im allgemeinen wie folgt vorgenommen. Nach der mechanischen Reinigung im Rundbecken (Abb. 66), der Neutralisierung mit Kalk und dem Absetzen der Flocken erfolgt als nächster Schritt die biologische Reinigung, durch die das Wasser von den organischen Verunreinigungen befreit wird. Das geschieht mit Hilfe von aeroben Mikroorganismen unter kräftiger Belüftung und Zugabe von Stickstoff- und Phosphorverbindungen. Da diese anorganischen Nährstoffe nur in geringer Menge im Abwasser der Zellstoffwerke, hingegen reichlich im Abwasser der

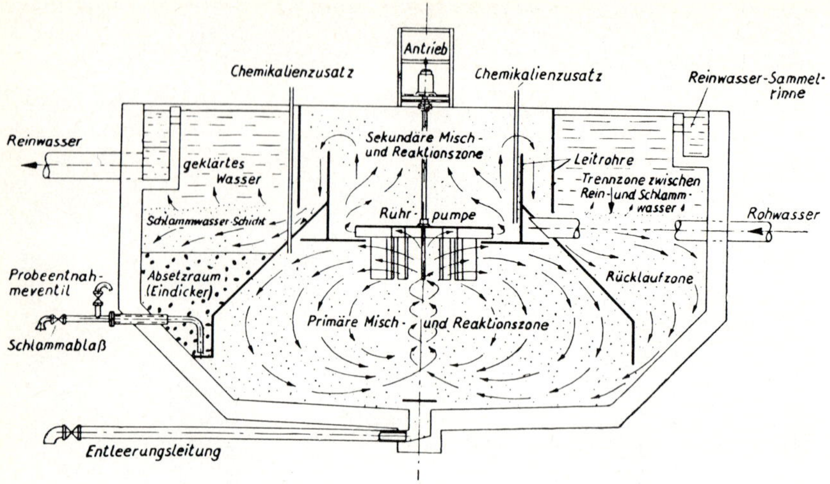

Abb. 66. Wasserreinigung mit Hilfe des *Accelators*

Kommunen vorkommen, werden die Abwässer der Papierindustrie und der Kommunen oft gemeinsam biologisch gereinigt. Statt nach dem beschriebenen aeroben *Belebtschlammverfahren* kann auch das *Tropfkörperverfahren* angewandt werden. Es arbeitet ebenfalls aerob und wird in einem Turm, dem „Tropfkörper“ durchgeführt, der zur Erzielung einer großen Oberfläche mit wabenförmig angeordneten Kunststoffplatten ausgerüstet ist. Zu dem von oben eingeleiteten Abwasser tritt seitlich die Luft. Der biologische Rasen befindet sich als einige Millimeter dicke Schicht auf den Kunststoffplatten. Dort entziehen die Mikroorganismen dem Abwasser die organischen Stoffe.

Aus der biologischen Reinigung fließt das Abwasser in das Nachklärbekken, wo sich die Mikroorganismen als biologischer Schlamm absetzen. Dieser Klärschlamm wird eingedickt, nach Zugabe von Kalk entwässert und kompostiert, deponiert oder verbrannt. Da viele organische Chlorverbindungen die biologische Reinigung unzerstört passieren oder gar die Mikroorganismen schädigen, bemüht man sich, diese Verbindungen auf besondere Weise dem Abwasser zu entziehen. So flockt man sie mit chemischen Mitteln aus oder adsorbiert sie an Aluminiumoxid oder Ionenaustauschern. Ein solches Verfahren ist der LRP-Prozeß (Lignin Removel Process) (Abb. 67), dessen Wirkungsweise sich aus der Skizze ergibt. Um das Auftreten schwerabbaubarer organischer Chlorverbindungen völlig zu umgehen, bemüht man sich, mit neuen Bleichverfahren die Chlorbleiche völlig zu vermeiden. Über solche Bleichverfahren mit Sauerstoff, Ozon, Wasserstoffperoxid, Chlordioxid, Stickstofftetroxid und anderen Mitteln wird im Schrifttum sehr ausführ-

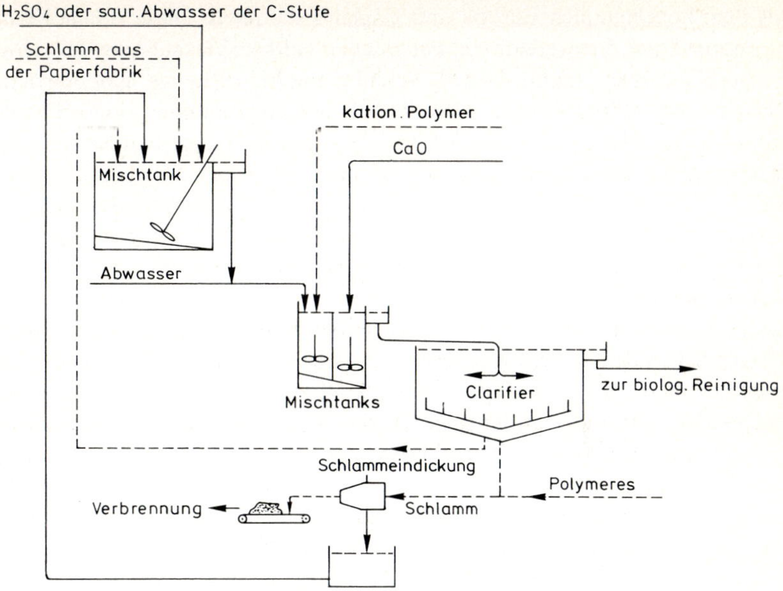

Abb. 67. LRP-Verfahren zur Reinigung von Abwässern

lich berichtet. Doch in den meisten dieser Prozesse kommt man ohne Chlor nicht aus, wenn auch dessen Menge gegenüber früheren Bleichverfahren oft wesentlich herabgesetzt ist.

Neuerdings wird auch über ein anaerobes Verfahren zur biologischen Aufbereitung des Abwassers berichtet. Ein solcher Prozeß ist das ANAMET-Verfahren (Anaerobe Aerobe Methan). Dieses Verfahren arbeitet in der Weise, daß in einer ersten anaeroben Stufe nach Eingabe von Kontaktschlamm die organische Verunreinigung zu Methan und Kohlendioxid abgebaut wird und das Abwasser danach zwecks Entfernung der restlichen organischen Substanz eine aerobe Stufe passiert. So können Abbauraten von 60–97% erreicht werden. In einem spanischen Werk, das nach diesem Verfahren arbeitet, konnten durch Verwendung des anfallenden Biogases 13 t Schweröl je Tag eingespart und dadurch die Anlage in zwei Jahren amortisiert werden.

Außer Schadstoffen des Abwassers sind jene in den Rauchgasen der Schornsteine von Bedeutung für die Umwelt. Diese verfrachten vornehmlich Schwefeldioxid in die Umwelt. Die schwedische Zellstoffindustrie soll davon im Jahre 1980 etwa 60000 t in die Luft geblasen haben. Man hofft, diesen Wert bis 1995 auf 18000–20000 t/Jahr senken zu können. Doch weit mehr Schwefeldioxid als Schweden selbst produziert, kommt aus dem Ausland. Von den 480000 t, die als Luftfracht in das Land gelangen, sollen Zweidrittel aus dem kontinentalen Europa und England stammen. Diese riesige Menge an importiertem Schwefeldioxid hat zu einer starken Versauerung der schwedischen Gewässer geführt. Um die Schäden niedrig zu halten, gibt Schweden jährlich 300-400 Millionen DM für Umweltmaßnahmen aus. Da die SO_2-Emission alle Länder betrifft, planen die betroffenen Länder eine Herabsetzung der Emissionen. Die angestrebten Werte der Verringerung betragen für England, die Tschechoslovakei, die UdSSR, die Niederlande und Belgien je 30%, für die Bundesrepublik, Finnland, Norwegen und Frankreich je 50%, für Dänemark 40%, Polen 5% und für Schweden sogar 65%. Die Hauptschadensquellen für Schwefeldioxid sind die Kraftwerke, zu denen natürlich auch die der Zellstoff- und Papierindustrie zählen. Als Ursprung riesiger Schwaden an Schwefeldioxid, die der Ostwind aus der DDR in das Vogtland weht, wurde das Zellstoffwerk Blankenstein in der DDR ausgemacht, das, wie viele ostdeutsche Werke, mit schwefelreicher Braunkohle beheizt wird. Die durch Schwefeldioxid verursachten Schäden werden noch wesentlich durch die Schwefelsäure vermehrt, die sich in der Luft aus SO_2 bildet. Die mit Kohle betriebenen Großkraftwerke tragen durch den Ausstoß von nitrosen Gasen wesentlich - neben Auspuffgasen der Autos - zur Vernichtung der Wälder bei. Dieser Schadensquelle kann man nach einem japanischen Verfahren Herr werden, indem man in Gegenwart eines Katalysators Ammioniak auf die Rauchgase einwirken läßt, wobei die Stickstoffoxide zu Stickstoff und Wasser umgewandelt werden. Selbst die oft als sehr umweltfeindlich angeprangerte Kohleverfeuerung bekommt man neuerdings etwas in den Griff. Durch Einbau der zirkulierenden Wirbelschichtfeuerung läßt sich der Ausstoß von Schadstoffen bis um 90% herabsetzen. Mit einem Aufwand von etwa 50 Mill. DM hat die Papierfabrik August Koehler, eine fortschrittliche Familien-AG, ein derartiges umweltfreundliches Großprojekt als erste deutsche Firma durchgeführt.

Einige Zellstoff- und Papierwerke der Bundesrepublik verwenden, um auf jeden Fall die behördlich festgesetzten Minimalgrenzen von Schadstoffen einzuhalten, den umweltfreundlichsten Energieträger, nämlich das schwefelarme Erdgas. Eine sehr unangenehme Quelle der Emission von Schwefeldioxid waren - und sind auch heute noch sehr oft - die Rauchgase von Sulfitablaugeneindampfungen. Um solche Abgase fast völlig von Schwefeldioxid zu reinigen, hat die Firma Cellulose Attisholz nach Einbau einer Anlage von Sulzer dieses Ziel fast völlig erreicht. Seit 1985 gewinnt sie 95% des Schwefeldioxids aus den Rauchgasen zurück. Durch die Wiederverwendung des Schwefeldioxids zur Bereitung der Calciumbisulfitlauge wird der Schwefelbedarf des Werks auf die Hälfte reduziert. Die Umweltmaßnahme führte also auch zu betrieblichen Einsparungen. Heute werden derartige Dampfkessel für Sulfitablauge mit Chemikalienrückgewinnung von skandinavischen Maschinenfabriken als umweltfreundliche Anlagen angeboten (Abb. 53).

Der Zwang zur Umweltsanierung hat die Zellstoff- und Papierindustrie zu erheblichen Investitionen und Umstellungen veranlaßt. Welchen Raum allein die Anlagen zur Wasseraufbereitung in einer modernen Papierfabrik einnimmt, ergibt sich aus der Abbildung des Werkes Walsum der Haindl GmbH (Abb. 65). Auch wenn gelegentlich auf die Zellstoff- und Papierindustrie als Schadensverursacherin hingewiesen wird, so sind diese Schäden im Vergleich zu denen, wie sie durch die Auspuffgase der Autos und die Emissionen der Großkraftwerke und Müllverbrennungsanlagen verursacht werden, als gering zu beurteilen. Immerhin können viele Werke dieser Industrie darauf verweisen, daß das von ihnen abgegebene Wasser meist sauberer ist, als das den Flüssen entnommene Frischwasser. Stolz wird auch oft auf die Wiederbelebung der Abwässer mit Fischen hingewiesen. Wenn eine derartige Situation nicht nur für einige Werke, sondern für die Zellstoff- und Papierindustrie insgesamt zuträfe, wäre die Lage in der Tat sehr zufriedenstellend.

Oft wird der Vorwurf erhoben, die Zellstoff- und Papierindustrie fresse ganze Wälder und sei schon aus diesem Grunde ein großer Umweltsünder. Diese Anschuldigung zeugt von wenig Sachkenntnis. Es sollte nämlich allgemein bekannt sein, daß die weltweit geachtete deutsche Forstwirtschaft streng nach dem Prinzip der „Nachhaltigkeit" verfährt, nämlich nicht mehr Holz einschlägt, als nachwächst. Hinzu kommt, daß die Zellstoffindustrie der Forstwirtschaft als Abnehmer des laufend anfallenden, schwer absetzbaren Durchforstungsholzes sehr willkommen ist. Dieses dünne Abfallholz findet nämlich außer in der Zellstoff- und Spanplattenindustrie kaum Käufer. Das gleiche gilt für Katastrophenholz, wie es bei Schnee- und Windbruch anfällt. Die Zellstoff- und Papierindustrie ist also eher ein gern gesehener Partner der Forstwirtschaft. Nicht sie zerstört die Wälder, sondern jeder Autofahrer trägt mehr oder minder durch den Ausstoß von nitrosen Gasen über den „sauren Regen" zur Waldvernichtung in höheren Lagen bei. Denn weit mehr als Schwefeldioxid sind Stickoxide der Autogase die Ursache des Waldsterbens. Nach kritischer Besichtigung vieler Zellstoff- und Papierwerke hat der Verfasser den Eindruck, daß die Zellstoff- und Papierindustrie nach vielen früher begangenen Sünden heute zu den umweltfreundlichsten Industrien zählt. Der hohe Anteil an Investitionen für Maßnahmen des Umweltschutzes zeigt, daß die Sorge um die Umwelt hier weit verbreitet ist.

Die Papierwirtschaft in Zahlen

Statistische Daten geben im allgemeinen einen Hinweis auf den gegenwärtigen und zukünftigen Stand eines Wirtschaftsgebietes. Das gilt auch für die Zellstoff- und Papierindustrie. An der Weltproduktion an Papier im Jahre 1986 in Höhe von 146,13 Mill. t sind die verschiedenen Regionen und Länder recht unterschiedlich beteiligt (Tabelle 16). Die USA liegen mit 44% weit an der Spitze vor Japan mit 14,4% und Kanada mit 10,4%. Demnach erzeugt Nordamerika mit 54,6% über die Hälfte der Weltproduktion an Zellstoff und Papier. Die Bundesrepublik liegt mit 6,4% an sechster Stelle der Papiererzeuger. Ein Vergleich von Produktion und Verbrauch zeigt, daß viele der großen Erzeuger einen zusätzlichen Bedarf an Papier haben, der durch Importe

Tabelle 16. Die 20 größten Erzeuger und Verbraucher an Papier und Pappe im Jahre 1986

Produktion in 1000 t		Verbrauch in 1000 t	
1. USA	64 416	1. USA	70 923
2. Japan	21 062	2. Japan	21 078
3. Kanada	15 234	3. Bundesrepublik Deutschland	11 285
4. USSR	9 975	4. Volksrepublik China	10 897
5. Volksrepublik China	9 986	5. USSR	9 300
6. Bundesrepublik Deutschland	9 405	6. Großbritannien	8 068
7. Finnland	7 549	7. Frankreich	6 947
8. Schweden	7 357	8. Kanada	5 396
9. Frankreich	5 585	9. Italien	5 359
10. Italien	4 637	10. Brasilien	4 053
11. Brasilien	4 485	11. Spanien	3 372
12. Großbritannien	3 941	12. Republik Korea	2 615
13. Spanien	3 153	13. Niederlande	2 584
14. Republik Korea	2 773	14. Taiwan	2 545
15. Taiwan	2 527	15. Mexiko	2 405
16. Mexiko	2 470	16. Australien	2 325
17. Österreich	2 183	17. Indien	1 994
18. Niederlande	2 042	18. Schweden	1 992
19. Indien	1 800	19. Belgien	1 703
20. Australien	1 642	20. Finnland	1 459

gedeckt werden muß. Bemerkenswerte Ausnahmen sind Kanada, Schweden und Finnland.

Die Bundesrepublik gehört mit einer Papiererzeugung von 9,405 Mill. t zwar zu den größten Produzenten, doch wegen des Verbrauchs von 11,29 Mill. t muß sie die Differenz durch Importe decken.

Wie sich aus Tabelle 17 ergibt, liegt das Hauptgewicht der Erzeugung der BRD auf dem Gebiet der Druck- und Pressepapiere (42%), gefolgt von 38% an Papier, Karton und Pappe für den Verpackungssektor. Zu etwa gleichen Teilen (7%) folgen Büro- und Administrationspapier sowie Hygienepapier.

Beim Rohstoffverbrauch liegt Altpapier mit 39% weit an der Spitze, gefolgt von Zellstoff (29%), Holzstoff (14%) und Papierhilfsmitteln (17%) (Tabelle 18).

Die Tabelle 19 über die Anteile der Energiearten in der Papierindustrie zeigt seit 1976 eine beachtliche Zunahme der Steinkohle. Dieser Energieträger wurde aus Gründen des Umweltschutzes oft heftig angegriffen. Neue Techniken zur Verminderung schädlicher Emissionen wie beispielsweise das Wirbelschichtverfahren, ermöglichten jedoch eine zunehmende Verwendung. Beachtenswert ist die Zunahme an Gas und Elektrizität und die Abnahme des Einsatzes von Heizöl.

Tabelle 17. Erzeugung von Papier, Karton und Pappe 1986 in der BRD in %

Druck- und Pressepapiere	42
Büro- und Administrativpapiere	7
Papier, Karton und Pappe für Verpackungszwecke	38
Hygienepapiere	7
Papier und Pappe für technische und spezielle Verwendungszwecke	6

Tabelle 18. Rohstoffverbrauch in der Papierindustrie 1986 der BRD

Rohstoff	Anteil (%)
Holzstoff	14
Zellstoff	29
Altpapier	39
Papierhilfsmittel und Füllstoffe	17
Lumpen, Linters und sonstige Faserstoffe	1

Tabelle 19. Anteile der Energiearten in der Zellstoff- und Papierindustrie 1986 in der BRD

Energieart	1976 (%)	1986 (%)
Steinkohle	9,1	16,6
Braunkohle	2,1	3,1
Heizöl	58	27,1
Gas	17,0	26,7
Kochereiabwässerkonzentrat	7,2	8,6
Rinde	–	1,7
Sonstiges	–	0,6
Strom	6,6	15,6

Tabelle 20. Verbrauch je Einwohner der BRD in kg im Jahre 1986

Papier, Karton und Pappe insgesamt	185,0
Druck- und Pressepapier	76,7
Papier, Karton und Pappe für Verpackungszwecke	75,4
Büro- und Administrationspapier	12,6
Hygienepapier	11,0
Papier und Pappe für technische und spezielle Verwendungszwecke	9,1

Der Pro-Kopf-Verbrauch an Papier, Karton und Pappe stieg 1986 in der Bundesrepublik auf den beachtlichen Wert von 185 kg (Tabelle 20). Weit an der Spitze stehen etwa gleich hoch die Verwendung für Druck- und Verpackungszwecke (76,7 bzw. 75,4 kg/Kopf).

Die wichtigsten Lieferanten für Papier, Karton und Pappe sind Schweden und Finnland (Tabelle 21).

Die Aufstellung der Größenklassen der Fabriken für Holzstoff, Zellstoff und Papier der BRD (Tabelle 22) ist insofern interessant, als in allen drei Gruppen Kleinbetriebe aufgeführt sind, die nach früheren Überlegungen unter der für denkbar gehaltenen Rentabilitätsgrenze liegen. Oft wurde auch angegeben, daß solche Werke nur schwer in der Lage seien, die für den Umweltschutz erforderlichen Auflagen zu erfüllen. Den großen und ganz großen Werken dürfte das weit eher gelingen. Gerade in diesen Größenklassen wurden erforderliche Umbauten und Erneuerungen meist problemlos durchgeführt.

Tabelle 21. Importe der BRD von Papier, Karton und Pappe 1986

Lieferländer	1000 t
Schweden	1134
Finnland	880
Österreich	495
Frankreich	494
Niederlande	397
Italien	265
Norwegen	199
Schweiz	153

Tabelle 22. Größenklassen in der Papier- und Zellstoffindustrie der BRD (1986)

Größenklassen (t)	Anzahl der Firmen	Erzeugung in t	Durchschnittliche Erzeugung in t/Jahr
Holzstoff			
bis 10000	6	27375	4560
10000–50000	4	119235	29809
50000 und mehr	6	1256000	209361
Insgesamt	16	1402760	
Zellstoff			
bis 50000	2	33627	16884
über 50000	5	782599	156520
Insgesamt	7	816226	
Papier, Karton, Pappe			
bis 10000	53	206572	3898
10000–50000	54	1429629	26475
50000–100000	13	984326	75712
über 100000	21	6784691	323081
Insgesamt	141	9405218	

Die beiden größten Zellstoff- und Papierwerke der Bundesrepublik dürften wohl die Feldmühle Aktiengesellschaft, Düsseldorf und die PWA-Papierwerke Waldhof-Aschaffenburg AG in Raubling sein. Die Feldmühle Aktiengesellschaft hatte bereits vor dem 2. Weltkrieg eine hervorragende Stellung im Rahmen der deutschen Papierwirtschaft inne. Sie besaß 13 Werke, 29 Zellstoffkocher, 38 Großkraftschleifer und 31 Papier- und Kartonmaschinen und beschäftigte 8400 Arbeiter und 1070 Angestellte. Im Jahre 1925 lief bei ihr bereits die größte Papiermaschine der Welt mit einer Bahnbreite von 6 m. Kurz danach wurde in ihrem Werk Hohenkrug in Pommern auch die leistungsfähigste Schreibpapiermaschine der Welt in Betrieb genommen. Doch nach dem 2. Weltkrieg verlor die Gesellschaft alle ihre Werke im Osten. Schon 1952 errichtete sie in ihrem Werk Reisholz die schnellste, schon mit Pick-up-Ausrüstung versehene Zeitungsdruckpapiermaschine Europas. Heute besitzt die Feldmühle Aktiengesellschaft in der BRD 10 Werke und im Ausland 6 weitere. Ende 1985 erreichte sie mit 8728 Beschäftigten einen Umsatz von 3,12 Mrd. DM. Die Gesellschaft ist weltweit der größte Abnehmer von Marktzellstoff (400 000 t).

Die Papierwerke Waldhof-Aschaffenburg in Raubling (PWA) sind von ähnlicher Größenordnung wie die Feldmühle Aktiengesellschaft. Ihre Produktion an Papier betrug 1985 etwa 1,3 Mill. t, ihr Umsatz war 3,05 Mrd. DM und ihre Belegschaft zählte 9577 Personen.

Wie diese beiden als Beispiel angeführten Werke investieren viele weitere in Neuerungen und Maßnahmen auf dem Gebiet des Umweltschutzes. Einige solcher Werke haben eine lange Firmengeschichte und ihren Ursprung in kleinen Papiermühlen.

So geht einer Anekdote nach der Beginn der MD-Papierfabriken Heinrich Nicolaus GmbH Dachau auf einen Freibrief des Kaisers Ludwig dem Bayern aus dem Jahre 1347 zurück, mit dem die Errichtung einer Papiermühle zu Neydegh ob der Au privilegiert wurde. Leider wurde die Urkunde vernichtet und die Quelle, ein Bericht des Jesuiten Dufresne (1789), ist wissenschaftlich nicht begründbar. Heute verfügt die Gesellschaft über fünf Produktionsstätten in der Bundesrepublik Deutschland und in Brasilien. Die Bezeichnung MD weist auf die Werke *M*ünchen-Pasing und *D*achau hin. In letzter Zeit erregte die Firma Aufsehen durch die Aufstellung einer modernen Papiermaschine von 7,4 m Siebbreite und der hohen Geschwindigkeit von 1400 m/min.

Auch die Papierfabrik August Koehler AG, in Oberkirch, eine mittelgroße, sehr rührige Familien-AG, ging aus einer kleinen Papiermühle hervor. In dieser verarbeiteten im Jahre 1813 zwei Gesellen und ein Junge im Jahr 700 Zentner Lumpen. Heute produziert die Familien-AG mit 930 Mitarbeitern 90 000 t Papier/Jahr, davon 60% Selbstdurchschreibpapier.

Die Zellstoff- und Papierwerke Skandinaviens unterscheiden sich von denen des europäischen Festlandes vor allem durch den Besitz großer Wälder (Farbtafel 16). Die wohl größte Gesellschaft ist die Stora Kopparberg AB in Falun. Von ihr heißt es, sie sei die älteste Aktiengesellschaft der Welt, die *schon alt war, als Kolumbus Amerika entdeckte*. Die *Stora* begann ihren Betrieb als Bergwerksgesellschaft und schürfte Kupfer-, Eisen- und Silbererze. Heute ist sie mit 1,4 Mill. ha Forsten einer der größten Waldbesitzer Schwedens. Jährlich werden etwa 16 000 ha neu bepflanzt. Der nicht voll

Tabelle 23. Umsätze großer amerikanischer Zellstoff- und Papierwerke im ersten Vierteljahr 1987

Firma	Umsatz im 1. Vierteljahr 1987 in Mill. $	Annähernder Jahresumsatz in Mrd. DM (+)
Georgia-Pacific	1.855	11.13
International Paper	1.800	10.8
Weyerhaeuser	1.617	9.7
Kimberley-Clark	1.183	7.1
Champion	1.097	6.6
James River	1.057	6.3
Mead	957	5.7
Scott	957	5.7
Boise-Cascade	912	5.5
		(+)1 $=2 DM

genutzte Zuwachs beträgt 3,7 m^3/ha. Stora produziert in 12 Ländern über 3,7 Mill. t Zellstoff und Papier/Jahr, beschäftigt 18000 Personen und erwirtschaftet einen Umsatz von 2,6 Mrd. $.

Weit größer noch als die Stora Kopparberg AB sind die nordamerikanischen Gesellschaften, die meist ebenfalls große Forsten besitzen (Tabelle 23). Nach entsprechender Umrechnung ergibt sich, daß die größten von ihnen 1987 einen Umsatz von über 10 Mrd. DM haben werden.

Wichtiger als der Gesamtverbrauch eines Landes an Papier, Karton und Pappe ist gewiß der Pro-Kopfverbrauch in kg (Tabelle 24). Diese Werte offenbaren den Unterschied zwischen den Industrienationen und Ländern der Dritten Welt in geradezu erschreckender Weise. So verbraucht etwa der Nordamerikaner 3000mal mehr Papier als die Einwohner Togos oder Malis. Ein Durchschnittsverbrauch von 0,1 kg pro Person und Jahr läßt keine Vorwärtsentwicklung solcher Länder zu. Nach Zeitungsberichten mußten schon in Entwicklungsländern Schulen wegen Papiermangels geschlossen werden. Andererseits schafft die Papierflut in den Industriestaaten Abfallprobleme, selbst wenn ein großer Teil des Abfallpapiers im Recyclingverfahren wieder zu Papier wird. Gelegentlich wurde postuliert, der Papierverbrauch eines Volkes sei ein Maßstab für seine Kultur. Doch trifft das gewiß nicht zu, da ein großer Teil der Erzeugung an Papier, Karton und Pappe dem aufwendigen und nicht immer sinnvollen Verpackungswesen zugute kommt.

Beim Studium der Tabelle 25 bekommt man den Eindruck, daß die Produktion an Papier, Karton und Pappe in den Industriestaaten nicht mehr so wächst, wie zu früheren Zeiten. Das gilt besonders für Europa insgesamt, für die BRD, Schweden und Kanada. Andererseits ist der Zuwachs in China und

Tabelle 24. Pro-Kopf-Verbrauch an Papier, Karton und Pappe in kg im Jahre 1986

100-300		80-100	50-80	20-50	10-20
USA	290	Italien	Ungarn	USSR	Ägypten
Schweden	229	Spanien	Jugoslawien	Südafrika	Volksrepublik China
Kanada	211	Israel	Republik Korea	Mexiko	Pakistan
Finnland	202	DDR	Bahamas	Brasilien	Thailand
Schweiz	191	Singapur	Irland	Argentinien	Afghanistan
BRD	185		Griechenland	Chile	Jamaika
Dänemark	184		Portugal	Kuba	Peru
Niederlande	178		Tschechoslowakei	Costa Rica	Guatemala
Japan	173		Bulgarien	Libanon	Kolumbien
Belgien	170			Barbados	Uruguay
Neuseeland	158				
Hongkong	153				
Australien	145	5-10	1-5	0,5-1	0,1-0,5
Großbritannien	143				
Norwegen	143	Philippinen	Indien	Zypern	Somalia
Taiwan	131	Saudiarabien	Pakistan	Kongo	Chad
Österreich	127	Syrien	Vietnam	Ghana	Burundi
Frankreich	126	Iran	Burma	Guinea	Mali
Island	111	Irak	Burma	Liberia	Togo
		Kambodscha	Indonesien	Niger	Zaire
		Libyen	Nigeria	Senegal	Brunei
		Nicaragua	Zambia	Uganda	Macao
		Honduras	Oman		Samoa
		Algerien	Haiti		
			Bolivien		

Tabelle 25. Die Produktion an Chemiezellstoff in der Welt und in einigen Gebieten in den Jahren 1974 und 1985

	Produktion in 1000 t		Änderung in %
	1974	1985	
Welt	77 272	93 159	+ 20,6
Europa	18 090	20 354	+ 12,5
BRD	603	580	− 3,8
Schweden	7 074	6 462	− 8,7
USA	32 133	39 539	+ 23
Südamerika	1 554	4 423	+185
Brasilien	959	3 155	+229
Argentinien	167	397	+137
Chile	314	679	+116
Kanada	11 056	11 199	+ 1,3
China	591	1 163	+ 96

Südamerika, besonders in Brasilien, ungewöhnlich hoch. Brasilien, das noch vor Jahrzehnten Importland war, ist seit einiger Zeit Exportland für Marktzellstoff (Farbtafel 12). Dieses Phänomen ist so ungewöhnlich, daß kurz darauf eingegangen sei.

Als die intensiv betriebene Monokulturwirtschaft Brasiliens mit Zucker, Baumwolle, Kaffee und Weizen den Boden ausgebeutet hatte und Erosionen, Dürre und Überschwemmungen folgten, förderte die Regierung Aufforstungen, besonders in den südlichen Gebieten. Schnellwachsende Kiefern und Eucalypten wurden die Rohstoffbasis einer aufblühenden Zellstoffindustrie. An dieser Entwicklung beteiligten sich auch europäische und japanische Firmen. Von dieser Entwicklung blieb zunächst das Amazonasgebiet ausgeschlossen, da es als *Grab vieler Projekte* galt. Doch im Jahre 1967 faßte der amerikanische Milliardär Ludwig den Plan, im Amazonasgebiet ein großes Zellstoffkombinat zu errichten. Er war der Ansicht, daß in naher Zukunft ein Mangel an Papier eintreten werde. Mit Unterstützung der brasilianischen Regierung erwarb er am Jari, einem Nebenfluß des Amazonas, ein Waldgebiet von der Größe Belgiens, lichtete einen großen Teil des Urwaldes und bepflanzte die Rodungsflächen mit Pinus caribaea und dem asiatischen Holz Gmelina arborea. Beide Hölzer wiesen in ihrer Heimat ungewöhnlich hohe Wuchsleistungen auf, die man von ihnen im Amazonasgebiet ebenso erwartete. Für die Durchführung seines Plans scheute Ludwig keine Ausgaben. Für die 12000 Mitarbeiter seines Jari-Reiches gründete er die Stadt Monte Dourado mit Schulen, Krankenhäusern, Kirchen, Clubs, Hotels, Supermärkten und Installationen von Licht und Wasser. Schließlich ließ er die in Japan für 200 Mill. $ gekaufte schwimmende Zellstoffabrik von Japan aus an den Jari schiffen. Doch das große Experiment im Dschungel kam nur mit Schwierigkeiten voran. Man hatte eben keine Erfahrungen mit den Tücken des Amazonasurwaldes. Der ungeduldige Ludwig gab seinen Forstchefs die Schuld und entließ einen nach dem anderen. Daß er innerhalb von zwei Jahren über 30mal diesen Wechsel vornahm, spricht nicht gerade für den Milliardär. Die schweren Geräte für die Bodenbearbeitung erwiesen sich als unbrauchbar. Auch die mit großen Erwartungen gepflanzte Gmelina arborea erfüllte nicht die Hoffnungen. Ihr Zuwachs betrug nur 40% der Leistungen in ihrer asiatischen Heimat. Hinzu kam, daß Ludwigs Reich am Jari viele Arbeitslose anlockte, die von der kostenlosen Krankenbehandlung und anderen sozialen Wohltaten in der Dschungelstadt Monte Dourado ihren Anteil erhofften. Es wirkte sich auch sehr verhängnisvoll aus, daß die Generäle der nächsten Regierung sich nicht an die Zusagen der vorigen hielten. Als die Stimmung echter Naturschützer und nationalistischer Kreise gegen den selbstherrlichen Gringo aus dem Norden unerträglich wurde, trat der 84jährige Urwaldpionier von seinem Projekt zurück. Bis zuletzt hatte er versucht, sein Unternehmen zum Erfolg zu führen. Die dafür benötigte Unterstützung der Regierung wurde ihm nicht mehr zuteil. Schließlich wurden sogar seine Briefe an die Ministerien nicht mehr beantwortet. Nun oblag es der Regierung, das Jari-Projekt am Leben zu erhalten. Die Regierung veranlaßte die Übernahme von Ludwigs Unternehmen durch die *Companhia do Jari* durch 24 brasilianische Papierfabrikanten. Ludwig wurde durch Übernahme seiner Schulden und die Zusicherung einer geringen Beteiligung am erhofften, aber bisher nicht sichtbaren Betriebsgewinn abgefunden. So endete das mit großen Erwartungen begonnene Werk am Amazonas. Ob das Werk je in die Gewinnzone kommt, läßt sich nicht vorhersehen. Ein Pessimist übertrug auf das Jari-Projekt ein geflügeltes Wort, das einst auf Brasilien gemünzt war und meinte: „Die Companhia do Jari hat eine große Zukunft und wird sie immer behalten". Wie auch immer das Experiment am Jari ausgeht, dürfte es von großem Nutzen gewesen sein. Sein Ausgang wird manchen wirtschaftlichen Hasardeur davon abhalten, ähnliche abenteuerliche Pläne am Urwald von Amazonien in Erwägung zu ziehen. Wieder einmal hatte sich bestätigt, daß der Rodung dort die Bodenzerstörung folgt. Amazonien ist nämlich praktisch eine Sandwüste mit einer hauchdünnen Humusschicht. Vor allem verträgt dieses Gebiet keine Monokulturen, seien es Zuckerrohr oder Zellstoffbäume.

Selbst die in vielen Teilen Lateinamerikas und anderer Gebiete der tropischen Welt angepflanzten Monokulturen an Eucalyptus (Farbtafel 11) haben ihre Probe noch nicht bestanden. Für diesen Test sind weit längere Zeiträume erforderlich als die bis jetzt überblickbaren.

Papier und Neue Medien

Seit 2000 Jahren ist Papier der wichtigste Schriftträger, vor allem in Gestalt von Büchern, Zeitungen und Zeitschriften. Doch in neuerer Zeit machen ihm die Neuen Medien diese Sonderstellung streitig. Zu diesen Informationsträgern gehören:

- Radio (Hörfunk)
  - in einfacher Form mit Kopfhörer und Detektor ab 1923,
  - mit Elektronenröhre und Lautsprecher seit 1930,
  - mit Transistor statt Röhre ab 1950;
- Fernsehen
  - schwarz-weiß, Ende der 30er Jahre, farbig seit 1967;
- Videorecorder ab 1977/1978;
- Videotext 1980;
- Bildplattenspieler 1983;
- Bildschirmtext 1983/84;
- Satellitenfernsehen ab 1984;
- Kabelfernsehen ab 1984;
- Anschluß für Breitbandvermittlung 1988/1989.

Da diese Medien weit schneller als Zeitungen informieren und neuerdings auch den Abruf besonders interessierender Nachrichten gestatten, wuchs die Sorge der Vertreter der alten Druckmedien, die Neuen Medien könnten sie vom Markt verdrängen. Die Zeitungen und Zeitschriften, die zu über 50% auf Werbeeinnahmen angewiesen sind, fürchten mit Recht eine Abwanderung zu den Bildschirmen. Dort kann eine Werbung durch Ton und Farbe gewiß eine andere Qualität erhalten als in Printmedien.

In einer solchen Zeit der Ungewißheit und Ängste wächst das Interesse an Prognosen über das Schicksal des Papiers als Druckträger. Aus den letzten Jahren liegen eine Reihe von entsprechenden Zukunftsstudien vor. Einige Futorologen glauben, daß das *Papierzeitalter* noch lange fortbestehen wird, während andere an einen baldigen Übergang in die Zeit der Neuen Medien glauben. Zwischen beiden Fronten sind jene Futurologen angesiedelt, die an einen evolutionären Wandel und an ein Nebeneinander der verschiedenen Medien glauben.

Wie die Vergangenheit immer wieder gelehrt hat, sind Zukunftsdeutungen

Glücksache. Unter Futurologen wird oft an eine Prognose aus der Zeit um 1900 erinnert, die sich mit der Verkehrsdichte von London im Jahre 1920 und ihren Auswirkungen befassen sollte. Der befragte Verkehrsexperte stellte selbstsicher fest, daß London um diese Zeit im Pferdemist ersticken werde. Er konnte nicht vorhersehen, daß die traditionelle Pferdekutsche wenig später durch das Auto abgelöst wurde. Gewiß hätten seine Kollegen im Jahre 1935 bei Prognosen viele Neuerungen nicht beachtet, wie Radar, Computer, Laser, Weltraumfahrt, Atomenergie und auch wohl viele der Neuen Medien. Oft hat man die künftige Bedeutung bereits bekannter Errungenschaften falsch eingeschätzt. Nach Aufkommen des Fernsehens im Jahre 1966 glaubten viele, die Todesstunde der Druckmedien stehe bevor. Doch man hatte nicht mit der Mentalität des Zeitungslesers gerechnet, der sich wohl für den Wetterbericht, die Nachrichten und auch mal für einen Krimi interessierte, aber nicht auf die geruhsame Zeitungslektüre verzichten mochte. Jedenfalls wurde das Leben der Zeitung in keiner Weise betroffen. Damals herrschte in einigen Kreisen auch die euphorische Ansicht, die Zukunft gehöre dem synthetischen Papier auf der Basis von Erdöl. Der Verfasser glaubte, wie die Werbefachleute eines Papierkonzerns, daß dieser neue und billige Stoff zum mindesten auf dem Gebiet der Mode eine Zukunft habe. Er wurde durch die günstige Beurteilung einer Modeschau in seiner Meinung bestärkt (Farbtafel 6). Doch die Wirklichkeit sah anders aus. Als nämlich der Erdölpreis anstieg, war von synthetischem Papier nicht mehr die Rede.

Zweifellos üben die Neuen Medien als Informationsquelle einen starken Reiz aus. Das zeigt schon die Tatsache, daß 98% aller Haushalte der BRD ein Fernsehgerät besitzen. Falls eine Papierverdrängung durch das Fernsehen stattgefunden hätte, müßte das in einer deutlichen rückwärtigen Entwicklung der Papier-, Zeitungs- und Buchproduktion erkennbar sein. Doch erfolgte in den Jahren 1950 bis 1985 ein steter Anstieg. Inzwischen ist auf dem Gebiet des Fernsehens mit weiteren Fortschritten zu rechnen. Das Satellitenfernsehen und das Kabelfernsehen werden zu besserer Bildschärfe und zu einem breiteren Programmangebot führen. Es besteht auch kein Zweifel, daß die technisch rührigen Japaner und auch Koreaner in Kürze den europäischen Markt mit billigen Taschenfernsehern überschwemmen werden. Doch nach den bisherigen Erfahrungen mit der Auswirkung des Fernsehens wird das kaum zu einem spürbaren Einbruch in die Front der Papiermedien führen.

In Anlehnung an frühere Ausführungen des Verfassers in der Naturwissenschaftlichen Rundschau sei auf einige Schriftstellen zu dem Thema Papierverdrängung durch Neue Medien verwiesen. So bespricht P. Lanzenburg in seinem Buch *Medien von Morgen* ausführlich die Möglichkeiten und Grenzen der Neuen Medien. Dabei erwähnt er auch die Diskussionen auf dem *Inter Media Congress 1985* in Hamburg. Die meisten Teilnehmer waren der Ansicht, daß im Jahre 1995 neben herkömmlichem Fernsehen auch Satelliten- und Kabelfernsehen die wesentlichen Medien in Haushalten sein würden und zwar das letztere in 50% aller Haushalte. Andere Teilnehmer räumten dem Kabelfernsehen nicht diesen Rang ein. Wenig positiv wurden auch Bildschirmtext, Pay-TV und die Bildplatte eingeschätzt. Für das Jahr 1995 wurde von den meisten Teilnehmern diesen drei Medien ein Anteil von nur 10% aller TV-Haushalte eingeräumt. Nur 22% glaubten an einen Anteil von 50%. Diese unterschiedliche Einschätzung der zukünftigen Entwicklung mit Prozentanteilen zeigt, wie verschwommen sich die Zukunft dem Gremium darstellte. Die Entwicklung der Druckmedien für die Zeit bis 1995 wurde von allen Teilnehmern recht vorsichtig beurteilt. Bei Illustrierten und Büchern rechnete man mit einer rückläufigen Entwicklung. Bei diesem Urteil mag das Ende der renommierten *Westermanns Monatshefte* und der amerikanischen Bildzeitschrift *Life* mitbestimmend gewesen sein. Für normale Tageszeitungen erwarteten die Kongreßteilnehmer keine wesentlichen Änderungen. Hingegen prophezeite man dem Medium Teletex eine günstige Entwicklung.

Wiederholt wird in den *Bertelsmann-Briefen* des Großverlags Bertelsmann auf das Problem Printmedien - Neue Medien eingegangen. Das Bekenntnis Mark Wössners, des Vorsitzenden des Vorstandes dieses Medienriesen, in einem Artikel *Märkte und Medien im Wandel* lautet: „Unsere Aufgabe als Verleger und Unternehmer im Kommunikationsbereich ist es, Informationen, Inhalte und Programme zu schaffen und für deren Transport (mit welchen Mitteln auch immer) zu unseren Märkten und Kunden zu sorgen." Er glaubt, daß die Wandlung mehr durch Evolution als durch Revolution geprägt sein wird und daß die Neuen Medien die Druckmedien nicht ersetzen, sondern ergänzen werden. Wössner hält das Buch weiterhin für das wichtigste Medium, fährt aber realistisch fort: „Dennoch wird niemand von uns die Entwicklung neuer Medienformen verhindern können."

M. Lahnstein, im Bertelsmann-Verlag zuständig für elektronische Medien, weist darauf hin, daß die Entscheidung über die Wahl des Mediums vom Adressaten selbst ausgeht. Ebenso wie Wössner ist er der Ansicht, daß die Neuen Medien die alten nicht verdrängen, sondern daß es hier ein vernünftiges Prinzip der Vielfalt gibt. Realistisch erklärt er: „Die Zukunft ist nie vollständig planbar; voraussehbar ist sie schon gar nicht."

Einen sehr interessanten Beitrag zum gleichen Thema mit dem Titel *Nachliterarische Zeiten?* - ebenfalls in den *Bertelsmann-Briefen* erschienen - liefert R. Krämer. Zunächst führt er mit einem Geschichtlichen Rückblick in die Problematik ein. Er erinnert daran, daß Marshall McLuhan zu Beginn der 60er Jahre mit seinem Buch *Die Gutenberg-Galaxis* einen wahren Schock auslöste. Mit seiner heftigen Kritik an der Schriftkultur und der These vom *Ende des Buchzeitalters* beunruhigte er das literarische Europa zutiefst. Er begrüßte das Fernsehen als eine Befreiung von der Vorherrschaft logisch-analytischen Denkens. Doch McLuhans Feindschaft gegen das gedruckte Wort wurde als

Horrorvorstellung empfunden. Immerhin nährte sie lange Zeit den Glauben, das Buch werde vom Fernsehen bedroht. Entsprechend hatte der amerikanische Professor für Medienökologie, Neil Postman, gegen die elektronischen Medien Stellung bezogen und das Schreckgespenst vom *Ende der Buchkultur* an die Wand gemalt. Die beunruhigenden Thesen Postmans zur Medienentwicklung in den USA wurden von dem französischen Soziologen Jean Baudrillard noch übertroffen. Seine Erfahrungen in Amerika schüren in ihm die Angst, daß der Gegensatz von Schrift und Wort schon über lange Zeit von Bedeutung war. Bereits Flavius Josephus vermutete um 100 n.Chr., die *Ilias* und *Odyssee* seien zunächst mündlich überliefert und erst später schriftlich fixiert worden. Krämer hält diese Vermutung für richtig, da die Griechen zur Zeit Homers noch nicht schreiben konnten. Selbst in der klassischen Zeit Griechenlands war die Schrift und ihr Gebrauch noch sehr neu. Ihre Einführung brachte Gewinn aber auch Verlust. Letzteres deshalb, weil der Beruf der Sänger und Redner verdrängt wurde und damit die *Mündlichkeit* zugunsten der *Schriftlichkeit* verloren ging. Verbunden mit dieser Umstellung wird eine Gedächtnisschwäche vermutet, wie sie heute bei Schülern und Studenten als Folge übermäßigen Fernsehens beobachtet wird.

In Platons Schrift *Phaidros oder vom Schönen* läßt Platon den Philosophen Sokrates über die Schwächen der Schrift gegenüber dem gesprochenen Wort sinnieren. Neben wenigen Vorteilen der Schrift führt Platon eine Reihe von Nachteilen an. Über 2000 Jahre später greift Rousseau wieder den Gedanken des griechischen Philosophen auf und begreift die Schrift als Entfremdung vom Naturzustand.

Nach dem interessanten Exkurs in die Literatur stellt Krämer die Frage: „Hat demnach die Literatur ausgedient oder was bleibt ihr in nachliterarischer Zeit noch?".

Krämer befürchtet nicht, daß es in der nächsten Zeit zu einem Kulturkampf zwischen Schreiben und Lesen auf der einen Seite und Zuschauen auf der anderen Seite kommt. Schon die zunehmende Freizeit spreche dagegen. Allerdings solle man sich nicht darüber hinwegtäuschen, daß der Höhepunkt der Lesekultur bereits überschritten sei und Funk und Fernsehen sich vordrängten. Zusammenfassend führt Krämer aus: „Mit einem einfachen Pro oder Contra, einem Plädoyer für oder gegen die literarische Kultur wird man wahrscheinlich der grundlegenden Problematik nicht mehr gerecht: zu sehr sind Literatur und Medien heute miteinander verflochten".

Und welche Stellung nehmen heute Buch-, Illustrierten- und Zeitungsverlage sowie Papierwirtschaft ein?

Im Rheinischen Merkur heißt es: „Die elektronischen Medien haben den Gazetten keinen Abbruch getan - im Gegenteil - sie werden immer beliebter". Nach Studien des Instituts für Demoskopie in Allensbach (IfD) und Infratest ergänzen sich Buch und Fernsehen; kein anderes Medium könne

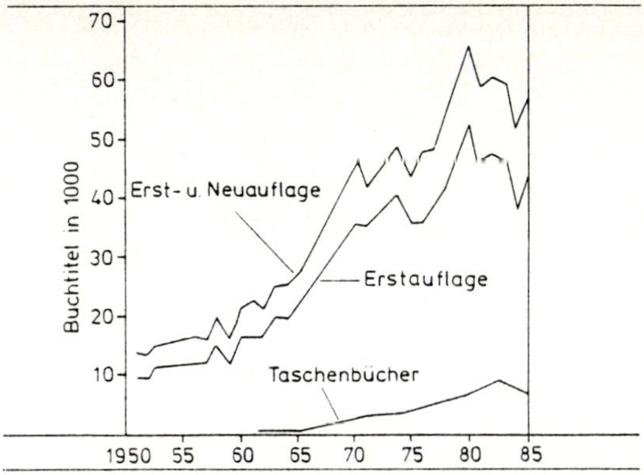

Abb. 68. Buchproduktion in der Bundesrepublik Deutschland und Berlin West

das Buch ersetzen. Reinhard Mohn kommt auf Grund der Buchmarktforschung seines Verlags zu der Feststellung: „Das Medium Buch wird neben den elektronischen Medien seine Bedeutung für den Rezipienten nicht verlieren" (Abb. 68). Nach Mitteilung des Deutschen Bibliothekeninstituts in Berlin findet der *vielbeschworene Verdrängungsprozeß Video gegen Buch* in öffentlichen Büchereien nicht statt. Beide Medien ergänzen sich. Etwa zur gleichen Zeit berichtet der Börsenverein des Deutschen Buchhandels: „Buchhändler registrieren Umsatzplus von sechs Prozent - Buch wird seine Bedeutung nicht verlieren". Bemerkenswert ist, daß die Buchhändler mit der 6% Umsatzsteigerung das größte Umsatzplus aller Branchen des Einzelhandels erzielten, deren Verkaufserlöse insgesamt nur um 1% stiegen. Prof. E. Witte vom Münchener Kabelpilotprojekt kommt nach einem Bericht von Infratest zum Ergebnis: „Kein Mord an alten Medien". Selbst die Papierwirtschaft, die früher stets Befürchtungen gegen die Neuen Medien hegte, ist mit der Entwicklung zufrieden. Kurz und bündig heißt es in der *Süddeutschen Zeitung* zu ihrer Lage: „Papierindustrie hat keine Angst vor neuen Medien". In einem Bericht des Verbandes Deutscher Papierfabriken e. V. (VDP) heißt es: „Die Neuen Medien werden in absehbarer Zeit die Entwicklung der Printmedien kaum negativ beeinflussen. Gleichzeitig wird der Verbrauch an Druckpapieren auch in den nächsten 10 Jahren leicht zunehmen". Bis zum Jahre 1995 wird ein jährlicher Zuwachs von 1,4% beim Absatz von Druckpapieren erwartet (Abb. 69). Erst ab 1995 könnte sich ein leichter Rückgang ergeben. Nach einer Theorie des VDP weckt das Fernsehen weitere Informationsbedürfnisse, die schließlich durch Druckmedien befriedet werden müssen. Man weist auf eine Beobachtung in Holland hin, wo nach einer Verkabelung von 80% aller Haushalte trotz des erweiterten Programmangebots die

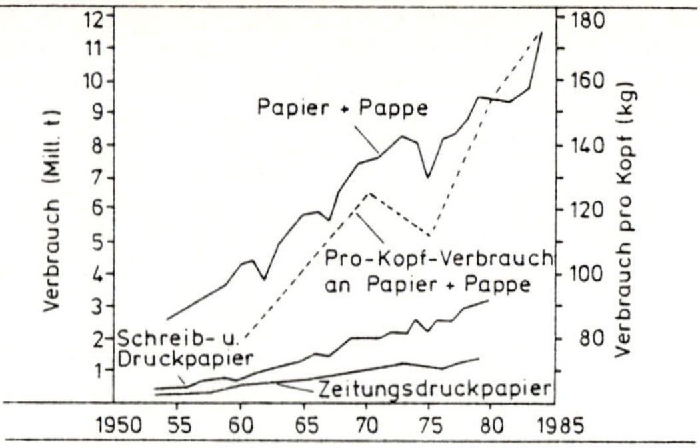

Abb. 69. Papierverbrauch und Pro-Kopf-Verbrauch an Papier und Pappe in der Bundesrepublik Deutschland 1955–1985

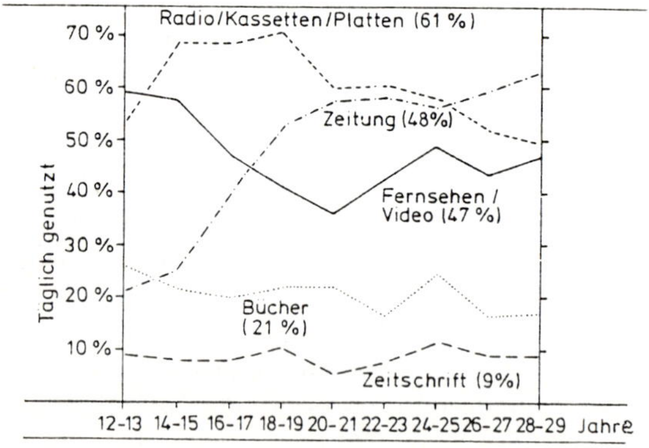

Abb. 70. Die tägliche Nutzung der Medien im Altersablauf

Fernsehdauer sich nur unwesentlich verlängerte, die Zahl der Zeitschriften und ihrer Auflagen aber unvermindert anstieg. Es zeigte sich auch, daß die Vision vom papierlosen Büro in Zukunft eine Utopie bleiben wird; denn der Papierverbrauch stieg durch die Computerausdrucke stark an. Nach einer neuen Studie des Instituts der deutschen Wirtschaft über die Mediennutzung in Minuten sollen Fernsehen und Zeitunglesen bereits die Sättigungsgrenze erreicht haben, während Radio, das älteste der Neuen Medien, immer beliebter werde.

In weiten Kreisen herrscht eine gewisse Sorge darüber, daß die Jugend das Lesen mehr und mehr vernachlässigt. So sollen Jugendliche bis 19 Jahren nur

13 Minuten/Tag für Zeitunglesen aufwenden, für Fernsehen hingegen 3 Stunden/Tag (Abb. 70). Die gleiche Entwicklung ist in aller Welt zu beobachten. So erklärte nach einer Umfrage jeder vierte japanische Student, daß er zum Bücherlesen keine Zeit habe.

Viele Verlage haben erkannt, daß es sinnvoll ist, ihre Printmedien durch Neue Medien zu ergänzen. Das bekannteste Beispiel für ein solches Unternehmen ist der Bertelsmann-Verlag. Einige Hamburger Verlage planen eine gemeinsame Betriebsgesellschaft für ein privates UKW-Hörfunkprogramm. Neu auf dem Markt sind auch die Literatur-Tonkassetten *(Hörbücher)*. In den Vereinigten Staaten haben sich solche *Hörbücher* einen beachtlichen Markt bei Blinden erobert. Im Jahre 1986 umfaßte dort die Liste bereits 12000 Titel. Darunter dürfte der Bestseller *Krieg und Frieden* mit 50 Kassetten einen Rekord an Hörzeit aufstellen. Doch auch in der Bundesrepublik Deutschland gibt es Hörbücher, die blinden Menschen den Zugang zur Literatur ermöglichen.

Die Entwicklung auf dem Gebiet der Neuen Medien ist also weiterhin voll im Gange. Doch sind Papierfachleute und Vertreter der Printmedien überzeugt, daß das Papier im nächsten Jahrzehnt seinen Platz als Informationsträger halten wird. Wie es allerdings in der *übernächsten Zukunft* aussehen wird, läßt sich nicht voraussehen. Nach 50 Jahren dürfte die Welt ohnehin kaum wiederzuerkennen sein. Ist dann der Preis für Erdöl unerschwinglich? Ist die Bevölkerung sehr deutlich geschrumpft? Ist der Gegensatz der Industriestaaten zur Dritten Welt weiter verschärft? Vielleicht ist dann angesichts fundamentaler Probleme die Frage nach dem Anteil des Papiers an den Informationsträgern von unwesentlicher Bedeutung.

Literatur

Barthel, G.: Konnte Adam schreiben? Köln 1972
Barthel, Th. S.: Mayahieroglyphen. Bild der Wissenschaft 453 (1967)
Biedermann, H.: Altmexikos heilige Bücher. Graz 1971
Brecht, W., Dalpke, H.: Wasser, Abwasser, Abwasserreinigung in der Papierindustrie. Biberach a. d. Riss 1981
Ceram, C. W.: Götter, Gräber und Gelehrte. Bildband. Hamburg 1957
Chierra, E.: Sie schrieben auf Ton. Zürich-Leipzig 1938
Christensen, B.: Los Otomis. 1942
Claiborne, R.: Die Erfindung der Schrift. Time-Life 1974
Colliers Encyclopedia. Vol. 4,369 (1971) Kapitel *Books*
Cottrell, L.: Verschollene Königreiche. Zürich 1959
Davies, N.: Die Azteken. Düsseldorf 1974
Eggebrecht, A. (Herausgeber): Haus der Kunst, München. Die Azteken und ihre Vorläufer. Glanz und Untergang des Alten Mexiko. Mainz 1986
Erman, A.: Die Hieroglyphen. Berlin und Leipzig 1923
Ettl, A.: Mythen in Stein. Salzburg 1978
FAO, Food and Agriculture Organization of the United Nations: Yearbook of Forest Products 1974-1985. Rome 1986
FAO, Food and Agriculture Organization of the United Nations: World Pulp and Paper, Demand, Supply and Trade. Rome 1977
Fasani, L.: Die illustrierte Weltgeschichte der Archäologie. 2. Aufl. München 1983
Feldmühle: Die Chronik der Feldmühle 1885-1935. Stettin 1935
Feldmühle Papier- und Zellstoffwerke Aktiengesellschaft: Vom Papier, Kultur, Technik, Statistik. 2. Aufl. Düsseldorf 1961
Fester, R.: Die Eiszeit war ganz anders. München 1973
Földes-Papp, K.: Vom Felsbild zum Alphabet. Bayreuth 1975
Freudenberg, K. und Mitarbeiter: Ber. dtsch. chem. Ges. *85,* 641-647 (1952) und *86,* 755 (1953)
Freudenberg, K.: Holzforschung *18,* 3 (1964)
Gleisberg, H.: Ein Edikt Friedrichs d. Gr. zu Gunsten der Papiermühlen (1764). Papiergeschichte *20,* 1/2,10 (1970)
Götze, D.: Der Einsatz der Elektronik im wissenschaftlichen Verlagswesen ist eine Herausforderung für Verleger. Handelsblatt *117,* 16 (24.6. 1987)
Götze, H.: Future Prospects for Literature Documentation. Fresenius Z. Anal. Chem. *327,* 1-4 (1987)
Gutenberg-Museum der Stadt Mainz, Weltmuseum der Druckkunst. Festkatalog zum Gutenberg-Jahr 1968
Hagen, V. W. von: The Aztec and Maya Papermakers. New York (o. J.)
Halbey, H. A., Schutt-Kehm, E. S., Stümpel, R., Wild, A.: Buchkultur in Mainz, Schrift, Druck, Buch im Gutenberg-Museum. Mainz 1985

Heinevetter, M. A.: CD-ROM öffnet Datenbanken für jedermann. Deutsche Apotheker-Zeitung *127,* 33 (1987)
Hentschel, H.: Chemische Technologie der Zellstoff- und Papierherstellung. Leipzig 1967
Hicks, J.: Die ersten Reiche. Time-Life 1976
Hunter, Dard: Papermaking. A History and Technique of an Ancient Craft. 2nd Edn. New York 1967
Hussein, M. A.: Vom Papyrus zum Codex. Leipzig 1970

Iskander, E., Badawy, A.: Brief History of Ancient Egypte. Cairo 1965

Kratzl, K., Billek, G.: Monatsh. Chemie *84,* 406 (1953)
Kühn, K.: Wenn Steine reden. Wiesbaden 1969

La Fay, Stanfield, J. L., Glanzman, L. S.: Ebla, Splendor of an Unknown Empire. National Geographic, 730, Dec. 1978
Lahnstein, M.: Medienmarkt im Wandel. Bertelsmann Briefe *122,* 3-9 (1987)
Lanzendorf, P.: Medien von Morgen. München 1986
Lenz, H.: El Papel indigena Mexicano. Mexico 1950
Lenz, H.: Cosas del Papel en Mesoamerica. Mexico 1984

Nitsche, R.: Uralte Wege, ewige Fahrt. München 1958
Nebesky-Wojkowitz, R.: Schriftwesen, Papierherstellung und Buchdruck bei den Tibetern. Wien 1949

Paper Trade Journal: The Progress of Paper. New York 1947
Pan Jixing: On the Origin of Papermaking in the Light of Newer Archaeological Discoveries. IPH-Information 2/1981,3
Paoli, U. E.: Das Leben im alten Rom. 2. Aufl. Bern 1962
Piggott, St.: Die Welt aus der wir kommen. München-Zürich 1961
Pulp and Paper International (PPI): Annual Review, July 1987

Ragab, Hassan: Le Papyrus. Cairo 1980
Renker, A.: Das Buch vom Papier. 3. Aufl. Insel-Verlag 1950
Rennel, J.: Future of Paper in the Telematic World. A Jaakko Poyry Review. Helsinki 1984
Rydholm, S. A.: Pulping Processes. New York 1965
Sandermann, W.: Der weite Weg zum Papier. Naturwiss. Rdsch. *40,* 339-352 (1987)
Sandermann, W.: Grundlagen der Chemie und chemischen Technologie des Holzes. Leipzig 1956

Sandermann, W.: Chemische Holztechnologie. München 1963
Sandermann, W.: Alte Techniken der Papierherstellung in Südostasien und den Himalaya-Ländern. Papiergeschichte *18,* 29 (1965)
Sandermann, W.: Stimmt die Geschichte der chinesischen Papiererfindung? Vom Papier *8,* 20 (1969) Düsseldorf
Sandermann, W.: Jacob Christian Schäffer und seine Bedeutung in der Papiergeschichte. IPH-Yearbook, Vol. 1 (1980)
Sandermann, W.: Intermediäre Bildung von Dioxinen in der Zellstoffindustrie. Naturwiss. Rdsch. *40,* 253-258 (1987)

Tschudin, W. Fr.: Älteste Papierbereitungsverfahren im Fernen Osten. Textil. Rdsch. *12,* 1 (1958)
Tschudin, W. Fr.: Von alten Papiermacherpflanzen. Textil. Rdsch. *10,* 3 (1965)
Tsien Tsuen-Hsuin: Chemistry and Chemical Technology, Part I.: Paper and Printing in J. Needham: Science and Civilisation in China, Vol. 5. Cambridge 1985

Verband Deutscher Zellstoff- und Papierfabriken: Papier '87. Ein Leistungsbericht der deutschen Zellstoff- und Papierindustrie. Bonn 1987

Vervliet, H. D. L.: Liber Librorum, 5000 Jahre Buchkunst. Genf 1973

Wilhelmy, H.: Welt und Umwelt der Maya. München 1981

Zimmermann, G.: Die Hieroglyphen der Maya-Handschriften. Hamburg 1956

Quellennachweise

Abbildungen

1	Howell, F.C.: Der Mensch der Vorzeit Fester, R.: Die Eiszeit war ganz anders. München 1973
2	Piggott, St.: Die Welt aus der wir kommen. München-Zürich 1961
3	Chierra, E.: Sie schrieben auf Ton. Zürich-Leipzig 1938
4, 12, 16	Ceram, C.W.: Götter, Gräber und Gelehrte. Bildband. Hamburg 1957
5	Cottrell, L.: Verschollene Königreiche. Zürich 1959
6, 18	Fasani, L.: Die illustrierte Weltgeschichte der Archäologie. 2. Aufl. München 1983
7	Hicks, J.: Die ersten Reiche. Time-Life 1976
8, 9, 25	Feldmühle: Die Chronik der Feldmühle 1885-1935. Stettin 1935
10	Claiborne, R.: Die Erfindung der Schrift. Time-Life 1974
11	Iskander, E., Badawy, A.: Brief History of Ancient Egypte. Cairo 1965
13, 14	Hussein, M.A.: Vom Papyrus zum Codex. Leipzig 1970
15	Nitsche, R.: Uralte Wege, ewige Fahrt. München 1958
17	Irmscher, J., Johne, R.: Lexikon der Antike. Leipzig 1977
19	Rheinisches Landesmuseum Trier
20	Pan Jixing: On the Origin of Papermaking in the Light of Newer Archaeological Discoveries. IPH-Information 2/1981,3
21	Samhaber, E.: Das Geld. München 1964
22, 36 40	Paper Trade Journal: The Progress of Paper. New York 1947
23	Sandermann, W.: Der weite Weg zum Papier. Naturwiss. Rdsch. *40,* 344 (1987)
24	Sandermann, W.
26	Vervliet, H.D.L.: Liber Librorum, 5000 Jahre Buchkunst. Genf 1973
27	Eule, W.: Mit Stift und Feder. Leipzig 1955
28, 30	Sandermann, W.: Papier und Bücher in altamerikanischen Hochkulturen. Vom Papier *8,* 21 (1969) Düsseldorf Papier in Altamerika. Papiergeschichte *20,* H.1-4, 11-32 (1970)
29	Eggebrecht, A. (Herausgeber): Haus der Kunst, München. Die Azteken und ihre Vorläufer. Glanz und Untergang des Alten Mexiko. Mainz 1986
31	Tschudin, W.Fr.: Älteste Papierbereitungsverfahren im Fernen Osten. Textil. Rdsch. *12,* 1 (1958)
32, 35	Renker, A.: Das Buch vom Papier. 3. Aufl. Insel-Verlag 1950
33	Bibliothéque Nationale, Paris
34	Verband Deutscher Papierfabriken (VDP)
37, 39	Gutenberg-Museum der Stadt Mainz, Weltmuseum der Druckkunst. Festkatalog zum Gutenberg-Jahr 1968
38	China im Bild 1976, H.4,42 und Gutenberg-Museum, Mainz

41	Dard Hunter Museum - The Institute of Paper Chemistry. Appleton, Wisc., USA
42	Sandermann, W.: Jacob Christian Schäffer und seine Bedeutung in der Papiergeschichte. IPH-Yearbook, Vol. 1 (1980)
43	Gleisberg, H.: Ein Edikt Friedrichs d. Gr. zu Gunsten der Papiermühlen (1764). Papiergeschichte *20,* 1/2,10 (1970)
44	Forschungsstelle Papiergeschichte. Mainz
45	Colliers Encyclopedia. Vol. 4,369 (1971) Kapitel *Books*
46, 60, 61, 64	Voith J. M. GmbH Maschinenfabrik, Heidenheim
47-50, 52, 63	Sandermann, W.
51	Sunds Defibrator. Sundsvall *(links),* KAMYR A. B. Karlstad *(rechts)*
53	Götaverken Energy Systems A. B., Göteborg
54, 55	Sandermann, W.: Chemische Holzverwertung. München 1963
56	Rydholm, S. A.: Pulping Processes. New York 1965
57-59	Sandermann, W.: Chemische Holztechnologie. München 1963
62	MD-Papierfabriken Heinrich Nicolaus GmbH, Dachau
66	LURGI GmbH, Frankfurt/Main
67	Hyninnen, P., Gullichsen, J.: Das Papier *40,* 560 (1986)
65	Haindl Papier GmbH, Augsburg
68, 69	Sandermann, W.: Der weite Weg zum Papier. Naturwiss. Rdsch. *40,* 339 (1987)
70	ARD und ZDF: Medienkommission und Bertelsmann-Stiftung, Jugend und Medien. Frankfurt 1986

Farbtafeln

1, 3, 4, 6, 8-11, 13	Sandermann, W.
2	National Geographic Magazine, Washington, Dean Conger, 1962
5	Feldmühle AG, Düsseldorf
7	Halbey, H. A., Schutt-Kehm, E. S., Stümpel, E., Wild, A.: Schrift, Druck, Buch im Gutenberg-Museum. Mainz 1985. Foto von Liepe, J.
12	Svenska Cellulosa A. B., Sundsvall
14	DEGUSSA AG, Frankfurt/Main
15	Weyerhaeuser Company, New York
16	Stora Kvarnsveden, Borlänge, Schweden

Tabellen

1	Roberts, C. H.: The codex, in Proceedings of the British Academy, *40* (1954) 169-204
	Kleberg, T.: Bokhandel och Bokförlag i. antiken. Stockholm 1962
2, 3	Hunter, Dard: Papermaking. A History and Technique of an Ancient Craft. 2nd Edn. New York 1967 (und andere Quellen)
4	Paper Trade Journal: The Progress of Paper. New York 1947 (und andere Quellen)
5, 8, 9	Nach verschiedenen Quellen
6	Sandermann, W.: Neuere Entwicklung und gegenwärtiger Stand der schwedischen Holzwirtschaft. Biberach a. d. Riss 1951

7	Huber, B., Prütz, G.: Holz als Roh- und Werkstoff. *1,* 377 (1938)
10	Hentschel, H.: Chemische Technologie der Zellstoff- und Papierherstellung. Leipzig 1967 (und andere Quellen)
11	Bayerl, G., Pichol, K.: Papier. Reinbek 1986 (und andere Quellen)
12–15	Verband Deutscher Zellstoff- und Papierfabriken: Papier '86. Bonn 1986
16, 23, 24	Pulp and Paper International (PPI). Annual Review 1986 and 1987
17–22	Verband Deutscher Zellstoff- und Papierfabriken: Papier '87. Ein Leistungsbericht der deutschen Zellstoff- und Papierindustrie. Bonn 1987
25	FAO, Food and Agriculture Organization of the United Nations: Yearbook of Forest Products 1974–1985. Rome 1986

Tafel 1 (oben). Dr. Ragab, der ägyptische Papyrusforscher und Gründer des Papyrusinstituts in Kairo erklärt den Aufbau des Papyrusstengels

Tafel 2 (unten). In der Zentralen Staatsbücherei von Ulan Bator (Mongolische Volksrepublik) werden über eine Million buddhistischer Schriften aufbewahrt. Der Kurator zeigt eine wertvolle tibetische Schrift

Tafel 3 *(oben).* Papierherstellung aus der Rinde des Papiermaulbeerbaumes mit dem *schwimmenden Sieb* im Papiermacherdorf Boo Saang in Nordthailand

Tafel 4 *(unten).* Die Herstellung von Pseudopapier aus alkalisch weichgekochten Baststreifen aus Ficusarten im Dorf San Pablito der Otomi in der Sierra Madre, Mexiko

Tafel 5 *(oben).* Chinesisches Luxuskleidungsstück aus Papier

Tafel 6 *(unten).* Modeschau mit Kleidern aus synthetischem Papier in Turrialba, Costa Rica

***Tafel** 7 (oben).* Nachbildung der Hochdruck-Handpresse Gutenbergs

***Tafel** 8 (unten).* In der BRD besteht Banknotenpapier zu 100% aus Baumwolle, Aktienpapier zu 80% aus Baumwolle und 20% Zellstoff und das Papier von Postwertzeichen zu 100% aus Zellstoff; hinzukommen in allen Fällen Sicherheitszusätze

Tafel 9 *(oben).* Herstellung von Papierschirmen in Nordthailand

Tafel 10 *(unten).* Mörser aus Papiermaché über dünner Messingform mit Lacküberzug. Herkunft Kaschmir

***Tafel 11** (oben).* Eukalyptusplantage in Brasilien, Alter etwa 7 Jahre

***Tafel 12** (unten).* Spezialschiff für den Überseetransport von Zellstoff

***Tafel 13** (oben).* Verkaufsstand von Zeitungen und Zeitschriften

***Tafel 14** (unten).* Altpapier, der wichtigste Rohstoff der Papierindustrie

Tafel 15 (oben). Hackspänelagerung im Freien und kontrollierender Heliokopter

Tafel 16 (unten). Schwedisches Zellstoff- und Papierwerk

Sach- und Namenverzeichnis

H. Moesta

Erze und Metalle

Ihre Kulturgeschichte im Experiment

2., korrigierte Auflage. 1986. 47 Abbildungen, 8 Farbtafeln, 28 Experimente mit Grundanleitung. XI, 189 Seiten. Broschiert DM 34,80.
ISBN 3-540-16561-4

Inhaltsübersicht: Zeit und Technologie. - Kupfer. - Die Entdeckung der Legierungen. - Blei und Silber. - Gold. - Eisen. - Grundanleitung für die Experimente. - Farbtafeln. - Literaturverzeichnis. - Sachverzeichnis.

Dieses Buch will kulturhistorisch Relevantes aus Mineralogie, Chemie, Verfahrenstechnik und Handwerk im Wortsinne "handgreiflich" machen. Es wendet sich an den Liebhaber alter und schöner Dinge, an phantasievolle Freunde der Kulturen und ihrer Geschichte, die vor ein wenig "heimwerken" nicht zurückschrecken. Nur das Experiment kann jene Verbindung von Geist und Geschicklichkeit vermitteln, die über Jahrtausende hinweg die Fähigkeit des Menschen gefordert, entwickelt und geprägt hat. Bei aller exakten Wissenschaftlichkeit bleibt dieses Buch eine erholsame Lektüre. Es hat unter Naturwissenschaftlern und naturwissenschaftlich interessierten Laien viele Freunde gewonnen. In der jetzt vorliegenden 2. Auflage wurden überwiegend Druckfehler korrigiert und die eine oder andere Erklärung ein wenig überarbeitet.

Springer-Verlag
Berlin Heidelberg New York
London Paris Tokyo

Springer